누가 죄인인가?

영성적 및
악마적 빙의에 대한
정신의학적·
심층심리학적 접근

누가

죄인
인가
?

장덕환 지음

새물결플러스

프롤로그

'정신의학과 기독교'라는 제목으로 모 신학대학과 대학원에서 강의를 했던 시절이 어느새 먼 옛날이 되고 말았으니, 그때의 강의 노트와 참고문헌들이 서재 여기저기에서 잠자고 있는 건 당연하다. 문득 그 자료들을 접할 때면 미완성으로 인한 찜찜함과 미진함이 미련처럼 끈적거린다. 게다가 하다 만 숙제처럼 그것들은 내 뒤통수를 잡아당긴다. 그중에서도 특히 "정신병은 마귀 들림인가?"라는 주제는 더욱 강렬하게 나를 끌어당겼다.

　어느 날 한 환자가 "교회를 안 가면 마귀들이 와서 나를 괴롭히거나 이상한 일이 생기는 것 같다"고 하면서 전전긍긍했다. 또 다른 분은 주일 성수나 성경 공부를 열심히 해야 하고, 가정 내 문제들도 항상 교회 가르침대로 바르게 대처해야 하는데 그렇게 안 되면 무언가 모를 불운이 엄습해올까 봐 걱정에 노심초사하고 있었다. 그는 소위 '마귀가 틈탈 빌미를 제공하지는 않을까?' 하는 걱정에 사로잡히기 일쑤였다. 이런 이야기를 듣다 보면 인간이란 참 나약하고 보잘것없는 존재라는 생각마저 든다. 초월적 혹은 신비적인 세력에 항상 노출되어 있는 존재로서의 인간은 마치 악마의 먹잇감인 듯한 느낌이다.

미진했던 강의에 대한 아쉬움, 환자들의 강박적 두려움, 우리가 무심결에 느끼는 섬뜩한 현상들에 관한 편견 등이 "정신병은 마귀 들림인가?"라는 주제를 다시 보게 만들었다. 그러나 이 주제가 버거운 건 맞다. 이것을 조금만 더 깊이 들여다보면 그 밑에는 나로서는 감히 다루기 어려운 것들, 즉 인류의 악에 관한 문제들이 뒤엉켜 있다. 그렇다고 해서 '정신병과 마귀 들림'에서만 끝내버리면 그 또한 하나 마나 한 작업일 터이니, 어떤 형태로든지 우리의 삶 속에 깊이 스며들어 있는 악의 문제로까지 나아가야 한다. 그렇기 때문에 이 주제는 곧 "영적-빙의(spirit-possession)란 무엇인가?"로 확대된다.

영적-빙의하면 우선 무당이 접신하는 것과 같은 현상을 떠올리기 쉬운데, 그런 것을 일컫는 게 아니다. 여기서 말하는 빙의는 우리가 일상에서 쉽게 접할 수 있는 어떤 직감적 혹은 직관적인 경험들에 관한 이야기다. '우연'이라거나 '간절함의 결과'라거나 하는 말로 설명하려는 그런 유의 감성이다. 거기서 좀 더 확대하면 신비주의자들의 신적 체험과 같은 경험까지를 일컫는다. 믿음은 본래 논리적으로 설명할 수 없는 경험 위에서 시작된다. 그러므로 사실상 영적-빙의를 탐구하는 것은 곧 믿음 그 자체를 돌이켜보는 작업이 될 수밖에 없다. 예컨대 무속신앙으로 채색된 한국인 내면의 속성들이 기독교를 얼마나 왜곡시켜왔는지, 체면문화에 젖어 있는 우리가 힘들고 괴로운 삶의 질곡 속에서 그런 아픔을 충분히 표출하지 못한 채 정형화된 교리에 얽매여 얼마나 남의 눈치만 봐왔는지, 그 속에서 우리는 과연 '내 삶의 주인은 바로 나 자신'임을 확인하는 일에 얼마나 성실했는지, 더욱이 기독교의 원죄 교리 속에서 우리는 얼마나 괴로워하며 살아왔는지 하는 것들을 돌이켜 볼 절호의 기회를 맞게 된다.

　좀 더 내면적 감성으로 말하면, 그것은 감히 범접할 수 없는 초월적 세력이나 존재가 우리를 점령하거나 집어삼켜서 우리의 삶에 불행이 초래되는 게 아니라는 점과, 오히려 우리 안의 무의식적 주체를 우리 스스로가 잠시 망각하거나 소홀히 해서 벌어지고 있음을 강변해서, 너무 쉽게 좌절하지 말고 용기를 갖고 다시 자신을 추스르고 서로 격려하며 살아가야 함을 강조하려는 작업이다. 더 나아가 악마적 사회현상을 인류의 집단무의식 혹은 공동체의 악마적 시스템 문제로 파악함으로써 개인의 죄책감이나 자괴감에서 벗어날 수 있기를 바라서 그럴 수도 있다. 이런 모든 관점이 한데 어우러졌으면 해서 나는 이 책의 제목을 『누가 죄인인가?』라고 정했다. 우리 인간은 아무도 처음부터 죄인일 수가 없다는 뉘앙스의 제목이다. 이런 견해를 원죄 교리를 앞세워 재단부터 하지 않았으면 좋겠다. 그 이유를 심리학적 관점에서 상세히 설명할 터인데, 다 읽고 난 다음에 비판해도 늦지는 않을 것이다.

　본론으로 들어가기 전 영어를 한글로 번역할 때 혼란을 줄 수 있는 용어들을 정리한다. 우선 'possession'을 '빙의'로 번역했다. 간혹 문맥상 possession이 명료하게 악마적 빙의를 가리킬 때는 물론 '마귀들림'으로 번역하였다. 'spirit-possession'은 '영적-빙의'로 번역할 터인데, 이 단어에는 긍정과 부정이 모두 포함되어 있어서 '긍정적 영적-빙의'와 '부정적 영적-빙의'로 나뉜다. 통상적으로 '긍정적 영적-빙의'는 그대로 쓸 것이지만, '부정적 영적-빙의'는 '부정적 악마적 빙의', '악마적 빙의' 혹은 '마귀 들림'으로 대체하기도 했다. 이 책이 발간되기까지 도움을 주고 수고해준 모든 분에게 감사를 드린다.

2024년 6월

장덕환

차례

1장

시간 안에 있는 초월적·영적 세계

어느 날 한 출판사 편집자가 자신이 만든 『시간의 물리학』이라는 책을 내게 선물했다. 평소 양자역학에 관심이 많았던 나는 그 책을 단숨에 읽었다. 물리학에 문외한이라서 내용을 이해하기는 힘들었지만, 나는 거기서 한 가지 깨달음을 얻었다. 그것은 물론 물리학에 관한 것이 아니라 우리가 부지불식간에 갖는 사고방식에 관한 깨달음이었다. 동양과 서양의 사고방식이 확연히 다름은 누구나 다 아는 사실이지만, 그 차이가 바로 '시간'이라는 변수를 어떻게 다루는가에 달려 있음을 새삼 깨달았다. 이는 늘 내 곁에 있었던 주제를 불현듯 다시 보게 만들었다.

시간이라는 변수에 강하게 꽂힌 이유는 마귀 들림(악마적 빙의, demonic possession)에 관한 이야기를 할 때마다 언제나 걸림돌로 부각된 것이 "그런 현상이 초자연적이고 초월적인 세계의 이야기라는 선입견을 어떻게 할 것인가? 그런 현상이 '지금 여기'라는 시간의 한계에 갇혀서 처절하게 살고 있는 인간들에게 무슨 의미가 있는가? 무슨 위로가 된다는 말인가?"라는 의문 때문이었다. 왜 우리는 초자연적인 세계와 실제의 현실 세계를 구분하려 할까? 왜 우리는 이성적으로 이해할 수 없는 것은 비과학적이라고 하면서 귀 기울이려고 하지 않을까? 한편 그와는 반대로 왜 사람들은 이 세상일은 모두 부질없고 거짓이어서 미련을 가질 필요가 없으며 우리에게 단 하나의 소망은 천국뿐이라고 믿으며 살아가려고 할까? 과연 우리는 둘로 나뉜 관념 세계에서 살아가야만 하는 운명인가? 그리스 철학 이야기로부터 우리의 주제를 풀어가야 할 이유가 여기에 있다.

그리스 철학과 이원론

서구 철학의 원류는 누가 뭐라 해도 플라톤(Plato, BC 427-347)이다. 그의 유명한 이원론적 사고방식의 전형인 이데아론은 서구에서는 모든 사유의 초석이 되어왔다. 이 이데아론이란 간단히 말하면 이렇다. 지상의 모든 것은 생성과 소멸의 변화무쌍함으로 인해 우리가 신뢰할 수 없어 인간에게는 생성과 소멸, 변화와 운동에서 벗어난 변함없는 기준이 반드시 필요한데, 그런 것들이 천상 어딘가에 있으며 그곳이 바로 이데아계다. 따라서 이 세상의 모든 것은 이데아 세계의 모조품일 뿐이고, 우리가 추구해야 할 영원불변의 가치나 진리는 이데아계에 있다. 이렇게 우리의 삶을 두 가지 다른 세계로 인식하려는 것이 이원론적 사고다.

이원론은 플라톤이 독창적으로 창안해낸 것은 물론 아니다. 그런 사고방식은 그리스 최초의 철학자 탈레스(Thales, BC 624-545?)를 위시한 이오니아 혹은 밀레토스 학파의 생각으로부터 시작한다. 참고로 탈레스는 중국의 공자, 노자와 거의 동시대 인물이다. 왜 그리스 철학이 그토록 불변의 어떤 기준을 찾으려 했는지 정확한 이유를 알 수는 없지만, 추측건대 당시 도시국가였던 그들에게 전염병과 전쟁이 빈번했을 뿐만 아니라 경제의 기본구조가 시시각각으로 변하는 상업이었기 때문에 불변의 세상을 갈망하지 않았을까 싶다.

하여튼 그들은 우리가 감각기관으로 지각하는 세계는 불안정하고 끊임없이 변하며 결국엔 쇠퇴하므로, 그런 세계 속에서 영원히 지속될 수 있는 것은 아무것도 없다고 생각했다. 그들은 삶의 안정을 위해 외견상 명확히 드러나는 변화의 무질서를 넘어서서 영원히 지속하는 어떤 것을 찾으려 했다. 즉 그들은 겉으로 보이는 무질서 바로 아래에는 영속성과 통일성이 숨겨져 있는데, 이를 식별하는 것은 감각을 통해서는 불가능하지만 정신(이성)으로는 가능하다는 믿음을 가지게 되었다. 이런 믿음에 따라 그들은 이성의 힘을 가지고 우선 세상을 구성하고 있는 기본 질료들 속에서 변하지 않는 것들, 즉 원질을 찾으려고 했다. 그 당시 철학자들은 그런 것을 온, 냉, 건, 습, 또는 공기라고 생각했다(Guthrie/박종현 2000: 40-53). 그러나 이들은 인간의 주관적 관점은 배제한 채, 다만 밖에 있는 객관적 상황만을 보는 관찰자로만 남는 한계에 봉착하게 되었다.

피타고라스(Pythagoras, BC 580?-500?) 학파가 관찰자로서의 원질의 한계를 넘어서 변하지 않는 다른 무엇을 찾아냈다. 그것은 바로 사물 속에 숨어 있는 질서와 비율이었다. 곧 사물이 서로 같지 않은 이유는 비율의 차이 때문이라는 발견이다. 그들은 만일 누군가가 각각의 사물을 이해하려면 그것들의 비율, 즉 구조 법칙을 발견해야 본질을 보는 것이라고 주장했다. 이는 질료 중심에서 형상 중심으로 생각의 핵이 옮겨가게 되었음을 의미한다. 이런 구조는 수(양)로 표현할 수 있는 것이어서, 그들은 "사물은 수"라고 말할 수 있었다(Guthrie/박종현 2000: 60-1).

이처럼 불변의 기준을 찾아가던 그리스적 사고에 이단아가 등장했다. 헤라클레이토스(Heraclitus of Ephesus, BC 540?-480?)라는 사람은 영원불변을 추구하던 흐름 속에 느닷없이 늘 변하는 시간적 변수를 강력하게 끌어들였다. 그는 변화무쌍한 세상의 현상들을 있는 그대로 보려고 함으로써 시간 속 세상을 관찰하기 시작했다. 그는 세상은 평화롭지도 조화롭지도 않고 오히려 투쟁이 삶의 본질이라고 하면서, 심지어 "싸움은 만물의 아버지요, 다툼은 정의다"라고 했다. 또한 시위에 당겨진 활은 정지 상태로 균형을 이루고 있는 것처럼 보이지만 사실은 지속적인 줄다리기가 진행되고 있는 것, 그러므로 균형의 기본은 투쟁이고, 따라서 싸움은 그 자체로 좋은 것인데, 왜냐하면 그것이 생명의 원천이기 때문이라고 말했다. 그는 기존 철학자들이 추구했던 영속성과 불변성은 없으며, 그런 정체된 세계를 바라서도 안 된다고 보았다(Guthrie/박종현 2000: 67). 그는 생명과 사고를 물질적인 원질의 틀 속에 가두어 둔다는 것이 쉽지도 자연스럽지도 않다는 것을 발견하고 그 틀을 과감히 깼다.

이러한 헤라클레이토스의 사상에 강하게 반론을 제기한 사람이 나타났는데, 그가 바로 파르메니데스(Parmenides, BC 515?-445?)다. 그는 피타고라스학파의 추상적인 사고에서 한걸음 더 들어가 사유 자체의 힘만으로 불변의 세상을 찾아가는 고대 철학의 기초를 제시했다. 헤라클레이토스가 운동과 변화만을 실재하는 것으로 삼았다면, 파르메니데스는 운동은 불가능한 것이며, 실제로는 전체가 하나의 단일하고 부동·불변인 실체로 이루어졌다고 생각했다. 그가 이런 결론에 다다른 것은 순전히 사유를 통해서였다. 이해하기가 조금 난해하지만, 그의 논리를 잠시 따라가 보자.

고대 그리스의 이오니아학파 철학자들은 앞에서 언급했듯이 세계는 하나였으나(was), 여럿(건, 냉, 온, 습)으로 되었다(became)고 말했는데, 이때 "~으로 된다(become)는 말의 참뜻은 무엇일까?"를 파르메니데스는 물었다. 즉 '된다'라는 말은 변화한다는 것을 의미하는데, 그렇다면 '이다 혹은 있다'(be)가 변화하면 '있지 않다'로 됨을 뜻한다. 그러나 실제로 '있는 것'은 그냥 있는 것이다. 그것은 '있지 않'을 수가 없기 때문에 '~으로 된다'라는 말이 가지는 변화, 즉 '있지 않다'는 당연히 진실이 아니다. 따라서 '된다'라는 것은 더 이상 있는 것이 아니고, 처음부터 가정으로만 가능했던 단어일 뿐이다. 그러므로 유일한 처음의 전제는 '있다'라는 단 한 가지 것만이 존재한다(Guthrie/박종현 2000: 71-2).

이것은 무의미한 말장난처럼 보이지만 당시 사람들은 아주 심각한 논의로 받아들였고 누구도 반박할 수 없었다. 그로부터 이상한 결론이 나왔다. 즉 모든 변화와 운동은 '있는 것(be)이 그것 아닌 것(경우)으로 됨(become)'을 뜻하기 때문에 실재하지 않는다. 따라서 있는 것을 '있지 않다'라고 하는 것은 무의미한 말이라는 결론이다. 이처럼 파르메니데스는 이 세상에 존재하는 것을 사유함과 동일한 것으로 만들었다(Guthrie/박종현 2000: 72-3). 그는 사유되는 모든 것은 천상(외계)에 그에 상응하는 실재 대상이 있다고 믿었다. 비존재가 존재한다는 것은 실재할 수가 없다. 빈 곳도 있을 수 없다. 왜냐하면 '빔'을 생각한다는 것은 그것이 이미 존재로서 공간을 점유한다는 의미가 되기 때문이다. 따라서 공간이 없는데 어떻게 사물이 움직이겠는가? 그러므로 운동은 허구가 될 수밖에 없다. 그는 이처럼 존재와 사유를 일치시킴으로써 세상으로부터 생성과 소멸을 추방했다. 궁극적으로 존재하는 것은 사유의 세계이며 따라서 눈에 보이는 세계는 존재하지 않는 것이다. 결국 실재의 세계, 즉 있는 모든 것은 한 가지 실체의 불변·부동의 한 덩어리임이 틀림없으며, 또한 그것은 영원하고 변화 없는 정지 속에 언제나 머물러 있어야만 한다.

파르메니데스는 그리스인들에게 처음으로 추상적인 사유의 길을 걸어가게끔 했으며, 지성이 외계의 사실과 관계없이 활동할 수 있는 길을 열었고, 또한 정신의 활동 결과가 감각적 지각의 활동 결과보다도 격이 높음을 주창했다. 즉 그가 생각하는 실제는 감각으로는 지각할 수 없고, 사유에 의해서만 다다를 수 있는 것이었다(Guthrie/박종현 2000: 73). 이렇게 파르메니데스는 감각을 통해 알 수 있는 것은 희생시키고 지성을 통해 알 수 있는 것을 높인 최초의 철학자였다.

헤라클레이토스와 파르메니데스의 사상은 플라톤에게 직접적인 영향을 주었다. 현상계로서의 변화무쌍한 이 세상은 헤라클레이토스의 사고방식으로 이해했고, 이데아계로 지칭되는 영원불변의 세계는 파르메니데스의 생각으로 설명이 가능했다. 이와 같은 플라톤의 사고방식은 두 세계를 잇는 방법으로서의 관념 철학과 수학이 중심을 이루면서 서구의 사고방식에 깊숙이 자리하게 되었다. 이처럼 세상이 두 개의 영역으로 이루어졌다고 본 서구인들의 생각에는 지상계에 삶과 죽음, 변화와 쇠퇴가 있고, 위쪽의 천상계에는 비시간적 완벽함이 있다. 그들이 보기에 하늘은 이미 초월적인 영역이었다. 이와 같은 지상계와 천상계로의 구분은 상승을 초월과 연결하는 기원이 되었다. 신, 천상의 완벽함은 우리의 위에 있고 우리는 이곳 아래에 붙잡혀 있다 (Smolin/강형구 2022: 58-60). 한마디로 서구적 사고방식은 전적으로 무시간적인데, 이런 전통은 유럽의 정신사를 예로부터 지금까지 잘못된 길로 이끌어왔다고 볼 수 있다.

동양적 사유와 일원론

동양(특히 한국과 중국)의 사유 방식은 서구와는 정반대였다. 동양은 예로부터 '시간'을 중심에 두고 생각했다. 왜냐하면 시간에 얽혀 있는 것이 우리의 참삶의 모습이기 때문이다. 즉 '시간' 때문에 시시각각 변하여 불안과 불안정을 촉발하는 것이 인생임을 직시했던 것이다. 예를 들어 노자의 『도덕경』 1장에 나오는 "도가도 비상도"(道可道 非常道)만 보더라도 우리는 곧 그런 사고방식을 만나게 된다. 이 "도라고 말하는 도는 늘 그러한 도(常道)가 아니다"라는 구절은 우리가 도라고 정의 내린 도, 즉 서구식 언어로 관념화해서 불변하게 만든 도는 우리의 일상에서 경험하고 있는 도는 아니라는 뜻이다. 여기서 우리가 쉽게 오해하는 단어가 바로 상(常)이다. 이 단어는 불변이거나 초월 혹은 영원으로 오해받는데 사실 이것은 '늘 그러함', 즉 우리가 일상에서 자연스럽게 보는, 수시로 변하면서도 거기에 늘 있는 그 모습을 일컫는다. "항상 상(常)"이라는 훈의 '항상'이라는 의미는 변화의 항상스러움을 나타내는 말이다(김용옥 2020: 23-4). 노자의 『도덕경』 16장은 세상의 모든 것이 태어나고 자라서 결국엔 자신의 뿌리로 되돌아감이 자연의 이치인데 이런 순환이 바로 항상성이라고 설명한다(김용옥 2011: 260-1). 그러니까 항상성은 언제나 변화하는 과정을 내포하고 있지 불변을 가리키는 게 아니다.

『중용』 2장에서도 중(中)은 불변의 중심이 아니라 시중(時中), 곧 시간과 연결된 '중'임을 강조하고 있는데, 이는 동양철학이 인간을 철저히 시간 속에서 파악하고 있음을 보여준다. 동양인들에게 시간의 직선성과 순환성은 전혀 충돌을 일으키지 않는다. 시간은 지속의 직선적 배열이 아니라, 만물이 서로 얽힘의 관계일 뿐이므로 시간의 실제적 의미는 창조를 위한 '때맞음'이다. 간단히 말해서 '시간'은 곧 '변화'인데, 동양에서 '변화'라는 변수는 언제나 사고의 중심에 있었기 때문에 동양의 사상은 '시간'과 얽혀 이어져 왔다고 해도 과언이 아니다. 이 말은 곧 동양의 사상은 우리의 일상을 있는 그대로 보면서 참삶의 지혜를 찾으려는 노력의 일환이었음을 알게 한다.

이처럼 동양의 사고방식은 시간의 변수를 제거함으로써 불변의 진리를 찾으려 했던 서구의 사고방식을 전적으로 틀렸다고 말하고 있다. 이런 자각이 지금을 살고 있는 서양 물리학자에게서 일어났다고 하는 것은 자못 흥미롭기까지 하다. 리 스몰린(Lee Smolin)은 비시간적·초월적·신적인 서구의 개념들이 아리스토텔레스(Aristoteles, BC 384-322)와 프톨레마이오스(Ptolemaeus, 85?-165?)의 천동설에 대한 기독교적 해석에서 발견된다고 하면서, 그런 것들을 낡은 철학적 표현이라고 비판하고 있다. 그러면서 그는 "시간에 붙들려 있는 것은 환상이고 비시간적인 것이 실재적이라는 거짓된 개념을 우리는 넘어서야 한다"(Smolin/강형구 2022: 413)라고 명확히 말하고 있다.

시간과 영적-빙의

그렇다면 "마귀 들림을 위시한 영적-빙의"라는 주제를 보는 시각도 동서양의 사유방식으로 대별해 볼 수 있지 않을까? 예컨대 예수의 치유 사역을 다만 초월적이고 초능력적인 시각으로 보고 그를 전지전능한 하나님의 아들로 칭송하려는 시각은 당시 예수의 사회적 상황과 그런 상황 속에서 예수가 실존적 인간 이해를 어떻게 했는지에 대한 고려 없이 서구의 이원론적 사유 방식으로만 보려는 태도는 아닐까?

일상적으로 그리스도인이라면 무조건 예수의 초월성이나 전지전능함을 믿어야 한다고 주장하는 사람들이 의외로 많다. 나약한 인간은 변화무쌍하고 변덕스럽고 불안정한 인생사 안에서는 구원이 일어날 수 없다고 생각하기 때문에 그런 불가능한 상황을 일순간에 뛰어넘는 전지전능한 신적 존재를 필요로 하는지도 모른다. 이럴 때 만일 누군가가 서구적 사유 방식으로 기독교 교리를 이해하도록 인도받는다면 부지불식간에 이원론적 사고를 강요받게 된다. 그것은 이내 죄인과 구원자, 무능한 존재와 전능한 존재, 나그네와 같은 삶과 영원불변의 하늘나라 등등 서로 대립하는 것들로 우리의 머리를 단순하게 이분화시킨다. 결과적으로 우리는 어느 한쪽을 택해야 하고, 그럴 때 기독교는 통상적으로 불변, 무소 부재 그리고 영원한 하늘나라를 택하는 것이 당연하다고 가르친다.

신비하고 기적적이고 초월적인 신앙 치유 현장은 당연히 고달프고 힘든 현실적 삶의 상황과 완전히 반대다. 그런 치유는 그 순간에 모든 것을 정지시킨다. 아니 인간의 모든 기능을 마비시킨다고 표현하는 것이 더 맞을 것 같다. 그러므로 그 순간만은 일상의 온갖 고통과 아픔, 그리고 서러움과 억울함이 모두 사라질 것은 너무도 명확하다. 이는 '시간'이 멈추는 신비로운 순간이다. 그 틈을 타 신앙 치유자들은 시간이 동결된 저세상을 강력하게 제시한다. 그러면 시간 속에 뒤얽혀 있는 우리의 고통스럽지만 진정한 삶은 순식간에 가짜가 된다. 더 나아가 하잘것없는 거적때기처럼 내팽개쳐야 마땅한 삶으로 변하기 일쑤다. 다시 말해서 그것들은 단지 시간 속에서 겪는 삶을 등한히 하게 하거나 무시하게 만들어서 삶의 기운을 뺄 뿐이다.

그러나 시간 안에서 사는 인간이라면 그런 초월적 측면보다 삶에서 진심으로 접하고 느끼는 것들에 대해 고민할 수밖에 없다. 즉 시간 속의 우리는 우리 자신을 중심에 두고 느끼고 생각해야 한다. 그런 태도는 이기적이거나 신 앞에서 교만한 것이 아니다. 오히려 우리의 삶을 진정으로 보살피는 행위일 뿐이다. 그러므로 예수의 기적이나 신앙 치유 행위를 인간 내면의 시각으로 보려는 노력은 현재를 성실하게 살려는 사람들에게는 너무도 당연한 일이다. 그렇다면 우리는 시간을 초월한 듯한 어떤 서술이나 행위들을 비판적으로 다시 한번 더 생각해봐야 하는 것 아닐까? 즉 예수의 기적과 치유 행위는 과연 '시간'을 초월한 것이었을까? 예수는 진정으로 시간을 초월한 사유나 가르침을 우리에게 남겼을까? 만일 그런 것이 아니라면 우리는 복음서에 나오는 예수의 치유나 기적 행위를 '시간'을 고려한 시각으로 봐야 함이 마땅하다. 과연 '시간'과 더불어 기독교의 치유나 신유 은사를 볼 수 있는 방법은 없을까?

시간과 심층심리학

시간의 변수를 통해 "마귀 들림"을, 아니 더 확장해서 "긍정적 영적-빙의를 포함한 초자연적인 현상이란 무엇인가?"를 보려고 한다면 우리는 과연 어떤 시각을 가져야 할까? 아마도 심층심리학적 관점이 그에 부합하는 시각을 제공할 수 있는 도구 중 하나일 듯하다. 심층심리학은 그 추구하는 바가 초월적이지 않고 내재적인 관계를 탐색하기 때문에 당연히 시간이 내포해 있는 영역이다. 프로이트(S. Freud, 1856-1939)의 정신분석학은 박제된 과거의 사건에서 겪었던 고통이나 결핍으로 되돌아가서 현 문제의 원인을 찾으려는 환원론적 태도를 보인다. 반면 융(C. G. Jung, 1875-1961)의 분석심리학은 지금의 고통과 갈망이 장차 어떤 의도를 충족시키기 위한 것인가를 묻는 목적론적인 태도를 보인다. 그것들을 목적론적으로 보든 인과론적으로 보든 이런 심층심리학은 결코 시간의 변수를 배제하지 않는다.

그러나 정신분석학이든 분석심리학이든 '자아'와 '자기' 혹은 '주체'라는 한 개인의 본질에 대해 이야기할 때 만일 그것을 어떻다고 규정지으면, 곧 개념화하면 그 순간 '시간'은 허공으로 날아가 버리고 다만 박제된 '자아'나 '자기' 혹은 '주체'가 남을 뿐이다. 예컨대 어떤 사람을 '착하다거나 못된 성격을 가지고 있는 자'로 규정하면, 그 순간 그는 그런 인간으로 박제되고 만다. 그것은 참 그 사람이 아니다. 그렇기 때문에 우리가 안이하게 '나'(자아나 자기)라는 개념을 고정된 것으로 받아들이지만 않는다면, 우리는 적어도 심층심리학적 접근을 시간 속에서 이해하게 됨으로써 내재적 혹은 인간 중심적 핵심을 알아차리게 될 것이다. 그 핵심은 또한 인간 내면의 '무의식'을 관찰함으로써 어느 정도 파악할 수 있게 된다는 생각이다. 다시 말해서 현재의 변화무쌍한 혹은 늘 일정하게 긴장된 상태로 유지되고 있는 삶의 현장을 이해하기 위해서는 인간의 의식 밑에 도도히 흐르고 있는 그 힘, 즉 무의식을 관찰하는 것이 도움이 될 수 있다. 예컨대 라캉(J.M.E. Lacan, 1901-1981)의 '무의식적 주체'에 대한 설명에서 우리는 비교적 뚜렷하게 그런 시간적 변화를 통한 인간 이해의 과정을 볼 수 있다.

라캉은 프로이트 이후 세대로서 구조주의를 접했고, 그것을 도구삼아 정신분석학을 다른 관점에서 본 사람이다. 그는 프로이트의 무의식을 구조주의로 재해석해냈다. 이것은 인과적으로 혹은 결정론적으로 개인에 국한해서 보던 무의식을 인간의 태곳적 시점에서부터 형성되어온 언어 구조를 통해 보려고 함으로써 개인의 중심적 편견을 넘어 보편적 인류의 정신 구조 속에서 활동하고 있는 무의식을 볼 수 있는 길을 마련해주었다.

라캉에 의하면 무의식은 의식에서 벗어난 언어라는 껍데기(기표)들이 사슬처럼 연속적으로 작용해서 나타나는 것이다. 이런 무의식은 특정한 앎(지식)을 구체적으로 나타내는 것이고 영구적인 성질을 가지고 있다. 다시 말해서 무의식은 한 개인의 일생을 통해서 존속한다. 그러나 그 무의식을 겪는 주체는 어떤 의미에서도 영구적이거나 변함없지 않다. 즉 늘 변한다. 사슬로서의 무의식은 그것을 소유하고 있는 무의식의 주체와 동일한 것이 아니라는 뜻이다(Fink/이성민 2010: 90; Fink 1997: 41). 그러니까 라캉은 우리의 진정한 주체는 연속되는 기표 사슬을 통해 드러나는 무의식의 흐름과 흐름 사이에서 떠돌아다니는 늘 그러한(常) 것이라고 말하고 있다. 설명이 좀 어렵기는 해도 어떻든 인간에게는 어떤 것들이 고정불변으로 느껴져서 절망처럼 보일지라도 변화의 순간은 언제나 있다는 희망의 메시지인 것만은 틀림없다.

물론 프로이트, 융, 라캉의 시각만으로 빙의라는 주제를 보겠다는 뜻은 아니다. 다만 이런 심층심리학적 관점을 염두에 두고 이 주제를 파악해보고 싶다는 뜻이다. 그렇다고 해서 기독교의 치유나 신유 은사를 무조건 비과학적 혹은 비윤리적이라고 비판하려는 것은 아니다. 누군가가 빙의를 초월적이고 신비롭게 경험한다고 해도 그것을 비과학적이라거나 비윤리적이라고 비판할 능력이 내게는 없다. 나는 그저 예수의 치유 및 축사 행위와 우리 사회에 만연해 있는 '악'을 시간 안에서, 즉 우리의 삶 안에서 어떻게 이해해야 현재를 사는 우리에게 활력과 힘이 될 수 있을까 하는 문제를 어렴풋이라도 풀고 싶은 것이다. 이것은 달리 말해서 우리의 신앙을 좀 더 다른 각도에서 진솔하게 고백해보자는 뜻도 내포되어 있다. 여러 가지로 많이 미숙하지만 징검다리를 놓는 마음으로 조그만 디딤돌 하나를 조심스럽게 내려놓는다.

2장

정신질환은 마귀 들림인가?

마귀 들림의 모양

개원 초에 나는 우연히 마귀 들림 현상이라고 부르는 어떤 사건에 연루되었다. 어느 날 내가 잘 아는 어떤 목사님이 자신의 교인인 여자 대학생 한 명을 데리고 왔다. 그녀는 여러 가지 신경증적 증상, 예컨대 불안, 초조, 지나치게 많은 것들과 관계 지어서 생각하는 예민성(관계사고), 그리고 학교에서의 부적응을 호소하였다. 고등학교 때 그녀는 부모의 기대를 한 몸에 받던 공부 잘하는 모범생이었다. 교육에 대한 부모의 열성이 워낙 커서 그들은 자녀가 오로지 공부만 열심히 할 수 있게 뒷바라지를 완벽하게 해주었다. 어떻게 보면 그녀는 온실에서 자란 전형적인 의존형 인간이었다. 대학교에 진학한 그녀는 학생회 활동을 열심히 했고, 그러다가 어떤 남학생을 짝사랑하게 되었는데 그 일이 자기 생각대로 진행되지 못했다. 공부만 열심히 하며 살아왔던 터라 사회관계망 속에서 어떻게 관계를 맺는지 전혀 알지 못했던 것이다. 그러다 보니 모든 상황에 대처하는 것이 미숙할 수밖에 없었고, 무슨 일이든 자신이 마음먹은 대로 되어야만 하는데 그렇게 되지 않아서 무척 속상하고 자존심 상했을 것이 뻔했다. 어떻든 표면적으로는 짝사랑 사건이 직접적인 동기가 되어서 급기야 병적 증상을 나타냈던 것이다. 그 이후 그녀의 학교생활은 엉망이었고, 결국 휴학까지 하게 되었다. 휴학 기간 동안 딱히 할 일도 없고 해서 그녀는 교회에서 운영하는 작은 공동체 생활에 합류해 그 생활을 마치 공부하듯이 열심히 하여 대부분의 시간을 교회에서 기거하며 보냈다. 그때 그 교회에는 성전 건축 문제로 교인들 간에 이견과 다툼이 조금씩 일기 시작했다. 물론 그녀는 그동안 정신과 치료를 계속 받고 있었다.

그러던 어느 날 드디어 일이 터졌다. 주일 대예배 때 그녀가 강대상 앞에 드러누워서 평상시와는 완전히 다른 목소리로 예언을 하기 시작했다. 내용은 목사님을 도와 교회 건축에 매진하라는 것이었다. 그 이후 괴상한 목소리로 하는 그녀의 예언과 이상한 행동은 계속되었고, 사람들은 술렁이기 시작했으며 마귀 들림의 실체를 보는 듯한 분위기가 점점 온 교회를 지배하게 되었다. 마침내 냉철하고 이성적이던 담임 목사님마저 이것은 마귀의 농간이라는 결론에 이르렀다. 참고로 그 당시 그녀는 이성적인 목사님과는 달리 신비적인 신앙관을 가지고 있던 사모와 거의 24시간을 같이 생활하고 있었다.

그 교회에서는 이제 마귀를 쫓아내는 일이 중요해졌다. 목사님은 우리가 흔히 보듯이 마귀 들린 사람에게 "너는 누구냐?"라고 묻는 행위부터 시행하였다. 지금은 기억이 희미하지만, 하여튼 그것에 대해 그녀는 성서에 나오는 마귀의 이름으로 대답했고, 이어서 퇴마(退魔, 축귀, exorcism) 의식이 이루어졌다. 그래도 그녀의 증상은 좋아지지 않았다. 이런 상황에 불만을 품고 있던 그 부모가 급기야 나에게 찾아와서 도움을 청했고, 그녀는 결국 정신병원에 입원하게 되었다. 그런 혼란스러운 사건은 교회를 둘로 분열시켰는데 그 둘, 즉 마귀 들림을 옹호하는 쪽과 그것을 부정하는 쪽은 다시 화합할 수 없었다. 그 목사님과 나도 한동안 소원한 관계가 될 수밖에 없었다. 몇 년쯤 지난 후 그녀가 다시 내게 왔는데 그때보다는 많이 안정되어 있었고, 그 일에 대해서도 비교적 잘 기억하고 적절하게 반응했다. 다만 사회에 적응하기가 힘들어서 제한된 모 신앙 집단에서 생활하고 있었다.

이처럼 정신병적 증상이 나타나는 상식 밖의 상황들 때문에 마귀 들림이라는 말을 우리 일상에서 쉽게 접할 수 있는 분야가 바로 정신질환 영역이 아닐까 생각한다. 그런데도 이에 관한 글이나 책은 찾아보기 힘들다. 아마도 김진의 『정신병인가? 귀신 들림인가?』라는 책이 거의 유일하지 않나 싶을 정도다. 그래서 이 책이 던지는 문제점을 우선 살펴봐야 할 것 같다. 이 책은 성서에 나오는 마귀 들림을 포함해서 마귀 들림 현상을 다만 밖으로 표출되는 증상만을 단순 비교하고 있다. 그렇기 때문에 이 책의 저자는 처음부터 마귀 들림의 본질을 보려는 의도가 전혀 없다.

그러나 이 책이 소개하는 분별 기준은 우리가 일반적으로 마귀 들림을 비교 분석할 때 시도하는 것이기도 하다. 그러므로 일단 그의 근거를 따라가 보기로 한다. 이렇게 정신병과 마귀 들림을 비교해봄으로써 우리의 의식 속에 있는 피상적인 생각들을 조금은 구체화해 볼 수 있기도 하다. 이 책에서는 주로 사복음서에 나오는 예수의 치유 기적과 사도행전에 나오는 제자들의 치유 행위에 관한 기록에 근거하여, 마귀의 존재와 그것의 축출 현상을 액면 그대로 받아들이고 다음과 같이 마귀 들림 현상의 특징을 요약해내고 있다.

<표1> 마귀 들림의 특징(김진 2006: 163-171 참조)

1	초능력을 동반한다.
	① 힘이 세져서 쇠사슬도 끊고(막 5:3-5), 사람들을 짓누르고 상처를 준다(행 19:16).
	② 영적으로 예수와 그 제자들을 알아본다(막 1:24; 5:7; 행 16:17; 19:15).
	③ 정확하게 점을 치고(행 16:16), 안 배운 외국어와 모르는 지식을 유창하게 말한다.
2	마귀는 분리된 개성이라서 거할 몸을 구한다(막 5:12).
	① 마귀는 사람들과 연합하기를 원한다.
	② 사회적 상황에서 현실감이 온전하다.
	③ 내면세계에 몰입하여 대인관계에서 소외되지 않는다.
3	다른 인격체의 모습을 드러낸다.
	분리된 개성인 마귀는 그 자신을 알고, 상대를 알아서 남과 이야기하는 관계를 만든다.
	① 이 과정에서 타인의 목소리를 낼 수 있다.
	② 극단적인 다중 인격체가 표출될 수 있다.
4	약물에 반응하지 않는다.
5	치료의 속도는 급격히 발병했다가 급격히 회복될 수 있다.
6	증상이 있을 때와 없을 때가 확연히 구분된다. 즉 마귀가 활동할 때 심각한 증상을 보이다가도 활동을 안 하면 곧바로 정상적인 정신상태로 돌아온다.

김진은 이처럼 마귀 들림 현상을 정리한 후 그것에 정신질환을 빗대어 유사성과 차이점을 찾아가고 있다. 우리가 그와 비슷한 작업을 하기 위해서는 우선 정신질환에 관한 기초지식이 있어야 한다.

마귀 들림으로 오해받는 정신질환

마귀 들림으로 오해받는 정신질환은 대략 세 그룹으로 나눌 수 있다.

첫 번째 그룹은, 조현병(정신분열병)과 양극성장애(조울증), 두 번째는, 조현병과 유사한 증상을 보이면서도 짧은 기간 내에 말끔히 회복되는 조현병 스펙트럼에 속하는 조현양상장애와 단기정신병적 장애, 세 번째 그룹은, 갑자기 이상한 행동을 보이다가 극적으로 호전되는 히스테리다. 이 병명은 현재 사용되지 않고, 해리장애와 전환장애(또는 기능성 신경학적 증상 장애)라는 명칭으로 나누어 부르고 있다. 참고로 전환장애는 신체증상장애 및 질병불안장애와 같이 신체증상 및 관련 장애의 범주에 속해 있다. 이것을 도표로 정리하면 다음과 같다.

<표2> 마귀 들림과 혼동할 수 있는 정신질환

정신병(Psychoses)	신경증(Neuroses)
조현병 스펙트럼	해리장애
1) 조현병 2) 조현양상장애 3) 단기정신병적 장애	1) 해리성 정체성장애 2) 해리성 기억상실 3) 이인성/비현실감 장애
양극성장애(조울증)	신체증상 및 관련 장애
1) 제1형 양극성장애 2) 제2형 양극성장애 3) 순환성장애	1) 신체증상장애 2) 질병불안장애 3) 전환장애(기능성 신경학적 증상장애)

조현병(정신분열병), 조현양상장애, 단기정신병적 장애: 이 세 가지 병

을 하나로 묶은 이유는 임상적 증상이 유사하기 때문이다. 다만 증상 지속 기간을 기준으로 병을 분별한다. 즉 조현병이라는 진단을 내리기 위해서는 정신병적 증상이 6개월 이상 지속되어야 하고, 그 증상이 1개월 이상 6개월 이하이면 조현양상장애로, 1일 이상 1개월 이내이면 단기정신병적 장애로 진단한다. 임상증상은 조현병과 유사하나 쉽게 회복되는 경우를 조현병과 구분하기 위해서다. 왜냐하면 조현병의 진단 범주를 만성화되는 경우로만 국한했기 때문이다. 이런 노력은 임상에서 조현병과 유사한 증상을 보일지라도, 만성적으로 진행되는 조현병의 늪으로 환자들을 몰아넣지 않으려는 의도에서다. 그리고 어떻게 보면 조현양상장애나 단기정신병적 장애는 조현병과는 다른 병의 범주일지도 모른다는 가정이 깔려 있기도 하고, 일단 조현병보다 예후가 좋을 가능성이 높기 때문이기도 하다.

이 범주의 병은 주로 사고 영역에 생긴다. 사고장애에서 가장 두드러진 것이 사고내용의 장애인데, 그것이 바로 망상이다. 망상은 전혀 현실감 없는 딴 세상을 살게 하는 내용으로 차 있으며, 어떤 수단과 방법으로도 교정이 불가능한 거짓 믿음처럼 완고한 것이 특징이다. 참고로 망상의 종류는 자신이 위대하고 부자이고 천리안을 가졌다고 하는 과대망상, 누군가가 자신을 해치려 한다는 피해망상(추적당한다고 생각하는 추적망상, 독약을 먹이려 한다는 피독망상이 모두 이에 속함), 주변의 일이 자기 자신과 관련되며, 누군가가 또는 매스컴이 내 말을 하고 있다는 관계망상, 자신이 타인이나 미지의 존재에 의해 조종당한다는 조종

망상, 귀신, 악령, 동물이 자신의 몸속에 들어와 지배한다는 빙의망상 등이 있다. 환자들은 망상과 같은 잘못된 사고 속에서 살고 있기 때문에 감정이 제한되고 둔탁해질 수밖에 없다. 이런 현상은 그들의 감정이 망가져 있다기보다 사고의 왜곡이 심하게 일어나서 현실 세계에는 무관심한 채 딴 세상에서 살고 있는 것이라서 자연스럽게 감정 표출이 방해받고 있는 것뿐이다.

지각이상도 주요 증상 중 하나인데, 그중 누군가가 환자에게 계속 말을 걸어오는 경험을 하게 되는 환청이 특히 두드러지게 나타난다. 이때 환청은 대개 그가 가지고 있는 망상을 강화하는 내용을 환자 옆에서 가공의 인물이 지껄이는 말소리다. 예컨대 피해망상에 사로잡혀 있으면 계속 자신을 욕한다거나, 간섭이나 명령의 목소리를 듣는다거나, 아니면 과대망상에 사로잡혀 있으면 사람들이 자신을 칭찬하는 소리를 듣거나 하늘의 소리를 듣는다. 참고로 찍찍, 짹짹, 윙, 쉬~ 등의 소리는 환청이 아니다.

기독교 치유 환경에서 이 세 가지 병 중 만성적인 것이 특징인 조현병 환자는 빠른 시기에 전문 치료가 절대적으로 필요한데, 종종 악마적 빙의로 착각하여 치료 시기를 놓치게 된다. 그러나 조현양상장애와 단기정신병적 장애는 정의상 이미 6개월 이내에 회복될 수 있는 병들이라서 그 기간 내에 안수기도나 그 밖의 종교적 의례를 받았다면 자연스레 증상이 호전될 수도 있는데, 그런 결과를 자칫 종교적 치유 행위 때문이라고 오해할 수 있다. 이런 경우는 퇴마 행위로 치유된 좋은 예로 선전될 수 있다. 더구나 퇴마 행위자가 이런 환자들을 자신의 초자연적 치유능력을 증명하는 데 이용한다면, 참 믿음은 더욱더 왜곡될 수밖에 없어 불행한 일이 아닐 수 없다.

양극성장애(조울증): 기분이 들뜨는 기간(조증 삽화)과 기분이 침체되는 기간(주요 우울 삽화)이 반복해서 나타나는 질환이다. 이때 기분의 변화는 대체적으로 몇 개월(6-9개월) 간격으로 나타난다. 조증 삽화 때는 성령 충만으로, 우울 삽화 때는 마귀 들림으로 오해하는 경우가 흔하다.

조증 삽화는 들뜨고, 유쾌하고, 자신만만한 기분을 주축으로 하는 정신활동의 변화를 말한다. 성격은 낙관적으로 변한 것처럼 보이고, 활동이 많아지고, 자신만만하고, 불안정하고, 쉽게 흥분한다. 이때는 생각의 흐름도 빨라진다. 사고의 비약이 일어나서 이야기 주제가 주변의 영향에 의해 마구 바뀌고, 지엽적인 것에 사로잡혀 주제를 잃어버린다. 대개는 과대사고나 과대망상을 보여서 자신이 위대한 원리를 발견했다거나 대단한 것을 발명했다고 한다. 과대망상의 내용은 현실에서 그렇게 많이 벗어나 있지 않아서 얼핏 보기에는 그럴듯하나 어딘가 엉성하여 곧 과대적 사고(망상)임을 알 수 있다.

경조증 삽화의 기본 증상은 조증 삽화 때와 같은데, 그 정도가 조증 삽화 때보다 약해서 사회적 기능이나 작업하는 기능이 현저하게 손상되거나 입원이 필요한 정도로 심각하지는 않다.

주요 우울 삽화는 초기 또는 경한 시기에는 정서적 공감 상실, 현실감 상실, 일상적인 일에 무관심, 생기가 없고, 목석같은 느낌을 준다. 진행되면서 슬픈 감정이 점차 특징적으로 드러나 환자의 표정과 태도에 나타난다. 무표정, 희망 없음, 침체된 기분, 일에 대한 자신감 상실 등 이런 기분의 저조는 아침에 더욱 심하고 저녁이면 가벼워지는 일중 변동(diurnal variation)을 보인다. 좀 더 심해지면 자기 무능력감, 열등의식, 절망감, 허무감이 생기고 삶의 의미를 상실하고 그 결과 자살 충동과 자살 시도가 생긴다. 이때는 자신의 건강, 사회적 지위, 가정의 앞날, 사업의 장래성 등 모든 것을 절망적이라고 확신한다. 몸에 위험한 병이 있다고 믿는 질병 불안장애(건강염려증), 더 심하면 신체망상, 빈곤망상, 인생의 의미를 상실하는 허무망상 등이 있고 후회와 자책을 많이 한다. 이와 같은 현상은 큰 죄를 지었기 때문이라고 믿는 죄업망상으로도 이어진다. 행동은 의욕이 전혀 없고, 느리고, 침체되어 있다.

우울증이 신체 증상으로 대체되어 나타나기도 한다. 우울증에서의 신체 증상은 겉으로 잘 드러나서 병원을 찾는 중요한 이유가 되기도 하지만 대개 내과를 먼저 찾아가는 경향이 많다. 이때는 신체 증상만 표면에 나타나고 우울의 정신 증상들은 전혀 표면에 나타나지 않아서 진단하기가 어렵다. 이런 경우를 가면성 우울증(masked depression)이라고 한다. 가장 흔한 신체 증상은 수면장애, 특히 새벽에 일찍 잠이 깨어 다시 잠들기 어려운 경우가 많다. 우리나라에서는 몸이 약하다, 허하다, 간이 나쁘다, 심장이 약하다, 뇌암이 생긴 것 같다, 위장이 나쁘다, 힘이 약하다 등의 신체 증상을 호소하는 경우가 많다.

양극성장애의 임상유형은 두 종류인데, 제1형 양극성장애와 제2형 양극성장애가 그것이다. 제1형은 전형적인 양극성장애로서 조증삽화와 우울 삽화가 몇 개월 주기로 반복해서 나타나는 경우다. 즉 이런 기분장애가 적어도 1주간 지속된다. 그러니까 하루에도 몇 번씩 바뀌는 기분장애는 여기에 속하지 않는다. 제2형은 제1형에서처럼 우울 삽화는 같은데, 조증 기간일 때 증상이 경미한 경조증으로 나타날 때를 말한다. 이때에도 주요 우울 삽화가 최소 2주 이상 지속되고, 경조증 삽화는 최소 4일 동안 지속된다.

해리장애: 이 경우가 특히 마귀 들림과 혼동하기 쉬운 병이다. 해리장애는 보통 통합되어 작용하는 의식, 주체성 및 행동 등이 갑자기 일시적으로 이상이 생겨서 그 기능의 일부가 상실되거나 변화되는 병이다. 해리장애에 속하는 것은 ① 해리성 정체성 장애, ② 해리성 기억상실, ③ 이인성/비현실감 장애 등이다.

해리성 정체성 장애는 다중 성격장애라고도 한다. 한 사람이 둘 이상의 인격을 가지고 있으며, 한 번에 한 인격이 그 사람의 행동을 지배한다. 변화된 인격에서 원래 인격으로 돌아갔을 때 그동안 생긴 일을 망각하는 것이 보통이다. 증상은 원래의 인격과 하나의 변화된 인격이 교대하는 경우(이중인격), 원래의 인격과 두 종류의 변화된 인격이 교대하는 경우(삼중인격), 그리고 그 이상의 다중인격도 있다. 변화된 인격은 고유의 인격과는 상반되거나 어린아이 같은 경향을 띠는 것이 보통이다. 평소의 윤리 도덕관 때문에 억압되었던 행위를 다른 인격으로 바뀌었을 때 저지르는 수가 있는데 윤락이나 범죄행위가 그 예다. 문학작품 중에 『지킬 박사와 하이드 씨』가 좋은 예이듯 각각의 인격에 따라 이름이 있기도 하다. 변화는 급격하고 극적이다. 이들은 다른 인격 때의 기억을 할 수도 있으나 대개 기억상실이 있다. 임상에서는 기억상실 이외에 별다른 소견을 볼 수 없다. 변화된 인격이 장기간 지속될 때도 있다.

해리성 기억상실은 갑자기 기억을 못 하는 장애로서, 단순한 건망증으로 설명할 수 없는 상태이며 이는 뇌 기능 장애 때문이 아니다. 이들은 어떤 특정한 사건과 관련해 심적 자극을 준 부분을 선택적으로, 혹은 전체를 기억하지 못하는 경우도 있고, 때로는 지속적인 과거 생활을 포함한 전 생애나 그중 일정 기간에 대한 기억상실을 보이기도 한다. 그러나 새로운 정보를 학습하는 능력은 남아 있다. 갑작스럽게 엄습한 증상은 대개 일시적으로 지속되다가 역시 갑작스럽게 회복된다. 환자는 기억상실을 알아차리고 그 현상에 놀라기도 하지만 별로 개의치 않기도 한다.

이인성/비현실감 장애의 증상은 대개 급격히 나타나며, 자기지각의 변화로 몸의 특정 부위가 늘 갖고 있던 자기의 신체 부위가 아닌 것처럼 느껴진다거나, 정신 기능이나 감정 경험이 자신의 것이 아니라는 느낌이 든다. 외계 지각의 장애는 늘 대하던 사람이나 사물이 달라졌거나 낯설다는 느낌이 든다. 외부세계의 여러 가지 사물의 모양이나 크기가 변화된 것으로 보이거나 때로는 주위가 모두 변하여 로봇이나 기계처럼 움직이는 것 같은 비현실감도 보인다. 특수한 형태로는 자기 몸 밖에서 자기를 느끼거나, 자신이 동시에 두 장소에 있는 것처럼 느끼는 경우도 있다.

전환장애 또는 기능성 신경학적 증상 장애: 이전에 히스테리 신경증의 전환형으로 불리던 것으로서 신경증적 장애 중에 매우 고전적인 것이다. 이것은 심리적 갈등 욕구가 원인이 되어 신경계 증상, 즉 감각기관(예: 실명, 감각상실)이나 수의 운동기관(예: 마비)의 증상이 한 개 이상 나타나는 경우를 말한다. 이 증상은 의학적으로나 병리 생리적으로 설명되지 않는다. 가장 많은 것은 신경학적으로 맞지 않는 마비, 시력상실, 함구증이다. 감각상실 그리고 일정 부위의 운동장애, 실성증(목소리 상실), 진전, 횡격막 수축, 히스테리 특유의 간질 모양 발작(후궁반장), 경련, 가성 의식상실, 히스테리성 졸도 등도 보인다. 마비는 손목 아래 부위가 마비되는 등 해부학적 및 신경학적 부위와 일치하지 않게 나타나며(장갑형 및 양말형 감각마비), 건 반사, 근전도 검사 등도 정상이다. 경련이 나타날 때도 간질 발작과 달리 혀 깨물기나 요실금, 외상은 거의 없고, 동공반사나 구역반사 등은 정상이며, 회복한 후에 전환장애 특유의 '기분 좋은 무관심'을 볼 수 있다. 급성기 때는 유발요인이나 일차적 혹은 이차적 이득 등이 뚜렷이 파악되는 수가 많다. 예를 들어, 구토는 거부나 반항의 의미가 있고, 가성 임신은 임신을 너무 갈망하거나 임신에 대한 공포감이 심하다는 것을 의미한다. 그러나 장기화하면 알기 어려워진다. 각각의 전환 증상의 발병 기간은 짧다. 대개는 증상이 갑자기 나타나 수일 또는 1개월 정도 지속되다가 갑자기 소실된다. 발병 시기는 사춘기나 성인 초기이고, 특히 여성에서 남성보다 약 2-5배 더 많이 나타난다. 이것은 사회경제적으로 낮은 계층, 농촌 지역, 저학력자, 또한 지능이 낮은 사람, 전쟁의 위협에 놓인 군인들에게서 많이 발견된다.

이제 정신질환과 마귀 들림을 김진이 정리한 '마귀 들림 현상의 특징'을 중심으로 비교해 볼 때가 되었다.

정신질환과 마귀 들림은 어떻게 다른가?

힘이 세지는 경우: 흔히 마귀가 들리면 초자연적인 힘이 솟구친다고 한다. 그러나 정신질환이 있을 때도 경우에 따라 힘이 장사가 되기도 한다. 인간은 극도로 공포스럽거나 위기감을 느끼면 누구나 내재되어 있는 초월적 힘을 발휘한다. 정신질환자 중 특히 조현병 환자는 이미 현실을 왜곡해서 보고 있기 때문에, 얼핏 보기에는 별것 아닌 경우도 그들에게는 위협적이거나 공포스럽게 느껴질 수 있다. 그럴 때 그들도 괴력을 발휘한다. 가장 흔한 예가 강제 입원시킬 때다. 환자(대개 급성기 조현병 혹은 양극성 장애의 조증 상태)가 전혀 예상치 못하고 병원에 끌려왔다면 폐쇄병동으로 들어갈 때 그 환자는 완강하게 저항한다. 그때 남자 간호사(orderly)들이 그 일을 떠맡게 되는데 그 간호사들 여럿이

붙어야 겨우 병실로 끌고 들어갈 수 있게 된다. 그러므로 괴력이 나타나는 것을 마귀 들림 때의 특별한 증상이라고 단정하기는 쉽지 않다.

예수와 종교적 분위기에 대한 반응: 보통 마귀 들림은 예수와 연관되는 상황을 원치 않는다고 본다. 그래서 마귀는 복음에 관련된 것들, 예컨대 설교를 못 듣게 한다거나, 성도들의 일과 복지를 방해한다거나, 믿음 생활을 방해한다고 생각한다. 그러나 정신질환자들은 적어도 그런 행위를 하지는 않는다. 그들은 종교 생활을 방해하기보다 오히려 종교 생활에 깊이 빠질 위험이 더 크다. 예컨대 양극성 장애의 조증 상태에서는 교회 생활을 지나치게 열심히 한다. 그래서 봉사활동도 자원하고, 기도가 너무 잘 된다고 느끼기도 하며, 특송을 지속적으로 자처하기도 하고, 헌금도 현실감 없이 지나치게 많이 내기도 한다. 조현병일 때는 예수를 싫어하기는커녕 그 자신이 메시아가 되기도 한다. 그러나 히스테리(전환장애나 해리장애 등)일 때 상황에 따라서는 그들이 마귀 들린 사람처럼 행동할 수 있다. 더욱이 히스테리를 유발시킨 인자가 종교적 색채가 강하다면, 예컨대 목회자나 교회와 관련된 심리적 갈등이 히스테리의 촉발 인자로 작용하고 있다면, 그가 히스테리 환자일지라도 소위 마귀 들림 때처럼 교회의 교리와는 반대되는 행동을 보일 수도 있다. 그러므로 예수와 연관되는 상황을 원치 않는다는 기준으로 마귀 들림을 평가할 때도 주의를 기울일 필요가 있다.

사람들과의 친숙도, 현실감과 소외감: 마귀 들린 경우 마귀는 인간을 피폐하게 하려는 목적이 있는 존재이면서, 그것 자체는 영적 존재라서 당연히 그것들이 거할 몸을 필요로 한다. 그러므로 마귀들은 인간과 친해지려 한다. 인간의 타락이 그들의 임무이므로 마귀는 사람들과 관계하려고 작전을 세운다. 그러나 조현병과 단기정신병적 장애 등에서는 망상 세계에 환자가 갇히므로 혼자 있기를 좋아해서 사람들과의 관계를 스스로 멀리한다. 그들은 자신의 생각 속에 빠져서 그것들과 대화하고 상상하며 시간을 보낸다. 즉 타인들에게는 전혀 관심이 없다.

그러나 양극성 장애의 조증 상태일 때는 사람들을 좋아하고 사람들에게 말을 붙이거나 친근감을 표하기를 쉽게 한다. 다만 그런 행동들이 과장되거나 부적절한 경우가 많아서 상대방이 의아해하거나 선뜻 동조할 수 없게 된다. 히스테리일 때도 사람들을 피하기보다 사람들에게 무언가 보이기를 원하는 편이다. 다만 그런 양상들이 상대방에게 거부감이 들게 하는 경우가 대부분이다. 물론 히스테리에서도 혼자 있으려 하는 경우가 있기는 하다. 마귀 들림에서는 현실감이 상실되지 않는다. 그러나 정신질환 중 특히 조현병이나 양극성장애에서는 현실감각이 현저히 떨어진다. 그러므로 사람들과의 친숙도 여부로 마귀 들림을 판가름하는 것도 절대적인 기준이 될 수는 없다.

자기 자신과 다른 목소리가 내재된 인격체: 마귀 들림에서는 타인의 목소리를 현저하게 낸다고 한다. 정신질환에서는 대부분이 이런 증상은 없다. 그러나 히스테리에서는 치료자와의 관계 혹은 히스테리를 촉발한 어떤 대상과의 관계에서 타인의 목소리로 대화할 수 있는 여지가 상당히 많다. 이런 현상을 보면서 사람들은 그 안에 다른 인격체가 들어가 있기 때문이라고 생각한다. 그래서 퇴마사(exorcist)가 질문하면 마귀 들린 자가 다른 목소리로 대답한다고 보고 있다. 다른 정신질환에서는 이런 증상은 나타나지 않는다.

약물에 대한 반응과 치료 기간: 정의상 마귀 들림과 정신질환은 전혀 다르기 때문에 항정신병약, 항우울제, 항불안제 등을 주었을 때 효과가 나타나면 당연히 그는 정신질환에 속한다. 마귀 들림이 약에 반응할 리는 없기 때문이다. 치료 기간도 마귀 들림에서는 그 시작과 끝이 극적이어야 말이 된다. 반면 조현병이나 양극성장애 때는 치료 기간이 길다. 그러나 단기 반응성 정신병에서는 그 기간이 극적으로 짧은 것이 이 병명을 붙일 수 있는 조건이다. 이것은 급격히 발병했다가 1개월 이내에 회복되는 정신병일 때 붙이는 병명이기 때문이다. 히스테리에서도 그 기간이 극적일 가능성이 매우 크다.

증상이 있을 때와 없을 때가 완전히 구분되는가?: 마귀 들림에서는 마귀가 활동할 때와 활동하지 않을 때 나타나는 증상이 확연히 다르다. 즉 마귀가 활동하면 완전히 중증의 정신병적 증상을 보이다가도 그것이 활동을 안 하면 완전 정상상태로 돌아온다. 조현병과 양극성장애 때는 이런 경우가 거의 없다. 그러나 단기정신병적 장애나 히스테리에서는 증상이 있을 때와 없을 때가 확연히 구분될 수도 있다. 히스테리 자체가 극적인 것을 특징으로 하는 경우가 많기 때문이다. 단 조현병에서는 상대를 충분히 속일 수도 있기 때문에 경우에 따라서는 증상이 없어진 것처럼 숨길 수도 있음을 명심해야 한다. 지금까지의 설명을 정리하면 〈표3〉과 같다.

<표3> 마귀 들림과 정신질환의 비교

증상	정신질환	마귀 들림	조현병	단기정신 병적 장애	양극성 장애	히스테리
초능력	힘이 세짐	O	O or X	O or X	O or X	O or X
	예수능력 인지	O	X	X	X	O or X
	예지능력	O	X	X	O or X	O or X
사회적 관계	사람들과 연합	O	X	X	O or X	O or X
	현실감	O	X	X	X	O
	소외됨	X	O	O	O	O or X
다른 인격	타인의 목소리	O	X	X	X	O
	다른 인격	O	X	X	X	O
약물 반응		X	O*	O	O	O or X
치료 속도		**급격함**	서서히	급격함	서서히**	**급격함**
증상 차이		**뚜렷함**	없음	있을 수 있음	없음	**뚜렷함**

* 조현병 환자의 20-30%가 약물치료에 잘 반응하지 않는다.
** 양극성장애의 아류형 중 급속 순환 양극성장애(rapid cyclic bipolar disorder)의 경우 빠르게 증상이 변할 수도 있다.

겉으로 나타나는 양상으로만 비교했을 때 마귀 들림과 정신질환은 〈표3〉에서 보듯이 전혀 다르다. 군이 유사한 경우를 찾자면 히스테리로 통칭하는 해리장애나 전환장애가 그렇게 보인다. 그렇기 때문에 마귀 들림이란 전환장애의 일종일 가능성이 매우 크다고 잠정적으로 결론 내릴 수 있다. 그러나 그것 또한 그리 적절하지는 않다. 한마디로 마귀 들림이 갖고 있는 괴이함과 신비로운 분위기를 닮은 정신질환은 찾아볼 수 없다는 말이다. 따라서 정신질환은 "소위 말하는 마귀 들림"은 아니라고 말할 수 있다. 참고로 프로이트가 마귀 들림 양상을 보이던 전환장애 환자를 정신분석적으로 고찰한 사례를 소개한다.

프로이트가 분석한 마귀 들림으로 취급받은 전환장애

프로이트는 「17세기 악마 노이로제」라는 글에서, "심리학을 모르는 오늘날(프로이트 당시)에는 신경증들이 신체적 병으로 위장된 채 심기증(心氣症, 근거 없이 큰 병에 걸렸다고 생각하는 정신병적 질환. 건강염려증)이라는 옷을 입고 나타나는 반면, 지나간 먼 시대의 신경증들은 귀신학(鬼神學)이라는 옷으로 위장을 하고 나타났는데, 이는 결코 놀라운 일이 아닐 것"이라고 말했다(Freud/정장진 1997: 167). 그러면서 프로이트는 마귀 들린 상태나 황홀경에 휩싸인 환자들을 관찰하면서 그것이 히스테리의 한 형식임을 샤르코 등 많은 학자가 밝혀냈음을 언급한다. 이들의 지난 삶을 잘 추적해보면 그런 노이로제(neurosis)의 내용들을 쉽게 발견할 수 있다고 그는 말한다.

따라서 마귀가 들렸다고 하는 것은 우리가 노이로제라고 부르는 것에 해당하고, 그 노이로제는 우리 내면의 정신적인 힘에 의한 것이다. 그렇게 보면 마귀는 의식에서 거부된 나쁜 욕망이자, 억압되어 제외된 충동적 욕동의 후예들이라고 프로이트는 말하고 있다. 그는 중세 때 있었던 악마적 빙의나 황홀경이란 인간 내면의 심리적 갈등들이 외부 세계로 투사되어 생긴 현상이었음을 강조하였다. 다시 말해서 악마적 빙의와 황홀경은 환자들의 내적 삶이 만들어낸 산물이고, 이 내적 삶이 바로 악마적 빙의와 황홀경이 일어나는 장소라고 보았던 것이다(Freud/정장진 1997: 168). 이어서 그는 17세기에 있었던 귀신론적 신경증의 한 예를 들어 자신의 논리를 이끌어 갔다. 그 예는 다음과 같다.

프로이트는 기록을 보관하는 사법 도서관 관장인 페이어-투른 박사의 권유로 17세기에 있었던 화가 크리스토프 하이츠만이 겪었던 귀신과 관련된 이야기를 분석하게 되었다. 어느 날 페이어-투른 박사는 도서관에서 손으로 쓴 기록 하나를 발견했는데 마리아젤이라는 순례지에서 작성된 것이었다. 그것의 제목은 〈마리아젤의 전승비〉였고, 내용은 한 남자가 동정녀 마리아의 가호로 악마와 맺은 계약에서 기적적으로 풀려나는 것이다. 페이어-투른 박사는 이 자료가 파우스트 전설과 매우 비슷해서 분석·소개하려 했지만, 그 남자가 경련을 일으켰고 환상을 보기도 했다는 점 때문에 의학적 검증이 필요하다고 판단해서 프로이트에게 의뢰했던 것이다(Freud/정장진 1997: 169-170).

1677년 9월 크리스토프 하이츠만은 남부 오스트리아에 있는 포텐부른의 한 신부가 써준 소개장을 들고 마리아젤 마을로 왔다. 그가 이곳에 온 이유는, 그가 포텐부른에 여러 달 머물면서 그림을 그리고 있었는데, 8월에 성당에서 발작을 일으켰고 그 발작이 그 이후 여러 번 반복되었기 때문이다. 그때 그 신부는 혹시 그가 악령과 부정한 거래를 했기 때문은 아닌지 조사가 필요할 것 같다고 판단했고, 그것의 가부를 밝히기 위해 그를 관찰해줄 수 있는 마리아젤로 보냈던 것이다. 한편 그때 그 화가는 9년 전에 그림이 잘 안 그려지고 생활고에 시달려서 삶을 마감하려고 할 때 마귀가 아홉 번이나 찾아와서 자신을 유혹했다고 고백했다. 그 바람에 그는 결국 9년 동안 악마에게 자신의 몸과 영혼을 맡겼다고 한다. 그는 지금 그 계약 기간이 얼마 남지 않았고, 그 계약에서 벗어나는 길은 마리아젤에 있는 성모에게 의지하는 것임을 믿었다고 했다. 즉 자신이 악마에게 혈서로 써준 계약서를 취소하게 할 수 있는 이는 성모뿐이므로, 그녀가 자신을 구원할 수 있다고 믿었다. 그는 악마로부터 벗어나기 위해 마리아젤로 온 것이었다(Freud/정장진 1997: 171-2).

그는 성모의 탄생일인 9월 8일 밤 12시에 날개 달린 용의 모습을 하고 성당에 나타난 악마에게 그가 피로 써준 계약서를 돌려받는다. 기록에 따르면 여러 명의 성직자들이 귀신 들렸던 화가의 곁에 항상 머물러 있었고, 성당에 악마가 나타났을 때에도 그와 함께 그 자리에 있었다고 한다. 그러나 프란치스코회의 한 신부가 쓴 편지에는 동석한 성직자들이 악마를 보았다는 기록은 없다. 그는 화가가 갑자기 그를 붙잡고 있던 성직자들을 뿌리치고는 "악마가 나타났다"고 하면서 성당 한쪽 구석으로 달려갔고, 다시 돌아올 때 문서 하나를 들고 있었다

누가 죄인인가?

고 기록하고 있다(Freud/정장진 1997: 174-5).

사탄을 물리친 성모의 승리는 의심의 여지없이 엄청난 기적이었지만, 안타깝게도 치유 효과는 오래가지 못했다. 그는 마리아젤에서 완쾌된 후 빈에 사는 결혼한 누이 집에 머물렀는데, 거기서 10월 11일 다시 발작이 시작되었고 환상과 실신, 엄청난 두려움, 근육마비 등이 다음 해 1월 13일까지 반복되면서 위기 상황을 겪었다. 결국 1678년 5월 그는 다시 마리아젤로 돌아왔다. 그는 고위 성직자들에게 돌아온 이유를, 처음에 검은 잉크로 먼저 써준 또 다른 계약서를 악마에게서 돌려받으러 왔다고 말했다. 결국 그는 자신의 소원을 이루고 다시 돌아갔다고 한다. 그 이후로도 악령의 유혹이 여러 번 있었으나 하나님의 가호로 그 유혹을 물리쳤다고 한다. 크리스토프는 1700년에 한 수도원에서 병으로 사망했다(Freud/정장진 1997: 175-6).

왜 그는 문서로 악마에게 자신을 넘겨주겠다고 한 것일까? 이것은 당연히 노이로제를 촉발시킬 수밖에 없는 상황적 요인들과 연관된 질문이다. 당시 화가는 완전히 의기소침해 있었고, 일을 할 수 없었을 뿐만 아니라 하고 싶지도 않았으며(우울증), "앞으로 어떻게 살아야 하나?" 하는 문제로 걱정이 엄청 많았다. 이때 직접적인 동기는 물론 그의 아버지가 돌아가신 것이다. 그 때문에 그는 우울증에 걸렸고 이때 악마가 그에게 접근하여 "어떻게든 그를 도와주고 협조를 아끼지 않겠다"고 했던 것이다. 그때 그런 말을 하면서 나타난 악마는 정직한 시민의 모습이었다(Freud/정장진 1997: 179-180). 그는 자신이 마귀와 흥정하는 과정을 묘사한 그림 8장을 남겼는데, 이 정직한 시민의 모습은 그 중 첫 번째 것이었다.

화가는 결국 심각한 정서적 의기소침에서 빠져나오기 위해 악마와 문서로 계약을 맺은 것이다. 그는 검은 잉크로 쓴 첫 번째 계약과 그로부터 1년 후에 피로 쓴 두 번째 계약을 했다. 검은 잉크로 쓴 첫 번째 선서는 "나, 크리스토프 하이츠만은 이 글을 통해 앞으로 9년 동안 주님께 그의 아들로서 몸을 바친다. 1669년"이었고, 피로 쓴 두 번째 선서는 "1669년, 크리스토프 하이츠만, 이 글을 통해 나는 사탄의 아들로서 9년 동안 육체와 영혼을 바칠 것을 약속한다"로 되어 있다(Freud/정장진 1997: 181).

그런데 특이한 점은 화가가 악마에게서 뭔가(예컨대 돈, 명예, 이성 등)를 얻기 위해서 계약한 것이 아니라는 것이다. 그렇다면 그가 악마에게 원했던 것은 과연 무엇이었을까? 위의 선서를 찬찬히 보면 그것이 무엇인지가 서서히 드러난다. 즉 악마는 9년 동안 화가에게 그의 죽은 아버지를 대신하겠다고 약속한 것이다. 다시 말해서 화가는 아버지의 죽음으로 인해 그림 그릴 의욕과 재능을 상실했고, 만일 이제라도 아버지를 대신해줄 누군가가 나타난다면 그는 자신이 잃어버린 것을 다시 찾을 수 있을 거라고 생각했던 것이다. 그가 아버지의 죽음으로 인해 우울증에 걸렸다면, 그는 아버지를 사랑했음이 틀림없다. 그러나 이런 사람이 자신이 사랑했던 아버지의 대리자로서 악마를 선택한다는 것은 기이한 일이 아닐 수 없다(Freud/정장진 1997: 181-2).

<그림1> 악마의 처음 모습

<그림2> 악마의 나중 모습

그러나 이 화가와 아버지 사이가 단순한 사랑의 관계였다는 추론은 옳지 않았다. 이런 심리적 상태는 그가 그린 악마의 그림에서 극명하게 드러난다. 앞에서 언급했듯이 아버지의 대리 역을 맡은 악마는 첫 그림에서 지긋이 나이 든 점잖은 부르주아의 모습을 하고 있다. 그는 갈색 수염에 붉은색 외투를 걸치고 검은 모자를 쓰고 있고, 오른손에 집고 있는 단장 옆에는 검은 개 한 마리가 그려져 있다. 그러나 이 아버지는 점점 더 무서운 모습으로 변해간다. 급기야 그는 머리에 뿔이 달리고 독수리의 발톱을 한 채 박쥐의 날개를 단 모습을 하고 나타난다. 게다가 특이한 것은 그가 유방을 갖고 있다는 점이다. 마지막 그림에서 아버지는 마침

내 하늘을 나는 용의 모습을 한 채 성당에 나타난다(Freud/정장진 1997: 187).

이런 현상은 인류가 선사시대부터 하나님이라는 표상이 사실상 숭배받았던 자신의 아버지를 대신하는 존재라는 것, 좀 더 정확히 말하면 우리가 어린 시절 보고 느꼈던 그대로의 아버지가 원시 부족 최초의 아버지로 된다는 것이다. 시간이 지나면서 각 개인은 왜소해진 아버지를 다르게 보게 되지만, 어린 시절 품었던 아버지에 대한 이미지는 그대로 보존되어서 인류 최초의 아버지에게서 전해져 내려온 기억의 흔적들과 섞여 각자에게 하나님으로 재현된다. 그렇지만 분석을 통해 우리는 이 아버지와의 관계가 처음부터 양가감정을 띠게 된다는 점을 알고 있다. 다시 말해서 아버지와의 관계는 두 가지 상반되는 정서적 욕동들, 즉 아버지를 향한 애정 어린 순종의 욕동과 더불어 적대적인 도전의 욕동을 인간은 함께 갖고 있다는 것이다. 인간과 신의 관계에서도 똑같은 양가감정이 지배한다(Freud/정장진 1997: 187-190).

악마는 보통 신의 적으로 구상되어 있지만, 본성에서는 선에 필적하는 상대다. 게다가 새로운 신들이 출현하여 이전의 신들을 축출할 때 쫓겨난 신들이 사악한 악마가 될 수 있다. 예컨대 기독교의 악마는 신과 버금가는 본성을 지닌 타락한 천사다. 그러므로 신과 악마가 동일한 기원을 갖고 있다는 사실을 아는 데는 대단한 통찰력이 필요하지 않다. 이런 신-악마 개념은 한 개인이 자신의 아버지와 맺고 있는 관계를 지배하는 양가감정이 투사된 것으로 볼 수도 있다. 만일 선하고 정의로운 신이 아버지의 대리물이라면, 신을 미워하고 두려워하고 원망하는 적대적인 태도가 사탄으로 표현되는 것이다. 그러니까 아버지는 한 개인에게 신과 악마 양자의 원초적 이미지인 셈이다(Freud/정장진 1997: 190-1).

이 화가도 아버지에 대해 양가감정을 가지고 있었기 때문에 아버지의 죽음으로 인한 애도 콤플렉스는 그만큼 더욱더 노이로제로 변화될 가능성을 많이 갖고 있었다. 만일 이 화가가 프로이트와 동시대인이었다면 그의 기억을 추적해서 언제, 어떤 상황에서 아버지를 미워하고 두려워했는지를 물어볼 수도 있었을 것이다. 그리고 아버지에 대한 증오의 여러 전형적인 요인들을 밝힐 수도 있었을 것이다. 추측건대 아마도 아버지가 화가가 되겠다는 아들의 의사를 반대했을 가능성이 있다. 아버지가 죽은 이후 그가 그림을 그릴 수 없게 된 것은 '사후의 복종'일 수 있다. 이 '사후의 복종' 관점에서 본다면 그림을 그릴 수 없게 된 것은 그가 아버지를 거역한 것을 후회하고 있음을 나타내고, 나아가 자기 징벌에까지 도달했다는 표현이 된다. 다른 한편으로는 그림을 그릴 수 없게 되자 생활 능력을 상실한 아들이 겪고 있던 생활고 때문에 그를 보호해주던 아버지를 더욱 그리워했을 수도 있다(Freud/정장진 1997: 193-4).

크리스토프 하이츠만은 충분히 예술가가 될 수 있는, 세속적 세상을 단념할 수 없었던 그 시대의 평범한 청년과 똑같은 사람이었다. 그러나 그는 자신이 처하게 된 곤궁한 상황 때문에 예술과 세속적 세상을 포기하고 종교 단체에 들어갔다. 그렇게 함으로써 내적인 싸움에 종지부를 찍을 수 있었을 뿐만 아니라 물질적인 곤경에서도 벗어날 수 있었다. 그가 악마에게 사로잡힌 일화는 그의 삶을 보장받기 위함이었다. 그런 보장을 위해 처음에 그는 악마의 도움을 받았고, 그 후 악마가 그를 실망시키자 악마를 단념하고, 종교적 정황의 도움을 받는 대신에 모든 세속적 즐거움을 포기해서 그의 생존을 확보했던 것이다(Freud/정장진 1997: 218).

크리스토프 하이츠만은 어쩌면 모든 행운을 박탈당한 가련한 악마에 지나지 않았는지도 모른다. 그는 그림을 그려서 생활하기에는 너무나 서툴고, 재능이 부족했는지도 모른다. 따라서 그는 영원한 젖먹이 같은 인간형, 즉 어머니의 가슴에 파묻혀 벗어날 줄 모르고 평생토록 누군가의 도움만을 기다렸던 인간형에 속하는 인물이었다. 그는 처음 아버지가 만들어놓은 길을 따라가다가 그의 죽음으로 아버지의 대리물인 악마를 따라가게 되었고, 마침내는 우리가 흔히 아버지(신부)라고 부르는 가톨릭 성직자들을 따라가게 된 듯하다(Freud/정장진 1997: 218-9).

프로이트의 분석 중 깊은 무의식 내 성적 관계의 관점에 이르면 선뜻 동조하기에는 그 이론이 낯설고 힘들어진다. 그 내용은 대충 이렇다. "9년이라는 숫자는 임신을 의미하며, 그가 그린 악마 그림이 나중에 유방을 가지고 뱀의 형상을 하고 있으면서 커다란 성기를 드러내고 있다는 것은 그의 성장기 동안 부모와의 성적 욕동에 문제가 있었음을 나타낸다. 그는 아버지와의 관계에서 여성적 위치에 있게 됨으로써 임신의 환상을 가지고 있었으나, 그런 것에 대한 저항을 악마의 수준으로 떨어진 아버지가 여성의 몸을 하고 있다는 환상으로 대치했다. 즉 자신의 여성적 위치를 거부하는 것은 거세에 대한 반항이고, 그 거세는 아버지를 거세하여 여자로 만들겠다는 반대 환상을 통해 가장 강력하게 표현되곤 한다. 악마의 몸에 붙어 있는 두 젖가슴은 아버지의 대리물에 투사된 화가 자신의 여성성인 셈이다"(Freud/정장진 1997: 197).

이런 정신분석적 해석은 참고사항으로 받아들이고 그냥 가볍게 넘어가도 될 듯하다. 어떻든 프로이트는 마귀와 거래한 이 화가를 심리학적인 관점에서 세심하게 분석했다. 이런 그의 태도는 악마의 존재를 부정하려는 것이 아니다. 그는 또한 그런 현상을 합리적이고 과학적인 인과관계로 보려는 것이 아니라 인간의 내면을 무의식적 측면에서 어떻게 이해할 수 있을지를 보려고 한 것으로, 마귀 들림 현상에 대한 의미를 새로운 차원으로 이끌었다.

요약

정신질환과 마귀 들림을 겉으로 나타나는 양상으로만 비교했을 때 둘은 전혀 다르다. 다만 마귀 들림이 전환장애와 많이 닮아 있음은 샤르코와 프로이트가 이미 밝혔다. 샤르코(J. M. Charcot, 1825-1893)는 1870-1893년 사이에 프랑스의 가장 위대한 신경학자로서 많은 왕과 왕자들의 주치의였으며, 살페트리에르 학파를 대표하는 인물이었다. 그는 강의실에 환자를 실제로 등장시켜 사람들 앞에서 직접 최면술을 보여주고, 사진을 영사해 보여주는 것으로 대단한 인기를 얻었다. 이러한 샤르코의 가르침은 많은 의사와 일반인들, 특히 외국 방문객들에게 매우 매혹적이었다. 프로이트도 1885-1886년 사이 4개월 동안 이곳에서 그의 강의를 들었다. 그는 마귀 들림을 단지 히스테리의 한 형태일 뿐이라고 과학적으로 설명해낸 인물로서, 과거의 희귀한 마법과 빙의 현상들을 모아서 일련의 시리즈로 『악마 문고』라는 책을 펴내기도 했다(Ellenberger 1970: 95). 프로이트는 앞서 보았듯이 문헌 고찰을 통해 마귀 들림이 전환장애의 일종임을 자세히 분석해냈다. 그러면서 그는 결국 이런 마귀 들림은 상당 부분 인간 내면의 심층적 혹은 무의식적 요인에 의해 유발되는 심리적 현상이라는 결론에 다다랐다.

그러나 이 결론은 인류 정신사 속에서 한 단면을 나타내는 것일 뿐이다. 왜냐하면 그 역사 속에는 종교적·영성적 혹은 신비적인 전통도 엄연히 지속되고 있기 때문이다. 기독교인들이 이런 마귀의 역사를 어렵지 않게 받아들이는 배경에는 당연히 성서에 나오는 퇴마 행위에 관한 기록들이 있다. 그렇기 때문에 이 영역을 아무런 가교적 이해나 설명도 없이 모두 인간의 무의식적 심리 현상으로 끌어내리는 것은 편협한 심리주의적 시각이라고 비판받아 마땅하다. 물론 마귀 들림의 일정 부분이 심리적 현상의 일종이 아니라는 말은 아니다. 상당 부분 그것은 우리의 심리적 영역 안에 있음도 인정해야 한다. 그러나 정신 병리학적 심리 현상이라는 것만 주장하면 또 다른 편견으로 이 문제를 볼 개연성이 높기 때문에, 다음 장에서는 종교적 영성을 찾아서 '기독교의 신앙 치유 역사와 문제점'부터 따라가 보려고 한다.

3장

기독교의 신앙 치유 역사와 문제점

병과 악의 유발자 사탄은 어떻게 형성되었나?

사탄 개념은 본래 악이 이 땅에 존재하는 이유를 설명하기 위해서 생겨났다. 우리가 흔히 갖는 의문, 즉 "선하고 전지전능한 하나님이 창조한 이 세상에 왜 악이 존재하는가?"에 대한 답이 유대인들에게도 필요했던 것이다. 이런 선한 창조주와 악한 피조물이라는 모순적 딜레마를 해결하려고 발달시킨 것이 바로 사탄 개념이다. 이는 악의 원인이 하나님이 아니라 사탄·악마에게 있어야 함을 주장하려는 것이다. 그렇다면 사탄이라는 개념은 어떤 역사적 배경을 가지고 변형되어왔을까?

구약성서 시대

구약성서에서의 사탄은 어떤 특성을 가지고 있는 확실한 존재가 아니라 단순히 고발자·반대자라는 중립적인 보통명사에 불과하다. 사실상 구약성서는 사탄이라는 존재에 거의 관심이 없었다. 왜냐하면 구약성서 저자들의 주 관심사는 하나님과 그의 구원 계획에 있었기 때문이다. 그렇기 때문에 그들이 생각하는 하나님의 적은 추상적인 악마가 아니라 눈에 보이는 이방인들, 특히 이방의 임금과 군주들이었다. 즉 그들은 이방의 관습과 종교가 하나님과 이스라엘 백성 사이를 갈라놓는다고 여겼다. '하나님은 오직 한 분뿐이라는 유일신 신앙'을 가장 중요하게 생각했기 때문에, 구약성서에는 하나님과 악마의 투쟁이나 선과 악의 투쟁 같은 이원론적 사상이 들어설 자리가 거의 없었다. 그들은 이방 종교에서 악마의 사주로 일어난다고 여겼던 기근이나 질병, 전쟁과 같은 온갖 재앙들도 모두 하나님이 직접 또는 사자를 통해서 주는 것으로 믿었다(송혜경 2019: 25).

바빌로니아 유배기 이후

이런 사탄 개념이 조금씩 바뀌기 시작한 것은 북이스라엘과 남유다 왕국이 멸망하고 바빌로니아로 유배당한 때부터다. 왕국의 멸망과 바빌로니아 유배라는 가공할 현실 앞에서 유대인들은 그들이 겪는 고통과 악을 새로운 시각으로 보게 되었다. 유대 백성이 유배에서 돌아와서 예루살렘 성전을 다시 짓고 회개 운동을 시작했는데도, 그리고 그 뒤로도 많은 시간이 흘렀음에도 불구하고 외국인의 지배(바빌로니아→페르시아 →그리스)가 이어지는 역사 속에서 그들의 악에 대한 성찰이 좀 더 깊어지고 넓어져 갔다. 그들은 이방인들에 대한 비난, 죄에 대한 회개와 성찰에서 한걸음 더 나아가 이 모든 악을 일으키는 배후 세력으로까지 눈길을 주게 되었다. 이젠 악인들과의 투쟁에서 그들을 배후에서 조종하는 악마와의 투쟁으로 바뀌기 시작했던 것이다(송혜경 2019: 27-8).

이때부터 사탄은 고발자 역할의 천사에서 인간을 유혹하는 악마로 변하기 시작했다. 이런 변화는 페르시아의 지배 아래 있었던 시기(BCE 539-332)에 페르시아 종교였던 조로아스터교의 영향으로 가속화되었다. 조로아스터교는 조로아스터(페르시아어로 차라투스트라)가 조상들의 다신교 전통을 정비하여 일신교로 탈바꿈시킨 종교로서 지혜의

신 아후라 마즈다를 최고신으로 숭상한다. 이 종교는 아후라 마즈다가 우주와 인류를 만든 창조주이며 유일한 하나님이라고 믿는 한편 악신의 존재도 인정한다. 즉 최고신 아후라 마즈다에게서 유출된 두 원리, 즉 선한 원리인 스펜타 마이뉴와 악한 원리인 앙그라 마이뉴가 대결 구도를 이루고 있다고 설명한다(이원론적 일신론). 선한 하나님이 창조한 좋은 세상에 왜 악과 고통이 존재하는지를 설명하는 데 이런 악신 개념과 이원론적 관점이 꽤 유용했을 법하다. 선신에 맞서며 사람들을 악으로 유도하는 앙그라 마이뉴처럼, 사탄도 이제는 하나님의 천사들 중 하나에서 하나님께 대적하는 악의 수장으로 변모하기 시작한다(송혜경 2019: 34-6).

사탄 개념에 영향을 준 또 다른 흐름은 헬레니즘이다. 알렉산드로스 대왕이 페르시아를 멸망시키고 근동 세계를 장악하면서 팔레스타인도 헬레니즘의 영향권 안에 들어가게 되었다(BC 332-63). 알렉산드로스가 정복지 전역에 그리스어와 그리스 세계관을 보급하는 정책(헬레니즘)을 펼침에 따라 유대인들도 그리스 문화의 영향권에 들어갔다. 사탄 개념도 그리스 신화, 특히 지하 세계를 다스리는 죽음의 신 하데스 신화의 영향을 받는다. 하데스는 신의 이름일 뿐만 아니라 죽은 사람의 영혼이 가는 곳, 지하 세계 또는 저승을 가리키는 말이기도 하다. 이것이 유대교의 사탄 개념에 흡수되면서 천상의 천사였던 사탄이 이제는 지하 세계나 어둠의 세계, 그리고 죽음과 연결되었다(송혜경 2019: 36-7).

이처럼 유대교 문화에서 사탄 개념은 페르시아와 그리스 시대를 거치면서 더욱 풍성해지고 구약과는 사뭇 다르게 발전했다. 이제 사탄은 천상의 법정을 벗어나서 하나님의 뜻과는 무관하게 독자적 행동을 시작하고 수하에 부하들도 거느리게 된다. 하나님이 천사들을 거느리듯 사탄은 마귀들을 거느리고 하나님을 거슬러 세상에 악을 조장하며 사람들을 죄로 이끈다. 이젠 이 세상의 모든 악과 고통이 사탄과 마귀들의 탓이 되는 것이다. 동시에 좋든 나쁘든 모든 것을 하나님이 행하신다는 유대인들의 믿음도 달라졌다. 하나님은 선, 사탄은 악 쪽에 선다. 천상의 고발자 사탄이 이제는 사탄이라는 이름의 악마, 곧 하나님의 적이 된 것이다. 이러한 사탄 개념의 변화는 유대교 문학 중 특히 신구약 중간기인 기원전 200년경에서 기원후 100년 사이의 작품들을 통해 확인할 수 있다. 『에녹 1서』, 『희년서』, 『아담과 하와의 생애』를 비롯한 다양한 구약 외경과 쿰란 작품들이 그 예다. '사탄'이 악마의 이름으로 자주 쓰인 것은 기원전 1세기부터다(송혜경 2019: 37).

악마의 임무는 하나님과 하나님의 백성을 갈라놓는 일이다. 이 목표를 실현하기 위해서 악마는 대략 세 가지 방법을 사용했다. 첫째, 하나님 백성을 하나님께 고발한다. 둘째, 하나님 백성을 시험하거나 유혹하여 죄악으로 이끈다. 셋째, 역사나 인간사에 직접 개입하여 하나님의 구원계획을 교란한다. 이런 식으로 신구약 중간기 후반에 유대교 문학에서 사탄은 지금 우리가 생각하는 악마의 모습으로 굳어진다(송혜경 2019: 68).

신약성서 시대

신약성서에서 사탄은 '마귀'(거짓 참소자, 모략하는 자, 비방하는 자), '악한 자', '이 세상의 지배자', '파괴자', '공중 권세 잡은 자', '바알세불', '처음부터 살인한 자', '원수' 등으로 불린다. 신약성서의 이런 이미지들에서 사탄은 마귀들의 대장이며 천박한 사람들이 복음을 듣지 못하도록 방해하는 자다. 그는 사람들을 감옥에 가두고, 질병에 걸리게 하며, 바울의 선교 여행을 방해하고, 거짓말을 촉진하고, 교회를 파괴하며, 예수를 배반하도록 가룟 유다 안으로 들어간다(Wink/박만 2005: 79-80).

악의 지배와 신앙 치유 역사

이처럼 페르시아와 헬레니즘의 영향으로 형성된 이원론적 세계관이 악마 개념의 발전사에 지대한 영향을 미친다. 하나님의 천사로부터 떨어져 나온 악마가 독자적으로 행동하면서부터 선과 악, 빛의 세계와 어둠의 세계가 서로 대립하게 된다. 하나님이 선의 수장이 되고, 악마는 악의 수장이 된다. 천사는 하나님을 따르는 것들이고, 마귀는 악마를 따르는 것들이다. 하나님의 다스림을 받는 빛의 자녀들이 있다면, 악마에게 지배받는 어둠의 자녀들이 있다(송혜경 2019: 68-9). 이러한 이원론적 사유 방식은 자연스럽게 교회의 초자연적 전통으로 이어졌고, 따라서 또한 복음서와 사도행전에 나타나는 기사들을 초자연적인 독법으로 읽는 기초로 작용한다.

　서구 역사 속 기독교 전통은 극단적인 양분화 현상에 사로잡힌 듯 보인다. 한쪽은 합리적·이성적인 신학(교부신학 및 스콜라 철학)을 추구하고, 다른 한쪽은 비이성적·신비적 은사주의에 빠져들 가능성을 가지게 되었다. 이러한 은사주의적 혹은 초자연적 전통의 접근은 기독교 주류가 되지는 못했지만, 그 주류의 그림자 자리에서 끊임없이 흐르고 있었다. 급기야 그런 접근은 오늘날 제3세계 여러 지역의 이해와 맞아떨어지기도 한다(Keener/노동래 2022a: 714). 그렇다고 해서 이런 흐름이 뚜렷하게 양분되었다고 볼 수는 없다. 앞으로 보겠지만 교부들과 신학자들 또한 비이성적·신비적 활동을 보고하고 있기 때문이다. 이런 두가지 형태가 역사 속에서 어떻게 뒤섞이면서 그 명맥을 유지해왔는지 우선 비이성적이고 신비적인 은사주의 전통을 따라가 보자.

교부 시대

교부 시대는 대체적으로 신약성서 기록이 끝난(약 100년경) 때부터 451년의 칼케돈 공의회까지를 일컫는다(McGrath/김기철 2022: 46). 이 시대의 기독교인들은 한편으로는 널리 퇴마와 치유를 주장했다. 2-3세기에 기독교인 변증가들은 사도적 지도자를 일컬을 뿐만 아니라 평신도들 안에서도 기적 사역자로 묘사될 수 있었다. 변증가들 중 유스티누스(Justin Martyr, 100-165)는 이런 사상적 변화의 분기점에 서 있던 사람이다. 그는 사탄이 이 세상의 모든 악에 책임이 있다는 신학을 펼쳤다. 그래서 사탄은 그리스도인들이 당한 박해의 원인이자 마법의 아버지, 탐욕의 원천, 마귀들의 왕자인 것이다. 사탄은 이제 하나님으로부터 독립한 자율적인 존재가 되었고, 동시에 모든 이방 신은 악마들이므로 이교 신앙 또한 악마적인 것이 되었다(Wink/박만 2005: 104-5).

2-3세기 전후로는 기독교로 개종하는 가장 명확한 이유가 퇴마와 기적이 일어났기 때문이었다. 이레나이우스(Irenaeus, 140-203)의 "복음서와 사도행전에 기록된 표적들이 이교도들을 개종시킨다"라는 말이 이를 증명한다. 테르툴리아누스(Tertullianus, 160-220)는 악령으로부터 벗어나 치유받게 해준 기독교인들에게 감사를 표한 저명한 이교도들을 언급하기도 했다. 오리게네스(Origenes, 185?-253?)는 이교도들에게 기독교인들은 여전히 악령을 쫓아내고 치료를 행하고 있으며 자신이 이런 몇몇 사건들을 목격했다고 주장했다. 아타나시우스(Athanasius, 295-373)는 퇴마의 효능을 직접 보라고 회의주의자들을 초대했다(Keener/노동래 2022a: 717-20).

성 아우구스티누스(Aurelius Augustinus, 354-430)는 『하나님의 도성』이라는 책에서 "세계 사람들이 그리스도를 믿게 만드는 기적이 있었으며, 그들이 믿게 된 기적은 지금도 그치지 않는다"라고 하면서 여러 가지 예를 제시했는데 그중에 하나를 소개한다.

히포 레기우스에서 30마일이 채 안 되는 시골에 빅토리아나라는 저택이 있고, 거기에 밀라노의 순교자 프로타시우스와 게르바시우스를 기념하는 기도소가 있다. 한번은 악귀 들린 어떤 청년을 그리로 데려온 일이 있었다. 청년은 어느 여름날 강가에서 말을 씻기다가 악귀가 들어서 급한 대로 근처 기도소로 데려가서 눕혔는데 그는 이미 죽은 사람 같았다. 그때 그 저택의 여주인이 하녀들과 신자들을 데리고 일상적인 저녁 기도와 찬송을 드리려고 기도소에 왔다. 그들이 찬송을 부르자 그 청년은 전기에 감전된 사람처럼 벌떡 일어나서 무섭게 소리를 지르면서 기도소의 단상을 두 손으로 꽉 붙잡고, 자신에게 들린 귀신이 언제 어디서 어떻게 들어왔는지를 고백하면서 살려달라고 큰 소리로 애원했다. 결국 귀신은 청년에게서 나가겠다고 하면서, 여기저기 해쳤던 그의 몸 부위를 일일이 말하고 떠나버렸다. 그러나 청년의 한쪽 눈이 실 같은 혈관에 매달린 채 빠져나와 있었다. 그때까지는 청년이 떠드는 소리에 모여 있던 많은 사람이 그가 제정신을 되찾았다고 기뻐했지만, 한편으로는 그의 눈이 걱정스러워 의사를 부르자고 했다. 그러나 그를 데려온 매부가 "귀신을 쫓으신 하나님께서 성도들의 기도에 응답하셔서 눈도 고치실 수 있다"라고 말하면서, 나와 있던 눈알을 손으로 밀어 넣고, 손수건으로 붕대처럼 동여매면서 이레 동안 풀지 말라고 일렀다. 청년은 그대로 해서 눈도 완전히 나았다. 이 기도소에서는 다른 사람들도 많이 나았다. 성 아우구스티누스는 이어서 간략한 퇴마 사례들을 다음과 같이 덧붙였다. "내가 아는 히포의 어떤 처녀는 자기를 위해서 기도한 장로의 눈물이 떨어진 기름을 몸에 부었더니, 즉시 귀신이 떠나버렸다. 또 내가 아는 어떤 감독은 만난 일도 없는 귀신 들린 청년을 위해서 기도를 드렸더니, 청년이 당장에 나았다"(Augustinus/조호연·김종흡 2002: 1088-9).

중세 시대

중세 시대는 보통 1050-1300년 전후 시기, 넓게는 500-1500년 사이의 약 1000년을 일컫는다. 이즈음 사람들은 신에게 직접 도움을 구하기보다 성인 숭배를 통해 도움 구하기를 좀 더 편안하게 생각했다. 그래서 그들은 종종 사망한 성인들의 중보를 원했다. 예컨대 579년 11월 성 마르티노 축제에서 지체 장애인 한 명과 시각 장애인 한 명이 그런 중보로 치유되었다. 5세기 시리아 주교였던 필로크세노스는 몇몇 금욕주의자들이 하나님께 치유 은사를 받았다고 믿었다(Keener/노동래 2022a: 725-726).

중세 초기 서구 사회는 많은 부분이 기독교화되어가고 있었다. 그러나 정작 기독교 신앙을 온전히 배우고 실천하지는 못해서 치유 보고가 계속 이어졌는데, 이것이 중세 서구 교회의 중요한 요소로 지속될 정도였다. 예컨대 타이나르드는 프랑스 북부에서 수도 생활을 서원했는데 1085년 마비를 앓았고 3년 뒤 환상을 본 뒤 갑자기 회복되었다. 1100년경 클레르보의 베르나르(1091-1153)가 한 소년의 마른 손을 죽은 성인의 손 위에 얹자마자 그 소년의 손이 치유되었다. 전승에 의하면 성 프란치스코(1182-1226)는 한센병 환자의 피부를 즉각적으로 치료했다고 한다(Keener/노동래 2022a: 728-730).

중세 전성기까지 많은 사람은 악마를 하나님보다 더 분명한 실재로 경험하였다. 쉔탈의 수도원장 리캘름(13세기 초)은 모든 곳에서 악마를 보는 은사를 가지고 있었다. 악마들은 그의 수도원을 가득 메웠고, 경건을 방해했으며, 수도원장을 찬송 중에 졸거나 잠들게 만들었고, 미사 집례자가 미사 직전에 화를 내거나 분노하도록 하였고, 또는 문제가 되는 생각이나 기침, 재채기를 하게 하고 수시로 침을 뱉도록 하였다. 또한 악마들은 수도사들의 귀를 막아서 수도원의 규칙이 낭독될 때 들을 수 없게 하였다(Wink/박만 2005: 105-106).

종교개혁자들

마르틴 루터는 이슈에 따라서 강조점이 달랐다. 그는 기적이 처음에는 사도적 교회를 입증하기 위해 필요했지만 이제 더 이상 필요하지 않다고 보았다. 따라서 기적이라고 주장하는 대다수의 것들은 성경과 모순되므로 거절해야 한다고 주장했다. 그러나 그는 어느 기독교인이라도 필요할 경우, '특히 선교 상황에서' 기적을 일으킬 수 있다고 단언했다. 그는 자기와 자기 아내 그리고 멜란히톤이 기도의 응답으로 기적적으로 치유됐음을 말했다. 멜란히톤은 거의 죽어가고 있었는데 루터가 기도한 뒤에 살아났다(Keener/노동래 2022a: 737).

칼뱅은 성인 숭배를 거절했지만 그가 열병에 걸렸을 때 성 주느비에브에게 기도해서 목숨을 구한 것으로 믿었다고 전해진다. 그는 사도적인 기적이 그쳤다고 믿었지만, 하나님이 여전히 치유를 구하는 기도에 응답할 수 있음을 의심하지 않았다. 많은 개신교인이 과격한 계몽주의의 영향을 받기 전에는 계속 기적적인 치유를 긍정했고 그것을 경험했다(Keener/노동래 2022a: 738).

17-19세기 개신교의 치유

17세기 개신교인들은 하나님이 박해받는 자기 백성을 위해 행한 이적들에 관한 책을 발행했다. 발렌타인 그레이트레이키스(1628-1683)는 기도를 통해 많은 사람을 치유한 것으로 기록된 가장 좋은 예다. 그는 1661년부터 청각 장애와 마비를 포함한 다양한 병을 치료하기 시작했다. 그의 치료가 하도 효험이 있다 보니 런던에서만 수천 명이 그에게 모여들었고 그중 수백 명이 치료되었다고 주장했다. 그러나 그의 아내는 계속 회의적이었다. 더욱이 그레이트레이키스 자신도 치유가 어떻게 일어나는지 몰랐다. 동시대의 목격자는 그 치료를 심리적 현상으로 여겼고, 그가 진지하지만 교육을 받지 못한 사람이라서 신뢰하지 못했다. 그런데도 그 증인은 '그가 만지자 청각 장애가 치유되었고' '흐르던 고름이 마르는 것' 등을 목격했음을 인정했다. 그 결과를 보고 많은 회의주의자들조차 경악했는데 그중 많은 이들이 치유되었다. 그러나 그는 국왕의 초대로 궁정에서 행한 치유에서는 실패하고 말았다. 그 일에 충격을 받은 그는 여생을 잊힌 존재로 보냈다(Keener/노동래 2022a: 745-8).

18세기 계몽주의는 종교를 부정적으로 보게 만들었지만, 대중들 사이에서는 치유 보고가 계속되었다. 예컨대 1707년 날 때부터 왼쪽

다리가 약했던 성공회 신자인 조시아 우드워드라는 여인이 어느 날 장애인이 치유된 마가복음 2:1-12의 말씀을 듣고 있었다. 그때 그녀는 "너는 치유되었다"라는 음성을 들었고, 즉시 자신이 치유됐음을 발견했다. 우드워드는 그런 사건이 자기 시대에 희귀하다는 점을 인정하면서도, 가톨릭의 배교 때문에 한때 제약받았던 기적들이 이제 새로운 기적의 시대에 되살아나고 있을지도 모른다고 생각했다(Keener/노동래 2022a: 748).

제세례파, 퀘이커교도, 경건파 모두가 치유를 주장했다. 영국의 침례교인들은 임종의 자리에서 극적으로 회복된 사례를 인용했다. 모라비아 교도 역시 기적적인 치유를 보고했다. 브리지트 보스톡이라는 60대의 교육받지 못한 여성이 1748-1749년까지 환자들에게 치유 사역을 했다. 그녀는 사례비를 받지 않았고 금식했으며 침이나 붉은 액체를 바르고 짧게 기도했다. 많은 기적이 보고되었는데 그녀는 때때로 하루에 600명까지도 기도해줬다. 그녀가 기도해준 사람은 지위고하를 막론한 모든 사회 계층 출신이었다. 그러나 치유되지 않은 사람들이나 일시적으로만 회복된 사람들은 회복되었다고 증언한 사람들과 달리 환멸을 느꼈다(Keener/노동래 2022a: 751).

당시의 다른 신학자들과 달리 복음 전도를 위해 많은 시간을 보냈던 존 웨슬리(감리교 창시자)는 그때의 대세였던 은사 중지론을 강하게 반박했다. 그는 기도를 통한 기적적인 치유 사례들을 일기장에 써두었다. 예컨대 한번은 그의 기도로 죽은 것처럼 보였던 사람이 살아났다.

그의 동생 찰스 웨슬리는 늑막염으로 의식불명 상태에 빠져 있었는데, 꿈을 통해 감동을 받은 한 여성이 "나사렛 예수 그리스도의 이름으로 일어나 믿으라. 그러면 네 모든 병이 치유될 것이다"라고 선언하자 회복되었다. 어떤 의사는 웨슬리의 집회가 사람들을 흥분시킨다고 비난했는데, 그런 흥분된 집회에서 자신의 경련 환자가 완전히 치료되었음을 보고했다(Keener/노동래 2022a: 755-6).

19세기 개신교 치유 사례 중 독일의 블룸하르트(1805-1880) 목사의 예는 유명하다. 그는 1843년 첫 목회지에서 마귀 들린 여신도를 기도와 성경 공부만으로 치유한 경험을 토대로 치유 사역을 했던 사람으로, 나중에는 독일의 한 마을(바트 볼)에 특별한 치유센터를 개설하여 30년간 운영했다. 그곳에서 치유된 사례들은 다양했다. 예컨대 1845년 다량의 핏덩어리를 토하며 죽어가던 여성이 기도 후 몇 분 안에 회복되기 시작했고, 1846년 한 의사가 자신이 전에 치료할 수 없었던 피부 발진이 치유된 것을 증명했다. 다른 목격담으로는 시각 장애, 마비, 간질 등이 치유되었다. 발작으로 손이 움직이지 않던 여인은 튀빙겐의 의사들로부터 아무 도움도 받지 못했는데, 블룸하르트의 교회에서 처음 예배를 드린 뒤 치료되었다(Keener/노동래 2022a: 765-6).

20세기 초 서구 기독교의 초자연적 주장

성서에 기록된 기적들이 지금도 계속된다는 믿음은 두 가지 형태의 믿음이 표현된 것이다. 하나는 신앙 치유는 마음이 물질을 지배하는 치료라는 믿음, 그리고 그런 치료가 성서에 기록된 기적이라는 것이고, 다른 하나는 성서에 기록된 기적들은 당연히 초자연적인 사건들이라는 것과 그런 사건들이 지금도 계속된다는 믿음이다. 이 믿음은 종종 사회적으로 가난하고 낮은 계층이 주로 믿고 있다(Keener/노동래 2022a: 790).

　20세기 초 기독교에 밀어닥친 가장 큰 충격파는 아마 오순절 성령 운동이었을 것이다. 그 운동은 찰스 퍼햄(Charles F. Parham)이 1900년에 벧엘 성경학교의 문을 열면서 소위 방언파라는 이름으로 성령운동을 본격화하기 시작한 이래, 한 세기도 되기 전에 이미 국제적인 대교단으로 급성장하였고 그 증가 추세는 아직도 둔화하지 않고 있다(옥한흠 1988: 머리말). 초기 오순절파는 성령의 사역에 헌신했는데, 그래서 그런지 치유에 관한 증언이 많이 나왔다. 오순절파는 방언을 추가한 것 외에는 세기의 전환기에 이미 존재하고 있던 치유 운동의 이상을 계속 유지했다. 그러나 이 시기의 오순절파는 엘리트들로부터 사회적 존경을 받지는 못했다. 다른 많은 복음주의자가 치유를 버리자 오히려 오순절파와 성결파가 치유에 관한 것들을 강조하기 시작했다(Keener/노동래 2022a: 810-2). 오순절파는 제3세계에서 오순절 경험을 공유한 토착민 사역자들을 통해 급속히 퍼져 나갔다. 예컨대 1922년 한 선교사는 어느 마을의 추장이 자기의 마른 팔을 치료하기 위해 아내를 모두 팔아서 주술사들에게 치료비를 지불했음에도 낫지 못했는데, 예수의 이름을 통해 그의 팔이 치유된 뒤 그 마을에서 기독교 메시지가 환영을 받았다고 묘사했다. 같은 해 서아프리카에서는 자연치유가 불가능해 보이는 심각한 치주질환에 시달리던 한 소년이 즉시 치유되었음을 보고했다. 같은 자료는 명백히 죽어가던 자기 아내가 치유됨으로써 기독교로 개종한 한 남성을 보고했다(Keener/노동래 2022a: 818-9).

이런 보고는 아시아에서도 있었다. 1923년 중국의 선교 기관이 운영하는 고아원에서 여러 명의 아이가 치유되었다고 전해진다. 같은 해 만주의 한 신자가 죽어가는 자기 아이를 위해 간절히 기도했더니 아이가 치유되었다. 인도에서 어느 여성 신자가 기도하자 치유가 일어났다. 3년 동안 귀에서 고름이 나던 젊은 남성이 치유되었고, 죽을 것으로 생각되던 그녀의 자매도 치유되었다. 초기 오순절파에서는 치유가 중요했으며 그곳의 거의 모든 지도자들은 자신이 놀라운 신적 치유를 경험했다고 주장한다(Keener/노동래 2022a: 819-20).

한국에서의 성령운동과 신앙 치유

오순절 성령운동의 흐름

한국에서는 6.25 전쟁의 아픔을 인내하고 살던 50년대 중반부터 오순절 성령운동이 사람들의 주의를 끌기 시작했다. 「타임」지는 이 오순절 운동을 지구상에서 가장 빨리 성장하는 교회라고 말했으며, 「라이프」지는 신교와 구교에 버금가는 제3의 세력이라고 표현할 정도로 급속도로 전 세계에 퍼져 나갔다. 1980년대 자료에 의하면 세계 최대 규모의 교회들이 전부 오순절 계열이었다. 예를 들면 한국의 여의도순복음교회를 위시해서 칠레 산티아고에 있는 챠타베케교회, 브라질 상파울로에 있는 콩그레카카오교회, 이 세 곳이 모두 오순절 계통의 교회다 (옥한흠 1988: 146). 한국에서도 성령운동이 1970년대 후반부터 급속도로 파급되기 시작하여 교회가 급성장하는 데 중요한 요소로 작용했다.

초창기에는 교회 지도자들이 이 운동을 대수롭지 않게 여겼고 심지어는 이단이라고 서슴지 않고 정죄했다. 그러나 얼마 안 가서 신학적 정당성이 어떻든 간에 교파를 초월하여 상당수의 교직자와 평신도들이 직간접적으로 이 운동의 동조자가 되었고, 신학적·교리적 비판도 많이 무뎌졌다. 지금은 성령운동 그 자체는 긍정적으로 받아들이는 방향으로 기울어져 있고, 문제시하고 있는 것은 예언, 악령 추방 등의 지엽적인 현상에 집중되어 있는 것처럼 보인다(옥한흠 1988: 머리말). 그러나 그 지류로서의 기독교 치유는 오늘날에도 활발하게 전개되고 있어서 1990년대에는 빈야드(vineyard) 운동, 신사도 운동 등이 우리나라에도 영향을 미치게 되었다.

1990년대에 들어서 한국교회를 강타한 대표적인 신학적 흐름은 무엇보다도 '제3의 물결 운동'이라고 하는 빈야드 운동이었다. 이 운동은 1977년 존 윔버(John Wimber)가 미국에서 시작하여 캐나다, 영국, 중남미 전역으로 널리 퍼졌다. 빈야드 운동에 대해서는 오덕교 교수의 인터넷 글(오덕교 2013)을 인용하려 한다. 이 운동이 한국에 소개된 것은 1991년 존 윔버의 책(『능력 표적』)이 발간되면서부터다. 1995년 「목회와 신학」은 6월 호에 "새물결의 파고 빈야드 운동, 어떤 것인가?"라는 제목으로 시행한 좌담회를 소개했다. 여기서 대부분의 신학자들은 빈야드 운동을 그 당시 한국교회가 당면한 침체기를 벗어날 수 있는 좋은 기회라고 긍정적으로 소개했다. 그러나 현요한 교수는 은사주의자의 오류를 지적하면서 치유만을 강조하는 것은 기복신앙에 불과하며, 복음의 본질과도 무관하다고 비판하면서 기독교 복음은 영광의 신학이라기보다는 고난의 신학이라고 강조하였다.

이와 같은 한국 신학자들의 무비판적인 평가와 찬양은 수천 명의 목회자들이 빈야드 운동에 관심을 갖도록 만들었다. 많은 목회자가 미국 로스앤젤레스의 빈야드 교회나 캐나다 토론토에 있는 빈야드 교회의 세미나에 참석해서 굉장한 영향을 받았다. 이후 어떤 교회는 기존 예배 방식을 빈야드식으로 바꾸기도 하고, 어떤 교회는 예배를 치유 집회로 만들기도 하였다.

윔버의 신학은 사도행전의 은사(오순절 성령강림 사건)가 역사 속에서 연속된다는 전제에 기초한다. 그는 "표적과 기사는 결코 종식될 수 없는 것으로서, 정도의 차이는 있을지언정 사도 시대로부터 오늘에 이르기까지 끊임없이 일어나고 있다. 이러한 현상이야말로 성경과 교회사가 공히 입증하고 있는 것이라고 할 수 있다"라고 사도행전 은사의 연속성에 대해 말하고 있다. 이러한 은사의 목적은 치유이며, 치유를 통하여 모든 질병과 연약함만이 아니라 심지어 죽은 자까지 살릴 수 있다고 주장하였다. 윔버는 말씀만으로 믿지 못하는 사람들도 치유 이적을 통하여 기독교 신앙으로 돌아올 수 있으므로, 치유는 하나님 나라를 확장하는 가장 중요한 수단이라고 하였다. 그는 이와 같은 전제에 기초하여 영적인 체험을 강조하는데, 그 체험 가운데는 몸의 진동과 떨림, 고꾸라지는 현상, 몸부림치거나 경련을 일으키는 현상, 울거나 웃는 현상, 장시간에 걸쳐 찬송하는 행위, 예언과 방언, 계시, 투시 현상이 있다.

윔버는 몸의 진동에는 평온한 것과 격렬한 것이 있는데, 평온한 떨림은 영적인 갱신이나 목회 사역을 위해 성령이 능력을 부어주는 일과 관련이 있고, 격렬한 떨림은 성령이 악령과 대치하는 경우, 또는 어떤 심각한 죄나 마음의 상처와 관련이 있다고 말했다. 그는 고꾸라지는 현상도 이를 체험하면 새로운 능력으로 가득 차게 된다고 주장한다. 갑자기 낄낄대거나 웃음을 터뜨리기 시작하여 몇 시간 동안, 때로는 며칠 동안이나 계속되기도 하는데, 이러한 경우는 정서적인 치유가 필요하거나, 새롭게 하나님의 거룩함을 체험한 데서 오는 반응(흐느낌), 또는 그분의 은총을 체험한 데서 오는 반응(웃음)일 수 있다는 것이다. 장시간에 걸쳐 열렬하게 찬송하는 행위는 방언의 은사를 받는 일과 관련되어 있으며, 성령의 능력을 새로이 부여받았다는 징표라고 하였다. 이처럼 윔버의 빈야드 운동은 개인의 체험을 그 중심에 두면서 개혁주의 교회의 성경 중심적 신앙을 비웃기도 한다.

이러한 윔버의 체험 중심적 신학 사상은 기성교회들이 영적인 면을 소홀히 할 때, 그것을 비판하며 태동한 영국 조지 폭스(George Fox, 1624-1691)의 퀘이커 교회의 영향이 지대하다. 폭스는 심령주의자로서 기성교회들이 객관적인 신앙만을 강조하다가 내적인 빛의 사역을 제한하여 신약의 가르침에서 떠나 있다고 주장하면서, 성도들은 내적인 빛의 사역을 강조하는 참된 교회를 세우는 데 앞장서야 한다고 하였다. 이 '내적인 빛'이 웜버에 와서는 '분별의 은사'가 되었다. 이 분별의 은사는 지혜의 말씀, 지식의 말씀, 영 분별의 은사로 구성되는데 이것들은 모두 초자연적인 통찰력을 갖게 되는 은사들로서, 그것들을 통해서 마치 하나님이 사물을 파악하듯이 그것을 받은 자들이 사물을 파악하게 된다고 하였다.

지혜의 말씀은 하나님이 특정한 상황에 당신의 지혜와 통찰력을 계시해주는 것으로, 특히 상담을 진행하는 과정에서 큰 도움을 준다고 하였다. 지식의 말씀은 하나님이 전혀 사전 지식이 없는 상황에 관하여 정보나 사실을 계시해주는 것이며, 영 분별의 은사란 어떤 사람에게 특정한 동기를 유발하는 요인이 인간적인 것인가, 신적인 것인가, 혹은 마귀적인 것인가를 분별할 수 있는 초자연적인 통찰력을 말한다. 이를 통해 그는 직관과 투시의 힘으로 사람의 마음을 읽을 수도 있었다.

이와 비슷한 운동이 '늦은 비 운동'이다. 이 운동의 핵심 사상은 임파테이션(impartation, 능력의 전이)이다. 이는 사도와 예언자들이 안수나 기도를 통해 다른 사람들에게 성령의 능력을 나누어 주는, 즉 기름 부음을 전달하는 행위를 말한다. 이 과정에서 사람들이 뭔가 부인할 수 없는 현상을 경험하는데, 그것을 성령의 기름 부으심이라고 믿는다. 이것이 거짓 성령운동인 이유는 쉽사리 인위적으로 그런 경험을 확산시키기 때문이다.

한국 사회의 일각에서는 손기철 장로의 치유 사역과 신학이 인기를 얻었다. 그에 대한 현요한 교수의 견해를 요약한다(현요한 2014). 손 장로는 성령론 중심의 은사주의자이며, 그의 저서는 대부분 성령론이다. 그가 쓰는 용어 중 '성령의 내주'는 죄를 회개하고 예수를 주님으로 믿고 고백할 때 성령이 우리 안에 거한다는 주장으로서 그것은 곧 구원을 의미한다. '성령세례'는 성도에게 주어지는 것으로서 성령 충만 상태에 들어가는 시작점이 된다. 이런 것들은 말씀을 깨닫고 그 말씀대로 살아가기 위한 필수조건이다. 성도들이 성령세례를 받으면 하나님의 자녀로 더욱 능력 있는 삶을 살 수 있기 때문에 하나님은 우리에게 성령세례를 주시기 원한다고 그는 주장한다. 이것은 성령이 강력하게 임함으로써 우리의 인격과 행동을 일시적으로 지배함을 뜻한다. '성령충만'은 성령세례의 결과로써 생긴 은사와 열매가 지속적으로 나타나는 삶을 말한다. 그는 은사는 외적인 능력이고, 열매는 내적 인격의 성숙을 나타낸다고 말한다. '기름 부으심'은 사역을 위한 것이고 은사, 즉 외적인 열매를 맺게 하는 것이다.

그는 주로 치유 사역을 하는데, 그 이유는 사도 시대 이후 은사나 기적이 종료되었다는 신학적 제한에 반대하기 때문이다. 하나님은 오늘날에도 치유하고 모두가 치유되기를 원하신다고 주장하면서 그는 치유가 예수의 대속에 있다고 본다. 그가 보는 치유는 믿는 자의 특권이다. 예수가 공생애 동안 모든 병자를 치유해주셨다는 것을 강조하는 (마 8:16; 눅 6:19) 이유가 그것이다. 그러므로 치유받지 못하는 사람은 의심과 불신앙 때문에 예수 앞으로 오지 않는 사람들뿐이라고 그는 주장한다. 그에 의하면 모든 사람의 치유는 하나님의 뜻이다. 하나님 나라가 이미 이 땅에 임했고, 하나님 나라에는 질병이 없기 때문이다.

치유 사역의 주요 방법에는 '왕의 기도'가 있다. 기도의 종류는 하나님께 구하는 기도, 하나님과 교제하는 기도, 하나님의 뜻을 이 땅에 이루는 기도가 있는데, 이 마지막 기도가 바로 왕의 기도다. 이 기도는 하나님의 자녀가 되어서 누리는 권세로서 질병과 질병을 가져오는 악령에게 명령하고 선포하는 것이 특징이다. 이것은 예수님이 했던 행위인 질병을 낫게 한 명령, 마귀 축출 명령과 같은(눅 5:13) 기도다. 이것은 또한 사도들이 질병과 마귀에 대해 선포하고, 명령한 것(행 3:6; 16:18)과도 동일하다고 주장한다.

'왕의 기도를 하는 방식'은 병자들의 치유기도 후, "예수 그리스도의 이름으로 모든 질병은 떠나갈지어다. 치유될지어다!"라고 한다. 그리고 "치유받은 사람들은 앞으로 나오라, 손을 들어보라"고 하고 나서 다시 기도를 한다. 그때 그 사람을 향해 손을 내밀거나 혹은 안수를 하면서 기도한다. "성령님! 더, 더, 더, touch!" 그럴 때 상당수의 사람이 쓰러진다. 이처럼 손 장로는 자신이 마치 성령을 좌지우지하는 존재처럼 행동한다. '직통계시'는 지식의 말씀(성령의 은사)을 직접 하나님의 음성으로 듣는 것이다. "오늘 하나님이 오른쪽 귀가 들리지 않는 자매님을 고치신다. 오른쪽 좌석 어딘가에 있는 것 같은데 앞으로 나오세요"라는 식이다.

손 장로를 긍정적으로 보는 시각은 ① 성령만을 중요시하지 않고 말씀의 중요성도 강조한다는 점, ② 방언을 인정하기는 해도 오순절 운동에서처럼 필수적인 것이라고 하지 않는다는 점, ③ 성령세례의 증거들이 요란하지 않다는 점, ④ (오순절 교회의) '임박한 재림'에 대한 경고나 협박들이 빠져 있는 점 등이다. 한편 그를 부정적으로 보는 시각은 ① 성령의 역사라며 환자들을 쓰러뜨리는 것은 신사도 운동과 유사하다는 점, ② 이 능력이 신사도 운동 목회자에게서 임파테이션(능력의 전이)된 이후 나타난다는 점, ③ '지식의 말씀'이라는 것이 점치는 행위로서 빈야드 운동의 존 윔버와 유사하다는 점이다. 예컨대 손 장로는 사람의 얼굴을 보고 낙태했음을 알아냈다. 존 윔버도 어느 날 비행기 여행 중 한 탑승객의 얼굴에 바람피우고 있음이 쓰여 있어 이야기해주었다는 에피소드가 있다. ④ 방언과 방언 찬양을 매우 강조한다는 점 등이다.

이런 오순절 운동을 비판적으로만 볼 수 없는 것이 지금 한국 기독교의 현실이다. 왜냐하면 평범한 기독교인들조차 알게 모르게 오순절 운동의 분위기에 물들어 있는 것처럼 보이기 때문이다. 지금도 우리는 주변에서 "병이 있으면 우리 교회에 와서 100일 기도하고 안수기도 받으면 완쾌된다" 또는 "이것도 저것도 효험이 없어서 마지막으로 교회를 다니게 되었다"라는 표현을 심심치 않게 들을 수 있다. 어느 목사의 고백이다.

필자가 지나치게 일하다가 그만 감기 몸살에 걸려서 병원에 입원한 적이 있었다. 좀 쉴 겸 입원을 했던 것이다. 입원한 지 두 시간도 못 되어서 장로님 한 분이 헐레벌떡거리면서 오셨다. 병문안을 오셨다고 생각하고 기뻐서 맞아들였다. 그런데 그 장로님 말씀이 "목사님, 빨리 퇴원하셔야 합니다. 교인들이 목사님이 병난 것은 숨은 죄가 있기 때문이라고 믿고 있습니다" 하는 것이었다. 할 수 없이 퇴원했다. 그래서 이번에는 테니스를 쳐서 건강을 유지해야겠다고 생각하고 한 달 동안 테니스를 쳤다. 퍽 도움이 되었다. 그런데 이번에는 권사님 한 분이 오셔서, "목사님, 세상에 이럴 수가 있습니까? 목사님이 건강이 나쁘시면 기도해서 건강해져야지 인간적인 방법으로, 인본주의적으로 건강해지려고 하면 우리 양떼들은 어떻게 합니까?"라고 심각하게 말하는 것이었다. 그때 내 마음속으로 '에이 더러워, 내가 이놈의 목회 집어치워야지' 하고 화를 낸 적이 있다.

이런 경우도 있었다. 30대 가정주부가 가슴이 답답하고 목에 무엇이 걸려 있는 것 같고, 쉬 피로하여 생활에 고통을 겪고 있었다. 그 모습을 지켜보던 옆집에 사는 기독교 신자가 "그건 시댁 식구 중에 목매달아 죽은 사람이 있으면, 그 마귀가 붙어서 목이 막히고 아픈 거니까 교회

다녀라"라고 충고해주어서 지금은 교회를 다닌다고 한다.

옥한흠 목사는 오순절 성령운동이 긍정적으로는 성령에 대한 새로운 자각을 가져다 주었고, 기성교회가 크게 각성할 수 있는 자극제가 되었지만, 부정적으로는 두 가지 독소를 안겨다 주었다고 지적한다. 하나는 기독교 신앙에 무속신앙의 요소를 혼합시켜 교인들의 영성을 흐려놓았으며 성경 말씀보다 체험을 우위에 두는 감정적인 신앙 풍조를 조성시킨 점이다. 또 다른 하나는 현실주의에 뿌리를 둔 기복신앙이 전통적인 경건주의 신앙을 크게 오염시켰음을 지적했다(옥한흠 1988: 머리말). 기존 교회들은 어느 결에 교인 수를 늘리기 위해 이런 분위기를 벤치마킹하여 일상의 신앙 운동으로 상당 부분 활용하는 것을 당연시하고 있는 듯하다. 내가 처음에 이야기했던 악마적 빙의 사건의 교회는 오순절 교회도 아니고 평상시에 성령운동이나 방언 같은 신비적인 분위기를 갈망하던 교회도 아니었다. 그럼에도 불구하고 그들은 한 대학생의 기이한 행동을 쉽게 악마적 빙의 현상으로 믿는 분위기에 휩싸였다.

어떤 이유에서든 기독교 현장에서 성령의 임재라는 미명 아래 초월적 혹은 신비적 경험을 강조하는 분위기가 득세하다 보면, 그렇지 못한 교회들은 성령의 뜨거움이 없는 냉랭한 교회라는 딱지가 붙을 수 있다. 그렇기 때문에 비교적 이성적이고 합리적인 목회자라 해도 의식적 혹은 무의식적으로 신비적인 성령운동을 갈망하지 않을 수 없는 것이 한국 기독교 내 현실적인 분위기는 아닐까? 이런 한국교회 현상의 원인을 어디서 찾아야 할까? 한국교회에서의 기독교 치유는 과연 어떤 배경이 덧입혀져 있을까? 그것은 한국인만이 갖는 고유한 역사와 전통 때문에 각별할 수밖에 없다. 잠시 그런 요인들을 생각해보려고 한다.

한국 전통과 신앙 치유의 관계

① **무속신앙**: 우선 지금의 한국 기독교 안에 있는 무속 신앙적 요인들을 찾아보는 것이 타당할 것이다. 먼저 무(巫), 즉 샤먼은 신들린 사람을 일컬으며, 샤머니즘은 인간의 형태로 신령을 대신하여 악마와 재앙을 물리치고 복을 가져다준다. 샤먼이라는 말은 만주어로서 원래의 뜻은 흥분하는 사람, 자극하는 사람, 노하는 사람을 가리키며, 이는 곧 무당을 일컫는다. 흔히 알고 있듯이 무당은 제사 의식을 집행하고 앞날의 길흉화복을 예언하며 질병을 고치는 역할을 행한다. 한국 교인들이 목사에게 갖는 감정이나 태도가 마치 무당에게 갖는 그것들과 별로 다를 바가 없는 이유가 바로 우리의 의식 속에 깊이 뿌리박혀 있는 샤먼적 사고 때문은 아닐까? 몸과 마음이 아플 때 목사의 심방을 우선 요청하는 일이라든지, 집안에 어떤 일이 있다거나, 사업을 시작하려 한다거나, 이사할 때 목사의 축복기도를 받아야 한다는 관례 속에 그런 사고가 내재해 있는 듯하다.

또한 샤머니즘은 원시종교의 가장 전형적인 형태로서 선한 마귀(또는 신령)와 악한 마귀를 섬기는 이원론을 바탕으로 삼는다. 인간과 자연을 보호하여 이익을 가져다주는 것은 선한 마귀이고, 파괴적이어서 손해를 가져다주는 것은 악한 마귀다(강계영 1989: 111). 이러한 사고방식 또한 우리의 무의식 속에 흐르고 있다. 그러니까 병이 들었다는 것은 악한 마귀의 농간이고, (물론 이러한 사고방식은 대부분 기독교적인 언어로 채색되어 있다) 따라서 목사의 기도가 우선 필요한 것이다. 그런데 악신을 몰아내는 힘을 가진 목사(곧 무당)가 병원에 입원한다는 것이 어디 용납될 수 있겠는가?

샤머니즘을 지탱하고 있는 제1의 기둥은 현세 기복적인 사고방식이다. 따라서 영적·미래적 비전이 결여되어 있고, 현세에서의 부귀영화, 장수, 즐겁게 지내는 것이 무속신앙의 제일 목표가 된다. 제2의 기둥은 이기주의다. 샤머니즘은 특정 집단의 종족, 즉 가문이나 동향인 또는 직계 가족에 대해서만 관심을 갖기 때문에 이기적일 수밖에 없다. 예컨대 아직도 중요시하는 '효'(孝)를 볼 때, 그것은 하나의 특정한 혈연 혹은 유사 혈연 체제가 특수한 자기 이익을 주장하는 일에 뒷받침되도록 만들어진 가치다. '선조를 높이기 위해서' 또는 '선조의 혼백을 기쁘게 하기 위해서'라는 구실 아래에서 보편타당한 진리를 부분적인 진리로 전락시키는 일을 사람들은 예사로 할 수 있게 된다. 말하자면 이웃 사랑이라는 보편적 진리를 가문 혹은 지역 사랑으로 국한하여 사회적으로 편가름 하는 행위를 마치 당연한 일로 여기게 된다는 말이다.

샤머니즘의 두 기둥인 현실주의와 이기주의적 사고방식이 오늘날의 한국인들 생각에 중요한 부분으로 남아 있음을 누구나 직감하고 있다. 그런데 이러한 무속적인 마음 밭을 가지고 있는 한국인들에게 기독교는 어떻게 해왔나? 한국교회는 무속적 사고방식의 병폐를 비판하거나, 더 나아가 그런 사고방식이 갖는 긍정적인 면과 부정적인 면을 재평가하는 등의 노력을 해왔다기보다는 성령운동이나 기독교 치유, 현실에서의 물질 축복 등의 가르침을 통하여 현실주의와 이기주의의 속성을 그야말로 '현실적'으로 충족시키기에 여념이 없었다. 이렇게 인간의 본능적 욕망에 가까운 우리의 샤먼적 속성을 부추김으로써 한국교회는 점점 더 대형화될 수밖에 없었다. "예수 믿으면 복 받는다, 병을 고친다는 메시지를 강하게 전하는 교회일수록 사람들이 많이 모여들고 헌금도 많이 나오고 아멘! 아멘! 하는 소리도 높다"라고 하는 어느 원로 목사의 표현을 빌리지 않더라도, 교회는 예수의 정신을 현대에 되살리려는 데는 무관심한 채 무속적 현실주의와 이기주의에 야합하여 교회 성장이라는 또 다른 집단이기주의의 표상을 향해 줄달음치고 말았다.

② **유교 사상**: 무속신앙이 기층 민중들과 아낙네들에 의해 지속되어온 한국인의 뿌리 중 하나라면 유교 사상은 지배계급의 삶의 원리로서 한국인의 의식구조를 공식적으로 지탱해왔던 막강한 힘이다. 유교는 무속신앙과 더불어 현대 한국인의 의식구조를 떠받치고 있는 두 개의 큰 기둥 중 하나다. 그러므로 한국에서 기독교 치유 현상들을 고찰할 때 유교 사상 또한 꼭 집고 넘어가야 한다.

상고 시대부터 한반도에 전래했던 유교 사상은 고려말이 되기까지 지도 이념의 위치에 오르지 못했다. 그러다가 불교 이념의 국가였던 고려가 썩을 대로 썩어감에 따라 이색과 정몽주 같은 유학자들이 신유교(新儒敎, 주자학)를 가지고 사회의 변혁을 갈구하기 시작하면서 유교 사상은 서서히 역사의 전면으로 부상하기 시작했다. 고려가 망하고 조선이 창건되면서 불교는 탄압을 받고 신유교 사상이 통치 이념으로 대두되었다. 조선 초기 유교 정신은 철저한 사회개혁으로 부정부패를 일소하고, 사회복지정책을 시행하고, 토지개혁으로 귀족계급을 몰락시켰다(정대위 1986: 205-7). 그 후 유교 사상은 한국인의 삶의 일부분으로 깊숙이 자리 잡았다.

그러나 불행스럽게도 이 신유교 사상에는 그 자체 안에 본질적으로 치명적인 독소들이 들어 있어서 바람직하지 못한 결과들을 초래하고 말았다. 그중 첫째가 의고주의(擬古主義)의 원리였다. 의고주의란 옛 것, 즉 고대의 전형을 숭배하여 모방하는 경향으로 그것은 마치 유대교의 바리새주의와 견줄 만한 독소였다. 이 원리는 이상화된 전통에 입각한 엄격한 형식주의를 강조함과 더불어, 사회의 이상(理想)을 죽은 과거로 후퇴시켰다. 결국 그것은 극단적 보수주의가 한국의 신유교 사회에서 지배적 원리가 되게 하고 말았다. 둘째, 이 사상의 성격은 독단적이었다. 율법주의적 윤리의 원칙뿐만 아니라 우주론적·존재론적 교리가 표준화되고 성문화되었다. 즉 이성이 아닌 권위가 곧 진리의 범주였다. 예컨대 어떤 것을 실제 적용하려 할 때 이성적인 합리성이 받아들여지는 것이 아니라, 그것이 주희의 학설에 합당한 것인지를 가려서 그것에 권위를 부여하려 했다. 셋째, 자존심이 강한 자와 자부심이 강한 사회를 이상적으로 소망하고 있었다. 그런데 이러한 이상은 바로 신유교 사회의 자기 우상화나 자기기만의 핵심이 되었다. 이것은 군자인 체하는 가식을 사회 전반에 조장시켰고, 오직 자신들만이 '절대적' 진리를 가졌노라는 오만과 아집에 빠지게 했으며 진리라는 명목으로 자신들의 반대자들을 잔인하게 탄압했다. 이것은 타협의 가능성을 메말려버린 치명적인 해악의 요소였다(정대위 1986: 208-10).

우리는 이와 같은 유교 사상으로부터 첫째, 형식과 체면에 구애받는 모습 둘째, 율법주의적으로 짜여 있는 종교의 권위에 맹종하는 무비판적인 모습 셋째, 자기 교파의 교리나 노선만이 진리라는 아집에 사로잡혀서 잔인한 정의를 실천하는 한국교회 행태의 뿌리를 발견한다. 사회 분위기 또한 이러한 유교적 사고의 틀에서 완전히 벗어나 있지 못한 것으로 보인다. 한국인의 의식구조 속에 똬리를 틀고 있는 보수주의, 율법주의, 권위주의적 요소들 위에 기독교라는 씨앗이 뿌려졌을 때 기독교의 참 정신이 결실될 수 있었을까? 여기에서 우리의 기독교가 거둔 결실은 에리히 프롬(Erich Fromm)이 말하는 전제형 종교의 모습과 유사함을 발견한다. 프롬은 인간의 성숙 정도에 따라 그 자신의 신 개념과 신에 대한 사랑이 달라진다고 보았는데, 인간은 발달 초기 단계에서 신이 창조한 인간을 자신의 재산으로 생각하고 자신이 좋아하는 일은 무엇이든지 인간에게 자행하는 전제적이고 질투심 많은 신을 발견한다고 보았다. 정의라는 이름 아래에 권위와 율법 그리고 보수로 다가오는 종교의 힘에 인간은 어디에서고 용서와 사랑의 대상이 될 수 없으며 오직 순종의 대상이 될 뿐이다. 이러한 분위기에서 종교가 인간에게 줄 수 있는 것은 오로지 개인적 이익과 복 받고 잘되는 것에 집중되고 만다. 이런 이유로 해서 기복신앙은 또 한 번 왜곡된 방향으로 급성장하게 된다.

결론적으로 한국 기독교 치유는 첫째, 예수 정신의 표상이기보다는 주술적·개인주의적 치료의 한 형태일 뿐이고 둘째, 치유를 통한 삶의 근원적 변화는 관심 밖의 일이며 셋째, 무속적인 것들(잡신숭배, 금기 사항 및 부적 등)을 대신하고 있는 상황이라고 봐도 과언이 아니다.

기독교 신앙 치유는 무엇이 문제인가?

오늘날 기독교 신앙 치유자들이 치료 현장에서 일어나는 치유 기적 상당 부분이 정신과적 관점과 심리적 측면에서 이해 가능하다는 것을 간과하고 있음은 차치하고라도, 예수의 진정한 '치유 사역을 통한 전인간(全人間) 구원의 정신'을 부활시키는 모티프로 기독교 치유를 행사하지 못하고 있다는 것이 여기저기서 나타나고 있다. 1991년 오순절 운동 및 은사주의 운동과 맥을 같이하는 피터 와그너(Charles Peter Wagner)의 책이 『제3의 바람』이라는 제목으로 번역되었는데 그 책의 본래 제목은 "당신의 교회를 병들게 하지 않고 치유 사역을 할 수 있는 방법"이다(Wagner/정운교 1991; Wagner 1988). 오순절 운동을 긍정적으로 보고 있는 사람까지도 위와 같은 제목을 붙임으로써, 당대의 기독교 치유에 문제가 있었음을 간접적으로 시인하고 있다는 것은 가볍게 넘길 일이 아니다.

가톨릭교회의 정신병리학자인 진 레르밋(Jin Lhermitte)은 마귀 들림에 대한 교회의 공식문서를 조사한 후, 그가 조사한 사례들이 모두 일종의 유사 마귀 들림에 불과했다는 결론을 내렸다. 또한 파리관구의 공식적인 마귀 축출자였던 드 통끄드(J. de Tonquedec, S.J.)는 거의 50년에 걸친 사역을 회고하면서 수많은 마귀 축출을 행했지만 단 한 번이라도 진정한 마귀 들림을 보았는지는 확신할 수 없다고 말했다. 성공회 사제이면서 치유상담가였던 모튼 켈시(Morton Kelsey) 역시 30년 동안의 치유 사역을 회고하면서 똑같은 결론에 다다랐다(Wink/박만 2005: 158-9).

기독교 신앙 치유가 어떻게 이해되고 또 어떻게 행해지길래 그러한 치유를 통해 교회가 건강해지기보다는 오히려 병이 더 드는 것일까? 메릴 엉거(Merrill F. Unger)는 교회의 잘못과 그 잘못으로 인한 기독교인들의 그릇된 신앙 형태를 다음과 같이 말하고 있다.

교회는 하나님의 말씀을 믿고 존경하기 위해 신앙고백을 하는 크리스천을 잘못 가르쳤다. 성서의 가르침을 잘 모르는 크리스천은 순진하게도 하나님이 병 고치는 기적을 행할 수 있기 때문에 치유의 기적이 하나님으로부터 온다는 그릇된 생각을 한다. 그러므로 그들은 병을 고치거나 고침을 받으려고 노력하는 중에 마귀들의 마술적인 활동 속으로 휩쓸려 들어갈 위험에 처할 수 있다(Unger/박근원 1987: 16).

기독교 신앙 치유의 문제점은 다음과 같다. 첫째, 신앙 치유는 기본적으로 병은 악, 즉 사탄의 농간으로 인한 질곡이라는 믿음이 바탕이 된다. 우선 이런 이원론적인 사고가 가지는 문제점이 무엇인지를 봐야 한다. 즉 병을 악으로 인한 고통이라고 보았을 때 우리는 먼저 자신이 왜 악마의 목표물이 되었을까를 생각하게 된다. 그런 경우 우리는 바닥까지 내려가는 자책과 죄책감을 끄집어내려고 무진 애를 쓰게 되면서 결국 스스로 자신을 궁지로 몰아 무능하게 만든다. 둘째, 병이 사탄의 농간으로 인한 악의 발동이라면, 그렇게 병든 사람들은 죄인이거나 사탄의 목표물이 된 잘못된 사람들이라고 판단하게 된다. 그럴 경우 우리는 그들을 정죄하거나 회개가 필요한 오염된 존재라는 편견을 갖게 됨으로써 그들에 대한 공감이나 이해를 무디게 할 수 있다.

우리는 치유 사역자들의 태도를 비판적으로 봐야 한다. 종교 지도자로서 그들이 평신도들에게 끼치는 영향력은 그 누구보다도 막대하므로 이 문제는 더욱 강조되어야 한다. 미국연합 루터교회의 보고서는 1960년대 당시 미국 내에서 기독교 치유가 어떤 문제들을 일으켰는가를 간접적으로 보여준다. 1962년 미국연합 루터교회는 회의를 통해

250만 교인들에게 종교적 치유와 관계하지 않도록 경고하면서, 일부 신앙 치유가들이 행하는 것들을 매우 조심스럽게 조사한 결과 다음과 같은 보고서를 발표했다. ① 신앙 치유가들은 인간의 곤경을 이용하여 돈과 개인적 권력을 획득하려는 욕망을 종종 갖고 있다. ② 그들은 입증된 과학적인 방법들이 하나님이 주신 은혜라는 사실을 무시한다. ③ 그들은 일반적으로 그들 자신의 실패를 병자의 믿음 부족으로 전가함으로써 많은 사람의 영적인 생활을 위험하게 만든다. 그들은 종종 사탄이라는 이미지를 남용하여 사람들을 공포에 질리게 한 후 그들의 욕망을 채우려 한다.

또한 잘못된 종교적 믿음은 정신질환을 악화시킬 수 있음을 간과해서는 안 된다. 교회가 어떤 사람의 정신질환을 죄 때문이라거나, 악마의 농간이라고 가르칠 때 병은 오히려 악화될 가능성이 높아진다. 예컨대 우울증을 앓고 있는 사람에게 이런 믿음은 죄책감, 무감동, 자기혐오를 비이성적으로 증폭시킬 수 있다. 종교적 믿음이 불확실성과 공포감을 심어준다면 강박장애에서는 강박 사고의 강도가 높아질 수 있고, 불안장애는 더욱 악화될 것이다. 고통스러운 감정을 믿음으로 침묵해야 한다고 배운다면 신체화(somatization) 및 의학적으로 설명할 수 없는 신체 증상이 나타날 확률이 높아진다. 또한 조현병이나 다른 정신병에서는 망상과 환각을 극적이고 파괴적인 방식으로 나타나게 할 수도 있다(Griffith 2010: 8).

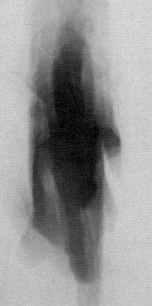

4장

교의신학과 후기 세속의 영성

정통 교의신학과 계몽주의

우리는 이제 다른 측면을 봐야 할 시점에 이르렀다. 지금까지 이원론적 사유를 바탕으로 한 기적들, 특히 초자연적 전통 속에 있는 신유 및 퇴마 행위로서의 치유 사례들을 초기 교회에서부터 오순절 운동에 이르기까지 세계적인 신약학자 크레이그 S. 키너의 책 『오늘날에도 기적이 일어날 수 있는가? (상)』를 중심으로 해서 훑어보았다. 여기서 키너는 지금도 기적은 일어나고 있음을 수많은 사례를 들어 독자들에게 강조하려고 노력한다. 그 이유는 계몽주의의 영향으로 현대인들이 기적을 믿지 않고 있기 때문이다. 그는 사람들이 적어도 자신이 기적을 경험했거나 기적이 일어나는 것을 목격했다고 믿는 사람이 많다는 것과, 그런 기적 중 일부는 초자연적인 원인에 의해 일어났을 가능성을 배제할 수 없다는 것을 보여주려고 한다. 이를 통해서 그는 궁극적으로 신약성서에 수록된 기적 기사들이 실제로 믿을 만한 것임을 주장한다 (Keener/노동래 2022a, 1455).

그러나 키너의 의도대로 그동안 인류가 잃어버렸던 초자연적 영역을 복원한다고 해도 그것을 맹목적으로 강조하다 보면, 앞에서 정리해보았듯이 그것은 우리에게 상당히 심각한 후유증을 안겨준다. 그러므로 그의 의도는 단순히 계몽주의로 인해 묵살된 인간의 영성적 현상을 강조하려는 것에만 있는 것이 아니라 인간의 본성 안에 살아 숨 쉬고 있는 본래적 영성을 나름대로 강조하려는 의도는 아니었을까 하는 생각이다. 그렇다면 이런 초자연적인 현상들을 어떻게 해석하고 이해해야 할까? 이 질문에 진지하게 답을 하기 위해서는 우선 키너가 지적한 현대인들로 하여금 기적을 믿지 못하게 만든 계몽주의가 어떻게 생겨나서 종교성을 버리게 되었는지를 알아야 할 것이다.

　정통 교의신학의 역사는 지금까지 논의해온 초자연적·신비적 전통과는 확실히 다르다. 그것은 그리스 철학의 영향을 받은 교부신학과 스콜라 철학으로 대표되는 전통을 가지고 있다. 다시 말해서 그것은 이원론적 사고를 바탕으로 해서 발전해왔다. 그러나 이스라엘의 풍토가 본래부터 이원론적인 것은 아니었기 때문에, 왜 서구 기독교가 일원론적 사유 방식을 상실했는지를 정리해보면서 정통 교의신학이 근대의 계몽주의와 어떻게 엮이는지를 따라가 보자.

기독교가 일원론적 사유 방식을 잃어버린 배경

로마에 의해 기독교가 제국화되면서부터 유럽 문화는 중동의 근본적 언어를 상실함으로써 그 언어가 갖는 풍부한 뉘앙스를 잃어버렸다. 그로 인해 서구 문화는 '내적' 심령의식과 '외적' 규범의식 사이의 거대한 분열은 물론 우주론과 심리학, 육체와 심혼(soul), 인간과 자연환경, 종교와 과학 사이의 분열을 촉진시켰다(Clarke 2001: 53).

　예컨대 예수가 성령에 대해 말했을 때 중동의 해석학적 관점에서 보면 그것은 신성한 호흡, 즉 인간과 비인간을 나누지 않고 모든 호흡의 근원을 말하는 것이다. 이는 현재의 정신-신체적 구조(a psychophysical construct)라는 개념처럼 인간이든 아니든 존재의 삶을 마음, 몸, 정신 또는 영(spirit)이라는 개별 범주로 나누지 않는다는 뜻이다. 범주로 나누는 것은 주로 그리스 철학에서 비롯되었다. 이처럼 중동의 언어들은 한 존재의 삶을 여러 유형의 다양성으로 표현하지만 그리스 철학은 그렇지 않았다(Clarke 2001: 56~7).

마찬가지로 창세기에 나오는 '하늘'과 '땅'이라는 히브리어 단어는 미래의 보상으로서의 '천국' 개념이나, 원죄로 인해 결함이 있는 장소로서의 '땅'의 개념과는 전혀 다르다. 이런 개념은 서구 기독교 신학이 나중에 만들어낸 것이라서 예수에게도 알려지지 않았다. 히브리 단어로서의 하늘은 모든 것이 소리와 빛, 그리고 진동하는 파동처럼 공동체로 통합되는 하나의 방식을 나타내는 것이고, '땅'은 모든 존재의 개성을 의미할 수 있다. 즉 구름, 풀잎, 사람 등이 하나도 똑같지 않을 정도로 우주가 신비로우면서도 풍부한 다양성을 만들어낸 방식을 의미한다. 그러니까 '하늘'을 뜻하는 단어는 다른 존재와 연결되어 있다는 심리적 의미인 '우리'를 뜻하고, '땅'이라는 단어는 '나'에 대한 감각, 즉 개인의 목적의식을 의미한다. 이는 빛을 파동과 입자로 동시에 보는 것과 같다. 즉 일상적인(입자 기반의 물질) 삶과 상상적인(파동 기반의 진동) 삶을 동시에 일컫는 것이기도 하다(Clarke 2001: 60). 달리 말해서 그것들은 개인 생활의 공동체적 측면과 개인적 측면의 균형을 맞추는 방식을 나타내는 단어들인 셈이다.

한 가지 예를 더 들면, 히브리어, 아람어, 아랍어에서 자기(self) 또는 심혼(soul)으로 번역되는 단어들(nephesh, naphsha or nafs)은 내부 또는 외부(혹은 사이)에서 경험할 수 있는 목소리들의 공동체적 이미지를 보여준다. 그렇기 때문에 나는 심혼이 있는 것이 아니라 심혼 그 자체다. 다시 말해서 심혼은 심혼이 없는 몸이나 마음 안에 들어 있는 것이 아니다. 즉 사람은 다양한 방식으로 자기-심혼(a self-soul)으로서의 삶을 경험한다. 이런 관점에서 예수의 "네 이웃을 네 몸과 같이 사랑하라"는 말을 재해석해보면, 이는 "내 바깥에서 함께 사는 사람들뿐만 아니라 내면의 무의식적인 사람들까지 사랑하는 것"이 이웃 사랑임을 강조하는 것이다(Clarke 2001: 60-1). 그러므로 예수의 아람어 안에는 적어도 그리스의 이원론적 사유체계보다 일원론적 사유체계가 자리 잡고 있다.

서구 기독교 전통에서 신, 자연, 인간을 연결하는 일원론적 해석학이 서서히 제거된 이유를 구체적으로 다시 정리해보자. 첫째, 콘스탄티누스 황제에 의해 기독교가 로마 제국의 공식 종교가 되면서, 기독교는 예수가 사용했던 셈어인 아람어에 대한 뿌리를 잃어버리기 시작했다. 4-5세기에 니케아 신조를 위시한 여러 신조가 형성되는 과정에서 그리스어가 유럽 기독교의 공식 언어가 되었다. 예수는 그리스어로 설교하지 않았기 때문에 해석과 주석의 언어로서 아람어가 소외되면서 그 언어에 내재된 중동의 세계관과 다층적 상징체계에 대한 접근이 차단되었다. 그 결과 서구 기독교는 예수의 지혜보다는 신성한 그리스도의 본질(기독론)에 더 몰두하게 되었다. 초기 기독교의 관점에서 볼 때, 이러한 변화는 예수의 사명에 대한 바울의 해석이 야고보의 해석에 비해 궁극적으로 성공했음을 나타낸다. 바울은 예수를 구세주로서 우주적 비전 속에 포함시킨 반면, 야고보는 예수의 삶을 유대 율법의 부흥과 쇄신에 중점을 둠으로써 실천을 통해 구체화했다. 바울의 기독교는 중동의 언어나 세계관을 배울 필요 없이 즉각적인 개종의 가능성을 제시했고, 이것이 지난 1,500년 동안 서구 문화를 지배한 기독교가 되었다(Clarke 2001: 63). 여기에 숨어 있는 의미는 바울이 이원론적 사고로 예수를 보고 있었다는 것이다.

둘째, 서구 기독교는 경험적 영성의 요소를 지닌 영지주의를 건강하지 않다고 해서 제거함으로써 신의 여성적 측면, 의례와 의사 결정에 대한 권위의 공유, 성경 해석과 주해의 기초로서 개인의 영적 경험의 중요성 등을 등한히 하게 되었다. 셋째, 로마 제국에 만연했던 그리스 자연주의에 대한 과도한 반응으로 신성한 자연과 관련된 인류의 세계관이 더욱 약화되었다. 그러므로 기독교 안에서 내재적인 것과 분리된 초월적인 것에 대한 강조가 증가하였다. 이것은 기독교가 초자연적인 것과 자연적인 것 사이의 경계를 강조하고 자연과 초자연적인 것을 너무 엄격하게 구분함으로써, 모든 것 속에서 숨 쉬고 있는 내면의 영(spirit)을 자연에서 박탈하는 결과를 낳게 하였다(Clarke 2001: 63-4).

플라토니즘과 교부 신비주의

이원론적으로 나눠진 역사적 배경에서 기독교 주류 전통인 고대의 교부신학과 중세의 스콜라 철학(스콜라주의)이 발전해나왔다. 먼저 교부 신학부터 정리해보자. 초기 교회가 막 시작될 즈음 우선 직면한 문제가 유대교와의 분리와 충돌이었다. 이 과정에서 율법을 지켜야 하는지, 할례는 받아야 하는지, 유대교의 음식 규례를 지켜야 하는지 등이 쟁점이 되었고, 이런 논의들이 여러 바울 서신에 소개되고 있다 (McGrath/김기철 2022: 47). 두 번째는 이교도들과의 갈등이 문제였다. 그 당시 기독교는 정경도 확립하지 못했고, 교리 또한 확고하게 정해진 바가 없었다. 또 예수에 대한 이해가 다양하게 갈렸고, 여러 갈래의 분파들이 서로 자기네가 옳다고 주장하던 때이기도 했다. 그러니까 누가 정통인지를 판가름하기 위한 싸움이 치열했던 시대였다. 게다가 기독교인들은 로마의 황제숭배 이념에 반하는 태도를 보임으로써 점점 심해지는 박해를 감당해야만 했다.

이때 이교와 로마의 다양한 비난에 맞서 기독교의 정체성을 확립하고 지켜나가기 위해 노력했던 종교 지도자들이 나타났는데, 그들을 변증가라고 불렀다. 그들은 그리스 철학을 도구 삼아 합리적이고 이론적으로 기독교를 변증하려고 노력했는데, 그런 변증가들이 바로 교부들이었다. 초기 기독교에서는 정통교리를 저술하고, 성스러운 생활로 신도의 모범이 된 사람들을 교부라는 이름으로 존중했다. 넓은 의미로 초기 기독교 저술가를 통틀어 교부라고 하기도 한다. 그때 그들이 사용한 그리스 철학은 중기 및 신플라톤주의로서 단연 플라톤의 영향이 주를 이루었다. 그들은 그리스 철학의 목적이 신을 찾아 아는 것이라고 이해했다.

중기 및 신플라톤주의는 한마디로 플라톤적 신비주의다. 따라서 교부신학도 그 중심은 신비주의일 수밖에 없다. 게다가 기독교 역사상 신비신학의 형성기와 교의신학의 형성기는 따로 이야기할 수가 없다. 이 둘은 서로 얽히며 성장했기 때문이다. 예컨대 이 세기에 정립된 삼위일체와 성육신 교리는 신비적 경험을 통해 체득한 신비주의 교리를 공식화한 것이다. 다시 말해서 신비신학은 그리스도 안에서 하나님 자신을 계시하고 성령을 통해 우리 안에 거하는 하나님에 대한 직접적인 경험의 맥락을 제공하는 반면, 교의신학은 그러한 성육신화에 대한 이해를 객관적이고 정확한 용어로 설명하려고 함으로써 자신을 계시한 하나님에 대한 신비로운 경험을 구체적으로 이해하도록 영감을 불어넣는다(Louth, 1990: Introduction, xi). 그러므로 기독교 초기의 교부신학은 곧 신비신학이었으며 거기로부터 교의신학이 형성된 것이다.

플라토니즘, 곧 플라톤적 신비주의는 다음과 같다. 플라톤에 의하면 인간은 감각적인 현상과 그런 현상에 근거한 추측(견해)으로 형성된 일시적인 세계에 살고 있다. 그런데 인간의 심혼은 이러한 일시적 세계에 근거하지 않고 영원불변하고 높은 곳에 있는 진실한 세계에 속해 있기 때문에 두 세계 사이에는 괴리가 생길 수밖에 없다. 심혼은 이 괴리를 넘어 진실한 세계와의 친족관계를 회복하기 위해 이 세상에서 자신을 정화하는 과정을 거쳐야 한다. 그것은 도덕적 정화와 지적 정화 과정이다. 도덕적 정화는 훈련을 통해 육체의 한계를 넘어섬으로써 육체가 관상을 향한 노력에 방해가 되지 않도록 하는 것, 즉 감각의 세계에 대한 의존에서 벗어나게 하는 것이다. 반면 지적 정화는 변증법에 익숙해지는 것인데 이는 추상적 사고를 훈련시키는 방법이다. 그런 훈련이 필요한 이유는 추상적 사고를 잘해야 이념 속에만 있는 실제적인 형상 또는 이데아 세계에 가까이 갈 수 있기 때문이다. 이런 과정을 거쳐 심혼이 충분히 정화되었을 때, 그토록 그리워하던 그 불변의 세계인 '미'(美)나 '선'(善)을 갑자기 관상하게 되어서 궁극적으로 실재의 세계 전체와 합일되는 경험을 하게 된다. 이런 관상을 테오리아라고 하는데 이때 황홀경을 경험하게 되고, 심혼은 비로소 궁극적 실재와의 친족관계를 회복하게 된다. 그래서 이것은 일종의 귀향으로도 묘사된다(Louth, 1990: 193-4).

교부들은 이러한 플라톤 신비사상의 틀을 가지고 그들의 신앙체계에 대한 지적 표현을 시도했다. 그러나 그리스적 사고와 기독교적 사고는 상당 부분 달랐기 때문에 여기서 변형이 일어났다. 첫째, 신에 대한 개념, 둘째, 인간 심혼(soul)과 신과의 관계에 대한 개념, 셋째, 도덕적 미덕에 대한 이해(Louth, 1990: 194) 등의 변형이 그것이다.

첫째, 플라톤 사상에는 신에 대한 개념이 전혀 없다. 심혼 탐구의 정점인 선과 미의 이데아는 분명 가장 높고 궁극적인 것이지만 이것을 신이라고 부르기에는 근거가 미약하다. 플라톤주의자들에게 신과 같은 것은 비인격적 또는 초인격적 궁극 원리인 데 반해 교부들에게 하나님은 하나의 인격이다. 교부들의 관심은 비인격적인 궁극성에 대한 경험에 있지 않고 인격적인 하나님에 대한 경험에 있었기 때문이다. 그들의 하나님은 적극적으로 당신 자신의 탐구에 동참하기 때문에, 그들은 신과 직접적으로 만나는 경험을 했다. 이 경험은 당연히 신의 은총으로 느껴질 수밖에 없었다. 그러므로 신 개념 논쟁 때 은총 개념이 대두된다. 은총을 기독교에 도입한 사람들은 아우구스티누스와 디오니시우스다. 이들이 은총을 강조한 이유는 성육신한 그리스도의 사랑을 직접 경험한 데서부터 비롯되었다. 이들은 자신이 경험한 하나님의 인격적인 은총을 확언하려는 마음에서 플라톤 철학의 신 개념을 수정하였다. 즉 플라톤적 신비주의가 인격적 신 개념 없이 다만 심혼의 하락과 상승을 이야기했다면, 기독교 신비주의에서는 심혼의 하락과 상승 대신에 성육신을 통한 하나님의 강림과 그러한 신의 겸손에 대한 심혼의 반응에 관한 이야기였던 것이다. 그러므로 은총이란 인격신을 만난 심혼이 자신의 능력을 넘어서는 무언가를 경험하고 있다는 심혼의 인식을 나타내는 것일 뿐만 아니라, 인간이 사랑으로 반응할 수 있는 근간이 되는 인간에 대한 하나님의 사랑을 표출하는 것이기도 하다(Louth, 1990: 195-7).

둘째, 인간 심혼과 신과의 관계에 대한 개념은 이렇게 변형되었다. 즉 플라톤에게 심혼은 신성한 것, 신적인 형상의 영역과 친족이며 그곳에 속해 있는 것이다. 그러므로 심혼의 상승은 그것이 본래 지녔던 참된 모습으로 되돌아가는 과정이자 심혼의 타고난 신성을 실현하는 과정이기 때문에 심혼의 상승은 신성화(divinization), 즉 신과 같은 존재가 되는 것이라고 생각했다. 이것은 초기 교부 중에서도 나타났는데, 예컨대 오리게네스는 로고스(말씀, 예수)와 심혼 사이에 진정한 친족관계가 있으며 둘 다 영원하다고 보았다. 그러나 그의 후계자들은 이런 생각을 받아들이지 않았다(Louth, 1990: 197).

그 이후 교부들의 생각은 플라톤주의자들과 달라지기 시작했고, 그것의 시효가 바로 아타나시우스다. 그는 기독교 특유의 사상인 '무로부터의 창조'(creatio ex nihilo)라는 관념이 초래하는 결과를 해결해야 했다. 이것은 우주의 기원은 무(無)에서 출발하며 신 이외의 어떤 것도 창조 전에는 존재할 수 없다는 사상이다. 즉 하나님과 피조물은 근본적으로 다르다는 생각이므로, 인간의 심혼이 신과 친족관계라거나 심혼이 신과 같은 존재로 회복해야 한다는 관념과는 전혀 거리가 멀다. 그럼에도 불구하고 인간은 신과 화해해야만 할 터인데 이 간격을 어떻게 할 것인가가 교부들에게 주어진 문제였다. 교부들은 '무로부터의 창조'라는 근본적 교리에 어긋나지 않으면서도 그들의 경험에도 충실한, 참으로 독창적인 신비주의 사상을 전제하려 했다. 그것은 기독교인들이 본래 피조물인 인간성에 어울리는 방식으로 거룩해지는 것(신성화)이었고, 그것이 바로 니사의 그레고리오스와 디오니시우스의 '신성한 어둠'이라는 주제였다(Louth 1990: 197). 이는 인간이 신과 교통할 수 있는 유일한 길이 '신성한 어둠'이라는 유한(인간)과 무한(신)의 경계를 넘어서는 신비주의적 경험을 통해서만 가능했음을 말하는 것이다.

세 번째 도덕적(윤리적) 미덕에 대한 이해의 변형이다. 플라톤주의

자들에게 도덕적 덕은 일종의 정화작용으로서 심혼이 육체를 통제하여 가능한 한 육체로부터 자유로워지는 방식이었다. 이런 덕을 그들은 일상에서 시민이 지켜야 하는 덕과 구분하여 정화하는 덕으로 불렀다. 이 덕만이 심혼의 신비적 탐구에 중요하다. 그러나 기독교 신학에서 도덕적 덕은 성령의 열매로서 기독교인의 심혼에 그리스도가 내주하고 있다는 증거가 된다. 그러므로 플라톤주의자에게 정화하는 덕은 순전히 부정적인 의미를 지니는 데 비해, 성령의 열매로 간주되는 기독교인에게서의 덕은 긍정적이며 그 덕으로 인해 심혼이 신성화되는 것이다(Louth 1990: 198).

교부들의 업적

이처럼 교부들은 플라톤의 신비주의를 기반으로 교부신학을 발전시켜 나갔고 이것이 나중에 교의신학으로 열매를 맺게 된 것이다. 사실상 앞서 소개했던 교부들의 직·간접적인 치유 경험들, 예컨대 복음서와 사도행전에 기록된 표적들이 이교도들을 개종시킨다고 주장한 이레나이우스, 악령을 치유해준 기독교인들을 소개한 테르툴리아누스, 기독교인들은 악령을 쫓아내고 치료한다고 이교도들에게 주장한 오리게네스, 퇴마의 효능을 강조한 아타나시우스 등의 이야기를 밑에서 받쳐주고 있는 것은 그들의 공식적인 업적이다.

이레나이우스는 리옹의 주교로서 영지주의와 대립하면서 정통 신앙을 지켰던 인물이다. 테르툴리아누스는 서방 라틴 신학의 아버지로 불리는 인물로서 구약과 신약의 통일성을 강조했고, 변증을 위한 자료가 성서만으로 충분하다고 보고 성서 밖의 자료 사용을 반대했다. 오리게네스는 동방 기독교 사상 발전에 기여했고, 알레고리적(비유) 해석 이론을 세운 인물이다. 그는 성부는 완전한 신성을 가졌지만, 성자는 상대적으로 열등한 신성을 가졌다고 주장함으로써 나중의 아리우스 이단을 파생시킨 빌미를 제공했다. 아타나시우스는 예수 그리스도가 성육신한 신이 인간의 본성을 취한 존재임을 옹호했다. 이로 인해 그리스도는 완전한 하나님이 아니라고 주장한 아리우스에게 승리함으로써 아리우스는 이단으로 단정되었다(McGrath/김기철 2022: 51-2). 교부 중 가장 중요한 인물은 단연코 히포의 아우구스티누스다. 그는 서방 기독교의 여러 쟁점을 종합하여 신학을 학문적으로 발전시켰다. 그가 이룩한 것들은 도나투스 논쟁을 통한 교회와 성례전에 대한 교리(성찬과 세례의 의미와 교회와의 관계), 펠라기우스 논쟁을 통한 은총론(은혜로 구원받는다는 것), 삼위일체론 등이다(McGrath/김기철 2022: 55-6).

이러한 정통 교의신학의 관점에서 보면 "교부 시대에도 악의 세력을 대항한 기적적인 치유가 일어났다"고 하는 키너의 주장이 주류일 수는 없다. 그렇다면 우리가 관찰할 수 있는 것은 양극단으로 나뉜 현상이다. 한쪽은 그리스 철학의 힘으로써 기독교 신앙을 이성적으로 이해하려는 공식적인 집단이고, 다른 한쪽은 비이성적이고 직관적으로 기적을 수용했던 대중들, 곧 비공식적인 집단이다.

중세의 스콜라철학과 계몽주의의 탄생

둘로 나뉜 구조는 중세까지 이어졌고, 중세에는 교부신학의 뒤를 이은 스콜라철학(스콜라주의)이 대세를 이뤘다. 스콜라주의라는 이름은 그 당시 고전 신학과 철학의 문제들을 토론한 커다란 학교들(라틴어, *scholae*)에서 유래했다. 이성의 힘으로 믿음을 확인하려던 태도가 교부신학에서는 믿음이 철학을 이끄는 형태였다면, 중세에 와서는 이성만으로도 믿음을 가질 수 있음을 증명하려 하였다. 스콜라주의는 1200년에서 1500년 사이에 꽃핀 중세의 운동으로서 종교적 믿음을 합리적으로 정당화하고 그러한 믿음들을 체계적으로 제시하는 일을 중요한 과제로 삼았다. 따라서 스콜라주의는 믿음의 특수한 체계를 가리키는 것이 아니라 신학을 행하고 조직화하는 특정한 방식을 가리킨다. 즉 자료를 제시하고 차이점들을 명료하게 구분하며 나아가 신학에 대한 종합적인 견해를 세우는 일을 수행하는 고도로 세련된 방법을 가리킨다. 스콜라주의는 한마디로 이성과 논리가 신학에서 어떤 역할을 하느냐에 대한 논의에 크게 기여했다고 말할 수 있다(McGrath/김기철 2022: 84).

이러한 스콜라철학의 중심부에 토마스 아퀴나스가 있다. 그의 등장을 위해서는 중세 시대를 연 첫 인물인 보에티우스부터 소개해야 한다. 그는 성서 인용 없이 신학 문제를 다루어 신앙을 이성과 결합한 최초의 인물이었다. 스콜라철학은 신앙과 이성의 조화를 강력히 지지했지만, 그 조화의 중심에는 이성만을 중시하여 계시를 믿지 않는 합리주의를 저지하려는 의도가 있었다. 그러나 그 이후 이성의 힘으로 신앙의 신비를 밝혀낼 수 있다고 믿은 안셀무스가 등장했다. 그는 보에티우스의 신앙과 이성의 결합 원칙을 성서보다는 이성에서 근거를 찾으려 했다.

스콜라철학은 12세기에 대전환기를 맞는데, 그것은 이슬람 사회에서 잘 보관하고 있던 아리스토텔레스의 저서들이 라틴어로 번역되면서 영향을 끼쳤기 때문이다. 아리스토텔레스의 수많은 저작은 신앙과 이성의 결합을 더 복잡하고 어렵게 만들었다. 이제 이성이란 인간이 부딪치고 사는 실제 현실을 파악하는 인간의 능력이라고 새롭게 의미를 부여하지 않으면 안 되었던 것이다.

이러한 작업을 한 사람이 바로 토마스 아퀴나스였다. 토마스 아퀴나스 이래 스콜라철학은 아리스토텔레스주의자와 아우구스티누스주의자의 대립으로 이어졌다. 아우구스티누스주의자는 신앙과 이성의 결합을 위해서는 창조만이 의미가 있다고 하는 극보수주의자들이었고, 아리스토텔레스주의자는 우리의 경험적 실제 세계를 오직 이성을 근거로 사유하는 극단적 합리주의자들이었다. 토마스 아퀴나스는 극단적 합리주의자와는 달리 철학을 실제 사물들의 진리가 무엇인지를 아는 학문으로 이해했다. 이에 1278년 도미니크 수도회에서 아퀴나스의 이론을 공식적으로 받아들이면서 교회는 합리주의자들을 단죄하기 시작했다. 이러한 논쟁과 교회의 단죄 등은 역설적이게도 각각의 관점이 정당화되면서 두 견해가 분리되는 결과를 초래했다. 결국 신앙과 이성의 완전한 분리를 주창한 오컴(William of Ockham)의 유명론은 스콜라철학의 붕괴를 확실히 했다. 스콜라철학의 붕괴는 바로 이성의 자유를 내포함으로써 이후 이성의 힘으로 새로운 지식을 알아내려는 풍조가 유럽의 엘리트들 속에서 만연하기 시작했다.

이처럼 중세는 신앙과 이성의 조화를 꾀하는 과정을 거쳤고, 그 과정은 결국 신앙과 이성의 분리를 잉태하면서 끝을 맺었다. 이렇게 해방된 인간 이성은 이내 르네상스를 맞으면서 화산처럼 폭발했다. 그 것의 산물로 다가온 계몽주의는 한마디로 극단적인 인간 중심적 사고 와 극단적인 이성 중심주의였다.

신비주의에서 비신비주의로, 그리고 다시 신비주의로

인간은 살아가면서 자주는 아니지만 직감적으로 혹은 불가사의하게 경험하는 어떤 상황이나 사건들이 있음을 부정할 수 없다. 그런 것들 을 세련되게 표현하느냐 아니면 투박하게 표현하느냐에 따라 미신적 혹은 황당한 것으로 치부되거나, 아니면 개인 초월적 혹은 집단 무의 식적 현상으로 해석되거나 한다. 다시 말해서 인간의 이성을 중시하던 계몽주의적 이념은 인간의 비이성적 혹은 초자연적인 현상들을 비과 학적이라거나 믿을 수 없는 난센스라고 잘라버렸는데 그것은 큰 오산 이었음을 지금 우리는 너무도 잘 알고 있다.

아마 키너도 이 점을 강조하려던 것은 아니었을까? 그래서 그는 수많은 증거 자료를 제시하여 비과학적이라고 치부한 인간의 숨겨진 측면을 보여주려고 했던 것 같다. 그렇다고 기적이 발현됐다는 증거들을 강조하는 차원에만 머물러 있으면 안 된다. 초자연적 현상들이 우리의 삶 속에 건재하다면 그런 현상들을 우리는 어떻게 인지하고 해석하며 살아가는지를 설명해야 한다. 기적과 같은 것들을 부정하여 잘라버리면 안 되는 것은 물론이고, 더 나아가 그것의 참 의미를 찾으려는 노력을 반드시 병행해야 한다는 말이다. 다시 말해서 옛사람들처럼 미신적이거나 초자연적 두려움 속에서 그런 현상들을 인식하는 우를 지금의 우리는 범하지 말아야겠다.

이러한 견해를 뒷받침해주는 것이 데이비드 테이시(David Tacey)의 글이다. 그는 『후기 세속의 신성: 변화의 시대에 있어서 융, 심혼 그리고 의미』라는 책에서, "서양의 영적 역사에서 발견되는 패턴이 있는데, 처음에는 신비주의였다가 중간에 신비주의가 없어졌다가, 지금 우리가 사는 시대에 이르러 다시 신비주의가 나타난다"(Tacey 2020: 36)라고 표현한다. 서양의 영적 역사 초기 때, 예컨대 앞에서 이미 얘기했듯이 교부 시대 때 신학은 신비주의와 겹쳤다. 그러다가 여러 번의 공의회를 통한 교리화로 신비주의 색깔이 점차 옅어지더니, 급기야 중세의 스콜라철학을 거치면서 결국 이성과 믿음이 나뉠 수밖에 없었고, 결과적으로 계몽주의 시대에 와서는 영성적 요소가 완전히 배제되었다. 그러니까 인간은 신비주의에서 시작해서 신비주의의 배제로 나아갔던 것이다. 그리고 그 역사는 지금(후기 세속시대)에 이르러 다시금 신비주의가 되살아나고 있다는 표현이다. 이를 다시 정리하면, '신비주의→

비신비주의→다시 신비주의'의 과정을 거치고 있는 영성사인 것이다. 키너는 바로 이렇게 되돌아오고 있는 인류의 신비주의 경향을 직감하고 있었는지도 모른다.

기독교에서 벗어난 후기 세속의 영성과 심층심리학

세속주의 이론과 후기 세속의 영성

이제부터는 '다시 돌아오고 있는 신비주의'에 대해서 이야기해보자. 앞서 보았듯이 중세는 결국 신앙과 이성의 조화를 꾀하다가 그것들의 분리를 잉태하면서 끝을 맺었다. 이렇게 해방된 인간 이성은 이내 르네상스를 맞아 화산처럼 폭발했고, 그것의 산물로 계몽주의가 탄생했다. 이 시대는 극단적인 인간 중심적 사고와 이성 중심주의가 득세했다. 그러므로 이렇게 다가온 근대가 신성을 제거하기 위한 실험을 시작했다는 것은 너무도 당연한 귀결이었다. 18세기 계몽주의 이후의 시인, 철학자, 사상가들은 '신의 죽음', 종교의 쇠퇴, 전통의 붕괴에 대해 이야기해왔다. 19세기 말까지 거의 모든 계몽주의 사상가는 20세기에 종교가 사라질 것이라고 예상했다. 대학들은 종교와 영성이 이성에 기반한 새로운 사회로 대체될 것이라고 믿고 추진했던 세속주의 이론을 지지했다. 실제로 서양에서는 종교를 믿는 사람들, 특히 기독교인들이 눈에 띄게 감소하였다.

이런 추세는 한국도 예외가 아니다. 2021년 한국갤럽이 '한국인의 종교'에 대하여 여론 조사를 했다. 이는 1984년 1차 조사를 시점으로 총 여섯 번째 조사였다. 그 결과는 다음과 같다. 개신교 인구는 17%, 불교는 16%, 가톨릭은 6%로 집계됐다. 무종교인은 자그마치 60%로, 한국갤럽이 조사한 이래로 가장 높은 수치를 기록했다. 그 중에서 개신교 인구는 2014년 21%에 비해 4% 감소한 수치다. 한국갤럽은 종교 인구가 감소하는 원인을 청년층에서 찾았다. 2004년 조사할 당시 20대 종교 인구는 45%였는데, 2014년에는 31%, 2021년에는 22%로 나타났다. 15년 만에 절반이 줄어든 것이다. 30대 역시 2004년 49%, 2014년 38%, 2021년 30%로 꾸준히 감소했다(최승현 2021: 뉴스앤조이).

그렇다고 해서 이러한 추세가 우리가 사는 세상이 이성을 토대로 한 합리적 사회이기 때문에 종교가 소멸되고 있다는 세속주의 이론을 증명해주는 것은 아니다. 그동안 종교를 떠났거나 무신론자들이 늘어나서 종교가 위축되는 모습을 보였지만, 반면에 종교 밖에서 초월이나 성스러움을 찾으려는 사람들은 오히려 더 많아졌다. 세속주의 이론이 거짓이었음이 여실히 드러난 것이다. 이처럼 세속주의 가설이 실패하면서 현대 세계는 삶의 의미와 목적에 대한 적절한 설명을 하지 못했다. 이것은 인간을 심각한 영적 위기에 빠지게 했고, 우리의 삶의 의미 또한 더 이상 명백하지 않게 만들었다.

뤼스 이리가레(Luce Irigaray)는 많은 사람이 종교가 끝났다고 믿을 때 오히려 종교적 차원을 새롭게 생각할 필요가 있다고 주장한다. 그녀는 우리의 삶이 희망과 기대를 가지고 무한한 것을 바라보아야 한다는 '되어감의 존재 방식'을 옹호한다. 그러면서 인간은 신성한 목표를 지향해야 하는데, 그 이유는 그것이 우리에게 지속적인 변화를 향한 영감을 불러일으키기 때문이라는 것이다. 학문적 좌파의 대표적 인물인 슬라보예 지젝(Slavoj Žižek)조차도 현재를 '영원히 다가올 타자에 대한 메시아적 갈망'의 순간으로 특징 지을 수 있다고 말한 바 있다. 그런 측면에서 보면 종교란 그것이 무엇이든 우리를 궁극적인 관심사로 이끄는 것이라고 말한 폴 틸리히(Paul Tillich)의 정의는 타당하다(Tacey 2020: 13-4). 이런 상황은 아이라 헬더만(Ira Helderman)의 말처럼 "인간 불굴의 정신, 곧 성스러움이나 초월적인 것을 향한 인간의 의지는 결코 완전히 억압될 수 없는 것"(Tacey 2020: 38)이기 때문이다. 이런 것을 한마디로 '영적이지만 종교적이지 않은'(spiritual but not religious; SBNR) 형태라고 표현한다(Tacey 2020: 25).

영적이지만 종교적이지 않은 어떤 것을 갈망하는 이 세대를 세속 이후의 시대라고 해서 후기 세속시대(postsecular age)라고 부른다. 후기 세속시대를 사는 사람들은 새로운 종교적 분위기를 표현하기 위해 '영성'(spirituality)이라는 단어를 사용한다. 새롭게 다가오는 종교적 분위기가 기존 제도 종교와는 결이 다름을 나타내기 위해서다. '영성'은 예전에는 수도사, 신비주의자, 성인(聖人)과 같이 매우 종교적인 사람들이 키워나가던 엘리트적이고 희귀한 활동을 일컬었다. 기존 종교의 목표와 방향을 넘어서고자 했던 이들은 영적인 삶을 위해 노력했다. 따라서 그 당시 영성은 종교라는 큰 영역에 포함되어 유지되었던 작은 영역이었는데 이제는 상황이 바뀌었다. 지금은 영성이 더 큰 분야가 되면서 종교와 영성의 위치가 뒤바뀌었다. 종교는 이제 영적 환경 내에서의 '선택'이거나 통로일 뿐이다. 영성은 더 이상 낡은 형태의 종교에 얽매이지 않고 의심하지 않는 세상에 느슨하게 놓여 있다. 이 영은 거칠고 자유로우며, 억제하지 않는 한 위험할 수도 있을 정도다. 이것은 '종교적'이지만 더 이상 종교들의 권위 아래에 있지 않다(Tacey 2020: 17).

새로운 영성 출현을 촉발한 기존 종교

그렇다면 왜 기존 종교는 이러한 인간의 후기 세속적 영성에 대한 갈망에 응답하지 못했을까? 사실상 수 세기 동안 인간의 심혼은 영적 여정을 시작하기에는 쓸모없고 무가치한 부분으로 여겨져 왔다. 왜냐하면 그 심혼에는 원죄라는 얼룩이 물들어 있었고, 동시에 가장 높은 영적 가치는 예수에게만 부여되어 있었기 때문이다. 예수가 성육신한 신이라고 불리는 한 인간의 심혼에 새겨진 신성한 각인은 활성화될 수가 없었다. 창세기는 우리가 하나님의 형상대로 만들어졌다고 말하지만, 신학은 이것이 죄로 인해 취소되었다고 주장했다. 영이 예수에게 투사됨으로써 그 영은 내 안에 있는 것이 아니라 다만 나의 밖, 즉 외부에서만 찾을 수 있는 것이 되어서 사람들은 자신들의 내면인 심혼으로부터 점점 더 멀어질 수밖에 없었다. 이것이 바로 알프레드 노스 화이트 헤드(Alfred North Whitehead)가 기독교 신학이야말로 인류의 가장 큰 재앙 중 하나라고 말한 이유다. 그렇기 때문에 대부분의 사람은 낙담 했고 다만 소수의 은둔자, 이단자 및 신비주의자들만이 이러한 심혼을 일깨워서 영적 삶으로 이끄는 데 성공할 수 있었다(Tacey 2020: 37).

　　일반적으로 원죄 교리는 영성을 육체와 분리하기를 강제하는 듯 하였다. 즉 신자들은 죄 덩어리인 육체로부터 멀어져야 했고, 나아가 그 육체를 정화 상태로 이끌어야 했다. 성인, 순교자, 수도사들은 성화 과정의 일부로서 죄의 본성을 죽이는 방법으로 육체를 혹사하는 고행 에 종종 참여했다. 채찍질, 금욕, 무릎 꿇기와 같은 고행은 종종 빛으로 가는 통로로 사용되었다. 그러나 오늘날 우리는 이런 종류의 영성에 의문을 품는다. 하나님이 전인간의 몸과 마음과 영의 통일을 추구하신 다면, 이러한 고행이 하나님의 필요를 충족시키는 것인지, 아니면 인 간의 필요를 충족시키는 것인지 의문이다. 육체에 대한 혐오감과 태고 의 근원으로 돌아가려는 인간의 퇴행적 욕구를 충족시키려는 것은 아 닐까? 우리 시대에는 금욕적인 수행이 신에게로 가는 통로라기보다는 가학-피학적인 행위처럼 보일 가능성이 크다(Tacey 2020: 40-1).

영성을 다시 정의함

영성이라는 말에 대한 편견과 오해가 상당히 많아서 이를 다시 정의하 는 것이 필요하다. 영성의 사전적 의미는 '육체적인 것 이외의 것', 또는 '육체적 본성과 구별되는 정신 또는 영혼에 관한 것으로 비물질적인 것'으로 이 세상에 속하지 않은 것을 가리킨다. 이러한 사전적 정의는 지금 우리가 얘기하고 있는 영성과는 거리가 있다. 우리가 말하려는 영성은 영과 육의 이원론을 극복하고 '온전함'(wholeness)을 추구하는 것인데, 그런 것을 묘사하는 데 이원론적 유산을 담고 있는 기존의 '영성'이라는 용어를 사용해야 한다는 것은 모순이기는 하다(Tacey 2020: 43). 그러나 딱히 이에 적합한 용어가 없어서 '영성'이라는 용어를 그대로 사용하기는 하되 그 정의를 다시 내려야 한다.

페미니스트 신학자 산드라 슈나이더스(Sandra Schneiders)는 사람들이 영성을 추구한다고 해서 그것이 거룩하고, 성스럽고, 심지어 전통적인 의미에서 '선'해지기를 원한다는 뜻은 아니라고 말한다. 그것은 그들이 진정성 있고 정당하며 온전해지기를 원한다는 것을 의미한다. '온전함'(wholeness)을 원한다는 것은 삶이 아무리 충격적이거나 혼란스러울지라도 그런 삶의 모든 측면을 인정하려고 노력한다는 뜻이다. '온전함'은 초월적 경지를 열망하기 위해 감정적 문제를 회피하는 것이 아니다. '완전성'(perfection)은 영성을 신체나 성에 대한 방어 수단으로 사용하여 어두운 면을 제거하거나 초월하려고 하는 반면, '온전함'은 이러한 요소를 더 큰 전체로 포용하려고 한다. 이것은 심리적으로 건강하고 바람직할 뿐만 아니라 그것이 내포한 의미에서도 오히려 영적이다. 온전해짐으로써 사람은 진정성을 갖게 되고 충만함으로 거룩한 분 앞에 설 수 있는 가능성이 높아진다(Tacey 2020: 44-5). 그러니까 새로운 정의로서의 영성은 한마디로 성인의 '완전성'을 추구하는 것이 아니라, 일상의 삶에서 진정성을 추구하는 보통 사람들의 '온전성'에 관한 것이다.

후기 세속 영성에 부합하는 심층심리학

정신치료 과정에서 관찰되는 '온전함'이란 자신의 부정적인 부분과의 화해를 일컫기도 한다. 정신치료에서 보듯이 우리 자신의 다양한 부분을 인정하는 것이 치유 효과를 발휘한다. 어두운 면을 억압하지 않고 표현하면 그 어두운 면의 자율성이 상실되면서 그 면이 의식의 빛으로 끌려 나와서 그렇게 되는 것이다. 그러니까 정신치료는 영성을 '완전함'에서 '온전함'으로 전환하는 데 중요한 역할을 한다. 치료의 요점은 아무리 불일치하거나 갈등이 있더라도 자기의 모든 부분을 하나로 모으는 것이다(Tacey 2020: 43-4).

　　종교적 관점에서 보았을 때, 이러한 과정을 가능하게 한 기본적 인식의 변화는 무엇이었을까? 그것은 원죄 개념에 대한 새로운 해석이다. 즉 심리적 시대인 오늘날에도 여전히 원죄를 믿는 사람들에게 죄의 짐은 이제 육체에서 자아(ego)로 옮겨가야 한다. 하나님의 은혜와 뜻을 가로막는 것은 종종 육체가 아니라 자아이며, 우리가 신과 일치하여 살기 위해 고통받고, 쫓겨나고, 패배해야 하는 것 역시 자아다. 우리는 '온전함'을 이루기 위해 무언가를 희생해야 한다는 것을 알고 있지만, 그것은 살과 육체가 아니라 우리의 이기심과 나르시시즘이다.

진정한 자아가 주도권을 잡을 수 있도록 버려야 하는 것은 거짓 자아다. 이것이 토마스 머튼(Thomas Merton)의 신비로운 가르침의 본질이다. 그의 작품은 거짓 자아에서 참 자아로 나아가는 여정을 도표화하며 심리학적이면서도 신비로운 내용을 담고 있다. 후기 세속의 욕구는 이러한 '심리학과 신비주의의 혼합'을 갈망한다(Tacey 2020: 41).

융(C. G. Jung)은 그의 대표작 『심리학과 연금술』에서 자신이 인간 심리를 탐구하는 동기가 기법의 세련미나 과학적 정확성을 찾으려는 것이 아니라 심혼의 최고 가치에 대한 탐구라는 점을 분명히 했다. 그러면서 그는 "최고의 가치가 심혼에 있다는 것이 경험을 통해 사실로 확인되지 않았다면 심리학은 나에게 조금도 흥미를 일으키지 않았을 것이다. 그런 심혼은 교리로 공식화된 모든 것과 같은 가치를 가지고 있을 뿐만 아니라 그 이상일 수도 있고, 바로 빛을 볼 수 있는 눈이 될 수 있게 해주기도 한다"(Jung 1968: par. 14)라고 고백했다.

원죄 교리는 내면의 자기 인식 과정을 방해하여, 우리 안에 있는 신성한 잠재력을 볼 수 없게 만들었다. 융의 말대로 내면의 '자기'를 통해 깨달음에 이를 수 있는 우리의 능력이 우리 자신은 물론 지식의 측면에서도 숨겨져 왔던 것이다. 우리는 이 지식을 되찾고, 우리 자신의 것으로 주장해야 하며, 공공학회에서 가이드를 구할 수 없는 경우에는 신비로운 전통에서라도 찾아야 한다(Tacey 2020: 40).

무의식 탐구에 기반한 새로운 심리학은 후기 세속시대에 지혜를 회복할 수 있는 근거가 된다. 심층심리학은 우리가 황무지에서 벗어나

는 길을 찾아가는 데 필요한 새로운 차원을 제공한다. 이 새로운 길은
도덕적 의로움을 추구하려는 것이 아니라 '심리적·영적 온전함'을 추
구하려는 것이다. 완벽을 추구하는 것은 구시대적인 발상인 것 같다.
우리는 완벽에 이르는 길이 아니라 몸과 마음과 정신이 통합되는 길인
신과 연결되는 새로운 방법이 필요하다. 새로운 영성의 주목적은 '온
전함'이기 때문이다. 이로써 비로소 우리가 긍정적·부정적 영성, 즉 영
적-빙의 문제를 다루는 데 왜 심층심리학이라는 도구가 필요한지에
대한 설명이 어느 정도는 된 것 같다.

5장

영적-빙의에 관한 몇몇 접근과 그 모습

양자역학과 주체

내부 영역에 관한 이론 중 양자역학의 관점을 빼놓을 수는 없다. 현대 물리학에서 미시적 관점으로 물질의 구성단위를 관찰해 들어가다 보니 전자들이나 양성자들이 물질이라기보다는 에너지-사건이라고 부를 만한 증거들이 발견되었다. 즉 전자와 양성자들이 고정된 어떤 것이 아니라 상호관계에 의해 변하는 가변성을 가진 불고정의 사건임을 발견했다. 이는 세상 모든 것은 그것 자체로 있을 때는 미결정 상태이므로 다만 여러 가능성으로만 존재(중첩)하는데, 어느 순간 어떤 것들과 관계를 맺겠다고 선택할 때 그 상태가 결정되는 결 잃음 현상이 나타난다는 것이다. 그리고 그런 현상은 언제나 가변적이다.

이 세상 이치도 이와 유사하다. 세상엔 변함없는 진리라거나 고정된 기준은 없고 다만 늘 그렇게 변하는 것들로 가득하다. 한마디로 "도가도 비상도"(道可道 非常道), 즉 "도라고 규정하는 순간, 그 도는 늘 변화 속에 있는 그 도가 아니"라는 노자의 시각이 옳았다. 가운데(中)라는 것이 불변의 중심이 아니라, 늘 변하는 시중(時中)의 상황에서 그것을 봐야 한다는 공자의 시각도 옳았다. 게다가 무의식은 한 개인의 일생을 통해서 존속하지만, 그 무의식을 겪는 주체는 영구적이지 않고 늘 변한다고 말한 라캉의 말도 옳았다. 라캉이 이미 말했듯이 우리의 진정한 주체는 연속되는 기표 사슬을 통해 드러나는 무의식의 흐름과 흐름 사이에서 떠돌아다니는 늘 그러한(常) 것이다. 그러한 것들이 떠돌

다가 어떤 외부의 시선 혹은 태도, 아니면 어떤 사건들을 만나면 일종의 굴곡진 성질을 띠고 가시적 세계로 튀어나와 이내 그것을 경험하는 사람의 의식에 영향을 주는 것이다.

영적-빙의를 이야기할 때 그것이 긍정적 빙의든 부정적 빙의든 그것을 경험하는 주체가 있기 마련이다. 그 주체는 빙의 경험을 통해 성장하는 계기를 얻거나 아니면 파괴될 위험에 처하게 된다. 그런데 그런 일련의 과정이 이미 설정된 어느 한 방향으로 가야 하는 것도, 고정되어 있는 것도 아니다. 다시 말해서 어떤 영적-빙의 경험이 주체에게 긍정적일지 부정적일지 하는 것은 그 주체가 어떻게 인식하는지에 따라 변할 수밖에 없다. 그리고 그런 경험의 주체도 늘 고정되어 있는 것이 아니다.

다른 측면에서 빙의가 '어떤 것'이 주체에게 간섭해 들어와서 일어나는 현상이라고 했을 때, 그 '어떤 것'이란 실체로서의 존재가 아니다. 그것은 신이나 사탄이라는 초월적 존재가 아니라 어떤 사건, 변화의 시점, 혹은 과정일 뿐이다. 그냥 바람처럼 생겼다가 스러지는 현상일 뿐이다. 그것도 그것의 이로움과 해로움은 주체('자기')의 판단과 선택에 따라 그 속성이 결정된다. 그럼에도 불구하고 우리는 우리 자신을 고정된 어떤 모습으로 확신하고 살아간다. 그러나 그것은 착각일 가능성이 매우 크다. 정작 어떤 것이 진정한 나일까?

영적-빙의를 폭넓게 이해하기 위해 영을 진화적 및 뇌과학적 측면에서 한번 정리하려고 한다. 이는 심리학적 관점을 이해하는 데 도움을 준다. 그다음 긍정적 영적-빙의와 부정적 영적-빙의 양태를 개관하여 다음 장의 디딤돌로 사용할 것이다.

영적-빙의의 진화적 기원

인류의 역사를 돌이켜 보면 빙의 경험은 그렇게 간단치가 않았다. 생명을 위협하는 큰 동물들 혹은 다른 인간과 같은 매우 지능적인 포식자들과 함께 살았던 인류의 조상들은 아주 작은 나뭇잎의 바스락거리는 소리에도 민감해서 그 소리에서조차 초월적 행위자, 예컨대 신과 같은 존재를 상상하는 데 매우 능숙했을 것이다. 동시에 그런 신호를 둘러싼 엄청난 소음 속에서도 상대방의 신호를 감지하는 데 목숨을 걸기도 하였을 것이다. 따라서 조상들은 아주 작은 도발에도 작동하도록 조정된 과민 반응 탐지 장치를 개발했다. 그것을 학자들은 과잉 활동을 탐지하는 장치, 즉 "과-활동 행위 탐지 장치"(hyperactive agency detection device, HADD)라고 불렀고, 인간은 그 장치로 영적 영역과 같은 비현실적 세계를 포함하여 모든 곳에서 행위자의 힘을 탐지할 수 있었다(McNamara 2011a: 12).

이처럼 HADD가 인간 안에 있다면, 왜 우리는 초자연적 존재를 가정할까? 예컨대 숲속 나무 사이로 보았던 호랑이의 얼굴이 실제로는 바위였다면, 더 많은 정보를 수집하고 더 가까이 다가가서 더 자세히

봄으로써 잘못된 해석을 바로잡을 수 있을 터인데, 다시 말해서 HADD 로 인한 오류를 쉽게 수정할 수 있어서 초자연적인 존재를 상상할 여지가 없었을 것인데, 왜 인간은 신과 같은 존재를 만들어냈을까? 예를 들어 연못에서 피어오르는 안개 속에서 어떤 영을 봤다면, 안개를 더 주의 깊게 관찰함으로써 그런 해석을 수정했어야 했는데 실제는 그렇지 않았다. 숲속 바위 뒤에 호랑이가 숨어 있지 않다는 것을 배우는 것처럼, 정령과 신들은 구름 속의 얼굴에 불과하다는 것을 배울 수 없는 이유는 무엇일까? 위와 같은 결과를 통해 우리는 초자연적 행위자에 대한 믿음의 근원이 적어도 HADD에 근거하고 있지 않음을 알 수 있다. 그 근원은 영적-빙의 경험이라고 볼 수 있는데, 그것은 인류가 선천적으로 가지고 있는 능력으로부터 기인한다(McNamara 2011a: 12–3).

아주 오랜 옛날 직립원인과 네안데르탈인이 살던 시절에 포식자를 피하거나 매우 위험하고 지능적인 먹잇감을 잡기 위해 인간은 적의 마음을 읽으려고 애썼다. 이내 그런 노력은 목표 먹이나 포식자 혹은 적의 마음을 상상해서 가장하려는 노력으로 바뀌었다. 즉 선사시대 인간은 사슴이나 들소 등 무섭지만 매우 탐나는 먹잇감을 잡기 위해 곰이나 사자처럼 사냥에 성공하는 포식자의 모습을 흉내 내려고 곰 가죽을 입고 곰의 움직임과 사나운 모습을 따라하며 포효하는 소리를 냈고, 먹잇감을 몰래 추적해서 죽이는 곰의 방법도 흉내 냈다. 이러한 모방 노력이 너무 성공적이고 강렬하면, 모방하는 사람은 자신이 인간이라는 사실을 잊고 곰이나 퓨마처럼 느끼기도 했다. 그런 경우 그는 자신이 모방하던 곰의 마음에 지배당하는 느낌을 받게 된다. 즉 그는 곰이라는 개체에 빙의된 경험을 한 것이다. 빙의된 채 사슴이나 들소 사냥을 성공적으로 하고 나면 그는 자신의 그룹에서 사회적 명성을 얻었을 것이다. 그런 일련의 성공이 바로 곰의 정령에 빙의되어서라고 믿기 때문에, 다른 사람들도 그런 빙의 상태가 되려고 시도했을 것이다. 그리고 이런 빙의 경험은 일정하게 통치자에게 특별한 인지력과 행동 능력이 있음을 증명해주었을 것이다(McNamara 2011a: 13-4).

처음에 빙의 경험을 주로 다루었던 계급은 주술사였다. 샤머니즘 전통이 발전하면서 각 주술사는 자신의 영혼, 정신, 성격, 소명, 역할, 힘 또는 의무에 대한 생각을 제자들에게 전수했다. 빙의를 통해 그들은 다른 사람을 치유하고, 미래를 내다보고, 동물을 조종하고, 종족을 이끌었다. 이런 전통 속에서 주술사들은 의례 관습(ritual practices)을 만들어서 전설을 전승한 최초의 종교적 전통을 구성해나갔다. 그러나 그들은 영적-빙의에 대한 실험을 충분히 수행하지 못했다. 영적-빙의 경험을 실제로 완전히 통제하고 왕의 존엄성을 높이는 데 사용한 것은 왕들이었고, 여기서 신성한 왕권이 형성되었다. 신성한 왕들은 영적-빙의를 통해 인간의 인격 또는 자기(self)를 신격화했다. 그들은 높은 신을 육화(구현)하고 그 신을 초자연적 힘을 가진 존재로뿐만 아니라 도덕성, 정의, 자비의 측면에서도 생각했다. 그렇게 함으로써 그들은 정신이나 인격을 갖는다는 것이 무엇을 의미하는지, 그 정신이 정령이나 동물과 어떻게 다른지에 대한 성찰을 하게 되었다. 물론 이런 성찰은 주술사들도 했다. 그래서 초기 주술사들과 신성한 왕들은 인간 정체성의 본질과 초자연적 세계의 본질에 대해 고민하였다. 평범한 사람들도 자기와 마음에 대해 성찰했을 가능성이 높지만, 주술사나 왕들에 비해 영적인 사상에 대한 경험적 이해가 부족했다. 그들은 주술사나 왕들의 행동을 관찰하는 데서 시작할 수밖에 없어서 영적 사상을 직접 경험하기는 어려웠다(McNamara 2011a: 7).

마음이나 심혼 또는 인격이 신성의 마음과 같은 특성을 갖게 되는 것은 무엇 때문일까? 빙의란 정확히 무엇일까? 프레드릭 스미스(Frederick Smith)는 베다, 우파니샤드 등을 쓴 현자들이 바로 이런 질문을 던졌다는 사실을 보여주었다. 그 현자들은 영적-빙의에 대해 생각하기 시작했고, "영원하고 절대적이며 무한한 힘인 브라흐만은 욕망과 두려움 같은 인식 가능한 자질을 의인화하여 최초이자 최고의 존재인 푸루샤로 의인화되고 인간화되었다"라고 말했다. 서양의 기독교 전통에서의 신성의 육화(영적-빙의 과정)는 그리스도가 모범적 사례다. 빌립보서 2:5-8에서 바울은 다음과 같이 묘사했다(McNamara 2011a: 8).

여러분은 이런 태도를 가지십시오. 그것은 곧 그리스도 예수께서 보여주신 태도입니다. 그분은 하나님의 모습을 지니셨으나, 하나님과 동등함을 당연하게 생각하지 않으시고, 오히려 자기를 비워서 종의 모습을 취하시고 사람과 같이 되셨습니다. 그는 사람의 모양으로 나타나셔서 자기를 낮추시고 죽기까지 순종하셨으니 곧 십자가에 죽기까지 하셨습니다.

여기서 바울이 "여러분은 이런 태도를 가지십시오. 곧 그리스도 예수께서 보여주신 태도입니다"라고 말한 것의 의미는 예수가 자신을 비워 신과 더불어 영적-빙의를 경험한 것을 지적하는 것이다. 예수는 빙의를 통해 자신을 낮추고 죽기까지 신께 순종했다. 이 과정에서 조건 없는 신성(Godhead)은 인간화되고, 반대로 긍정적인 영적-빙의를 경험한 개인은 신성화된다. 그러니까 인간은 영적-빙의 과정을 통해 통치, 지배, 전쟁에 적합하면서도 정의, 공감, 자비에 부합하는 특별하고 독특한 인간 정체성, 즉 왕다운 정체성을 창조하는 방법을 고안해냈다고 볼 수 있다. 다시 말해서, 개인에게 신성한 영의 힘을 불어넣음으로써 개인의 존엄성을 신성의 수준으로 끌어올렸던 것이다. 중석기 및 신석기 시대의 왕들이 이런 작업을 이뤄냈고, 축의 시대의 종교적 각성은 이러한 왕의 발견을 모든 사람이 이용할 수 있게 해주었다(McNamara 2011a: 9). 축의 시대란 독일 철학자 칼 야스퍼스가 사용한 용어로서 기원전 8세기부터 3세기까지를 일컬으며 이 시기에 인도의 석가모니, 중국의 공자, 그리스의 소크라테스와 같은 여러 사상가가 등장하였는데, 야스퍼스는 이들 사상이 직접적인 문화교류 없이 발생했다고 주장한다. 이 시대를 기점으로 인류는 신화의 세계에서 벗어나 보편적인 자연법칙을 탐구하기 시작했다.

다시 말해서 카리스마 넘치는 종교 지도자들이 등장하여 종교를 구시대적 부족 지향에서 개인의 도덕적 자의식에 초점을 맞추도록 변화시켰다. 이 종교 지도자들은 제도화된 종교적 관습과 개개의 개인적인 종교적 경험을 구분하려고 했으며, 후자는 개인의 고통을 덜어주는 신념, 관습, 공동체적 삶의 방식을 강조했다. 이들은 종교의 관심 분야를 집단의 복지에서 개인의 내적 삶으로 옮겼다. 이들의 노력은 개인 삶의 경험이 우선시되는 종교의 한 형태인 개인 영성의 출현으로 결실을 맺었다(Griffith 2010: 28).

영적-빙의의 뇌과학적 근거

악마적 집단 황홀경 컬트(디오니소스 축제 등)가 역사적으로 여성에게 많았다는 점을 감안해서 학자들은 남녀 간의 뇌 구조를 비교했다. 여성은 회백질(gray matter, cortex, 피질)의 비율이 높고, 남성은 백질(white matter, subcortex, 피질하부)의 비율이 높으며 좌반구의 구조가 남성보다 여성에서 약간 더 크다. 또한 여성은 언어 기능을 양쪽 반구에서 다 실행하는 반면, 남성은 주로 왼쪽 반구에서 실행한다. 그러므로 여성은 뇌졸중이 어느 반구에서 발생하든 언어 장애에 더 취약한 반면, 남성은 좌반구 뇌졸중에서만 실어증이 오는 경향이 있다(McNamara 2011a: 22).

남녀 간의 인지능력 차이는 주로 양쪽 반구의 비대칭이 얼마나 비숫해지는지 하는 수준에 따라 발생한다. 흥미롭게도 기능적 대뇌 비대칭, 즉 어떤 영향으로 좌우 대뇌의 비대칭이 순간적으로(기능적으로) 변할 때 그 변화가 성별에 따라 다르다. 남성의 경우 여성에 비해 비대칭 상태가 변하지 않지만, 여성의 경우 생리주기 동안 비대칭이 감소, 즉 양쪽 반구의 크기가 유사해지는데 이는 성호르몬이 반구 간 의사소통과 뇌 기능을 조절하는 데 중요한 역할을 할 수 있음을 나타낸다. 따라서 여성은 남성보다 좌뇌와 우뇌 사이의 기능 차이가 덜한 것으로 보인다. 좌뇌와 우뇌가 비슷하면 그 둘 간에 소통이 더 활발해진다는 뜻이다. 성인 여성과 남성 동성애자의 데이터를 종합하면 여성화된 뇌는 이성애 성인 남성의 뇌보다 비대칭 조직체가 감소(좌뇌-우뇌의 기능 차이가 적어짐)하는 것이 특징이다. 이런 남녀 간의 차이가 과연 영적-빙의 현상과 관련이 있을까? 여성이 남성보다 빙의될 가능성이 더 높은 것을 감안하면, 비대칭의 감소가 악마적 빙의(반드시 악마적임을 강조할 필요는 없음)의 위험 요인이 될 수 있다고 맥나마라는 주장한다 (McNamara 2011a: 22-3). 다시 말해서 왼쪽 뇌와 오른쪽 뇌가 비슷해지면 영적-빙의를 경험할 수 있다는 뜻이다.

영적-빙의를 뇌과학적으로 접근하는 데 도움을 주는 병이 바로 간질(뇌전증)이다. 그중에서도 특히 측두엽성 간질(temporal lobe epilepsy, TLE)은 유명하다. 이 측두엽성 간질이 때때로 고조된 종교성과 연관될 수 있다는 사실은 오래전부터 알려져 왔다. 이 환자들은 강렬한 종교적 경험을 하거나 다른 종교 종파 또는 이데올로기 등으로 반복해서 개종하는 등의 경험을 한다. 한 연구에서 종교성이 높은 TLE 환자는 일측성(오른쪽 또는 왼쪽) 발작 초점보다 양측성 발작 초점을 가지고 있었다고 보고했다. 그들은 건강한 교인 군에서보다 위대한 영적 인물이나 초자연적인 존재(악한 존재 혹은 선한 영적 존재)를 만난 경험을 자주 보고했다. 게다가 변연계(limbic system, 피질하부)와 측두엽(temporal lobe, 피질) 사이가 과잉으로 연결되어 과잉 흥분상태에 이르렀을 때 모든 종교적 형태의 TLE 증상이 발현되었다. TLE의 발작 간 행동을 정량 분석한 한 연구에서도 종교성이 높아지는 것은 감각을 담당하는 피질 부위와 피질하부 편도체를 포함한 변연계 사이의 연결 수 또는 밀도가 높기 때문이라고 밝혔다(McNamara 2011a: 23-4). 다시 말해서 대뇌의 바깥과 안이 잘 교류할 때 종교성이 높아진다는 말이다.

한편 해리성 정체성장애(dissociative identity disorder, DID, 다중인격장애)에서도 간질처럼 반구 간 비대칭 감소가 발견되었다. 해리성 정체성장애는 개인의 행동을 반복적으로 통제하는 두 개 이상의 뚜렷한 정체성 또는 인격 상태가 존재하면서, 일시적인 기억상실이나 무감각 상태가 나타날 수 있는 병이다. 이 병은 또한 환상과 잦은 신비적 경험, 시간 왜곡 등과 같은 증상을 보이는 의식상태 변화(altered states of consciousness, ASC)를 동반한다. 해리성 인격장애는 여성에서, 그리고 오른손잡이가 아닌 사람에서 더 흔하게 나타난다. 또한 해리 경험 척도가 높은 개인은 비대칭이 감소한다는 증거가 있다(McNamara 2011a: 28-9).

그렇다면 비대칭의 감소, 즉 양쪽 뇌 사이의 과-연결성이 왜 생기는가? 그것은 좌뇌와 우뇌 중간에서 양쪽 뇌를 구획 짓고 있는 반구 간 뇌량 섬유(interhemispheric callosal fibers)가 더 이상 반대 반구의 목표물을 억제할 수 없게 되면, 뇌량 섬유 간 억제가 감소하는데 그로 인해 양측 반구의 피질하부(편도체 등 변연계, 감정뇌) 기능과 피질(운동성과 감각성 피질 등, 생각뇌) 기능 사이의 연결이 강화되기 때문이다(McNamara 2011a: 24).

또한 이러한 비대칭 감소가 해리성 정체성장애(DID) 환자에서 겪는 정체성의 혼란을 어떻게 해서 일으키는지를 연구했다. 그러한 연구 중 하나는 건강한 대조군에 비해 DID 환자의 해마(hippocampus)와 그것의 끝부분에 달려 있는 편도체(amygdala)의 부피가 현저히 작다고 보고했다. 병적 DID와 외상 후 스트레스 장애(PTSD)를 동시에 진단받은 여성을 대상으로 한 기능적 자기공명 영상(fMRI) 연구에서, 인격의 변화가 양측 해마 억제를 통한 비대칭의 감소와 관련 있을 것이라고 보고했다. 이 결과는 대뇌의 비대칭 감소가 양측 해마와 편도체의 기능이 억제됨으로써 발생하는 현상임을 알려주고 있다. 이러한 발견은 우리가 무아지경(無我之境)의 신비적 경험이나 종교적 경험을 할 때 흔히 인지하게 되는 '자아를 떠나는 경험'이 바로 기억(특히 정서 기억)에 관여하는 양측 해마와 편도체의 기능이 억제되어서일지도 모른다는 추측을 가능하게 한다. 물론 본래의 성격으로 돌아오는 것은 해마의 활성화와 관련이 있었다. 이러한 결과는 정상적인 비대칭 뇌 조직으로 다시 돌아오는 것이 자아 정체성 상태의 정상화와 관련이 있음 (McNamara 2011a: 28)을 시사한다. 어떻든 양측 해마와 편도체의 기능이 억제됨으로써 나타나는 비대칭 감소가 의식상태 변화(ASC)의 빈도와 강도를 증가시키는 중요한 해부학적 공통분모 중 하나인 것은 틀림없어 보인다.

<그림3> 뇌의 구조

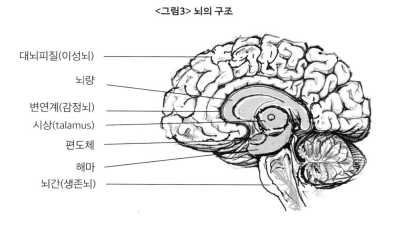

대뇌피질(이성뇌)
뇌량
변연계(감정뇌)
시상(talamus)
편도체
해마
뇌간(생존뇌)

물론 부정적 빙의 상태와 긍정적 빙의 상태 모두 인지능력이 향상될 수 있다. 그 인지능력은 부정적인 빙의의 경우 일시적이고, 긍정적인 빙의의 경우 지속적이다. 또 모든 현상은 초기의 뇌량 경유 억제 감소에 이어 변연계-피질 통합(limbic-cortical integration)이 뒤따르는지 아닌지 여부에 따라 달라질 수 있다. 긍정적 빙의에서는 이러한 연계적 통합과정이 일어나지만, 부정적 빙의에서는 이 과정이 잠시 동안 일어났다가 완전히 붕괴되어서 결국 파괴로 이어진다. 즉 일부 통합 처리가 일어나고 있는 일시적인 기간 동안 우리는 '악마'가 외국어 또는 고대 언어에 대한 초자연적인 지식이나 예지력 또는 투시력 등을 보여줄 때, 악마적 빙의의 놀라운 증상을 보게 된다(McNamara 2011a: 31).

결론적으로 좌우 뇌의 비대칭이 감소하면 대뇌피질(생각뇌)과 피질하부 조직인 대뇌변연계(감정뇌)의 교류가 활발해지면서, 양쪽 반구의 통합 능력을 촉진하게 된다. 한마디로 양쪽 반구와 동시에 피질과 피질하부의 뇌기능들이 모두 하나로 연결되어 작동하는 순간이 온다는 말이다. 이때 인간의 인지능력이 극대화된다. 그러므로 뇌가 이렇게 작동할 때 영적-빙의 상태가 일어날 수 있다는 가설이 성립된다. 간단히 말해서 양쪽 뇌가 비슷해지면, 즉 양쪽 뇌의 기능이 서로 왕성하게 교류하게 되면, 우뇌와 좌뇌 상관없이 대뇌의 외부(피질)와 내부(피질하부, 대뇌변연계)의 교류가 동시에 활발해진다. 이렇게 대뇌의 좌우와 안팎이 서로 어우러질 때 인지능력이 향상되면서 영적-빙의를 경험할 수 있다는 말이다. 이때 그것이 인간의 성숙함을 돕는 긍정적 빙의인지 아니면 파괴하는 부정적 빙의(마귀 들림)인지는 바로 그러한 통합 과정이 온전하게 일어나는지 아니면 잠시 있다가 사라지는지에 달려 있다고 그 연구들은 결론짓고 있다. 그리고 이런 경험의 시작이 대뇌 내부의 양측 해마와 편도체의 기능이 억제되는 데서부터라는 것은 시사하는 바가 크다.

이와 같은 결론은 뇌과학이 발달하기 전부터 있었던 심층심리학에서 설명하는 인간의 내면적 성숙 과정과 매우 유사하다. 우리의 정신은 90%가 무의식이고 10%가 의식이라고 흔히 말한다. 그렇기 때문에 인간은 의식적인 내가 주인이라고 확신하고 모든 일을 결정하고 계획하면서 살아간다고 생각하지만, 사실은 내가 의식하지 못하는 나, 즉 무의식적인 내가 결정하며 살아가는 존재라는 것이다. 한마디로 우리 인간은 합리적이고 계획적인 존재가 될 수 없다는 말과도 같다. 그래서 인생은 늘 뜻대로 되지 않고, 느닷없이 딴 상황이나 길로 들어선다거나 예측할 수 없는 행과 불행의 비를 맞으며 살 수밖에 없는 노숙자 신세인지도 모른다. 그런데 우리가 무언가를 깨달을 때는 가장 먼저 내가 나라고 생각하고 느끼며 살아가는 그 자신을 내려놓는 것을 경험하는 순간에서부터 시작된다. 이런 순간을 뇌과학적으로 표현하면 뇌의 내면, 즉 변연계에 있는 해마와 편도체의 기능이 억제되는 때라고 할 수 있다. 이를 다시 심리학적으로 표현하면 가짜 나인 페르소나를 의식하면서 무의식적인 참 나를 향해 서는 순간이다.

이는 바로 의식과 무의식이 만나는 순간이고, 그런 경험을 통해서 그동안 의식 밖에 있던 무의식이 의식 안으로 들어와 의식화됨으로써 우리를 각성시킨다. 그럴 때 무의식은 마치 무한한 영역의 초월적 존재처럼 느껴지기 때문에, 의식은 그 순간을 신비롭게 체험할 수밖에 없다. 이런 순간을 종교적으로 표현하면 인간이 신을 경험하는 순간이고, 물아일체(物我一體)의 순간과도 같다. 이렇게 두 극단이 만나는 순간이 바로 뇌가 통합(좌뇌-우뇌의 교류활성화와 피질-피질하부의 통합)되어

인지능력이 극대화되는 순간임은 틀림없어 보인다. 이처럼 악마적 빙의와 여성 뇌와의 관련성 연구를 시작으로 영적-빙의 전반에 관한 뇌과학적 근거를 찾아낸 것은 우리가 초월적 현상이라고 느끼는 빙의를 이해하는 데 적지 않은 도움을 준다.

긍정적 영적-빙의와 부정적 악마적-빙의

초자연적인 현상들을 우리의 삶의 현장에서 관찰할 때 우리는 서로 상반되는 빙의의 형태를 본다. 하나는 긍정적이고 통제된 영적-빙의이고, 다른 하나는 부정적이고 통제되지 않은 악마적 빙의다(McNamara, 2011a: preface). 긍정적인 영적-빙의는 일반적으로 개인이 자율적으로 조절하거나 통제할 수 있는 것이다. 그런 빙의 경험은 개인이 직접 시작하고 끝낼 수 있다는 의미에서 자발적이다. 이 경우 빙의된 개인의 의식을 활기차게 해주는 영은 일반적으로 거룩하고, 도덕적이며 타인에게 매우 호의적이고, 타인에 대한 연민(동정심)을 불러일으킬 뿐만 아니라 자기 자신 안에서는 자제력, 존엄성, 자율성을 향상시킨다. 윤리적인 면에서는 자기희생적이고 다른 사람들에게 봉사한다. 그리고 그것은 권위와 지휘력을 가지고 말하며, 현재의 순간적 자극에 휘둘리지 않게 개인에게 자유를 부여하고, 미래의 우발적 사태에 대비할 계획을 세울 수 있게 한다는 점에서 개인을 풍요롭게 만든다(McNamara,

2011b: 123).

반면에 부정적인 악마적 빙의는 자제력의 상실, 욕망에 대한 맹종, 타인에 대한 불타는 증오, 폭력적이고 열정적인 감정과 관련이 있다(McNamara, 2011a: 136). 그것은 또한 개인의 개성화를 방해하여 개인의 정체성을 확립하지 못하게 할 뿐만 아니라, 그 개인의 정체성을 집단 속으로 묻어버리려는 경향이 있다. 그렇게 함으로써 그것은 한 개인을 신과 좋은 관계를 맺으며 자기를 추구하는 삶을 살게 하는 게 아니라 단지 집단을 위해서만 살게 한다. 그러므로 집단 히스테리는 종종 악마적 빙의의 한 형태인 경우가 많다. 집단 히스테리는 광기로 이어져 결국 피를 요구한다. 이런 악마적 빙의에서는 항상 피를 흘리고, 무고한 사람을 폭력적인 살인으로 몰아가는 광포함이 난무한다. 무방비 상태의 개인이나 집단을 갈기갈기 찢어놓는 것은 틀림없이 악마의 표식이다. 그런 집단은 광기, 폭력, 안절부절이 본래의 존재론적 모습이다. 이런 형태는 비자발적이며 따라서 개인을 풍요롭게 하는 게 아니라 오히려 사회적으로 파괴적인 결과를 초래한다(McNamara, 2011b: 123-4).

어찌 보면 인간의 심리적 성장에서 빙의 경험은 필연적인 듯하다. 긍정적 형태의 영적-빙의의 순간에는 주체적 자아가 그 경험을 통해 일종의 깨달음을 얻을 터이고, 악마적 빙의를 통해서는 시험에 들게 되면서 주체적 자아의 파괴 혹은 상실을 경험할 터이다. 여기서 이런 긍정적 형태의 영적-빙의에 대한 경험이 인간 본래의 모습 중 하나인 것만은 틀림없어 보인다. 왜냐하면 생명의 씨앗이 인간이 존재하는 가장 확실한 근거라는 것을 부정할 사람은 아무도 없기 때문이다. 기독교 관점으로 다시 표현하면 생명의 씨앗이란 인간이면 누구나 갖고 태어난다고 믿고 있는 바로 그 '하나님 형상'의 파편이다. 기독교의 신조 중 하나는 '인간은 누구나 평등하게 하나님의 형상대로 빚어진 존재'라는 것 아닌가?

인간 내면 깊은 곳에 있는 이러한 긍정적인 힘은 언제라도 활성화되어 인간의 성장을 촉진할 것이다. 그러므로 인간의 본질은 언제나 긍정적 형태의 영적-빙의를 경험하려고 한다는 결론에 이른다. 이것을 심리학적 용어로는, 인간은 언제나 자신의 주체적 자아가 내면 깊숙한 곳에 자리하고 있는 자기를 만나 합일의 경험을 통해 자기 자신의 진면목을 회복하려는 본능적인 힘을 가지고 있다고 말할 수 있다. 그렇다면 악마적 빙의는 이러한 긍정적인 영적-빙의 현상과는 별개로 독립적으로 발생하는 현상이 아니라, 바로 긍정적 빙의가 제대로 일어날 수 없거나 방해를 받았을 때 발생하는 부작용이 아닐까? 다시 말해서 악마적 빙의는 인간이 능동성과 주체성을 상실하거나 손상을 입었음을 알리는 증상이 아닐까? 이제부터 긍정적 영적-빙의의 대표 주자인 예수의 영성부터 보기로 하자.

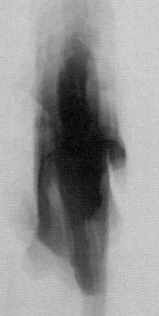

6장

예수의 긍정적 영적-빙의

패트릭 맥나마라(Patrick McNamara)는 그의 책『빙의와 퇴마 제1권』에서 영적-빙의 경험이 기독교 교리의 주요 요소와 기독교 영성의 핵심을 낳았다고 주장한다(McNamara 2011a: 127). 그러므로 예수의 긍정적 영적-빙의 경험을 돌이켜 보는 것은 무엇보다 중요하다. 긍정적 영적-빙의 경험은 그 경험에서 오는 황홀한 양상들을 잘 조절했을 때, 신앙생활에서의 성찰 의식과 내적 경험을 극적으로 풍부하게 만들어 준다. 이런 경험이 기독교의 핵심이 된 이유는 예수의 개인적 경험 때문이고, 이러한 역사적 배경이 유럽 문화에 긍정적인 영향을 주었다고 그는 주장한다(McNamara 2011a: 128).

예수의 영적-빙의 경험은 세례 요한에게 세례를 받는 순간부터 시작되었다. 이는 그의 공생애 시작을 알리는 의례였는데, 복음서는 그가 세례를 받을 때 하늘이 열렸고 하나님의 영이 비둘기의 모습으로 예수에게 내려왔다고 보고한다(눅 3:22; 마 3:16). 이러한 빙의 경험의 시작을 알리는 하나님 영의 음성은 "내가 아주 기뻐하는 사랑하는 아들이다"라고 선포한다. 그때 빙의되었던 또 다른 인격(분신)을 예수는 '사람의 아들'이라 지칭했다. 그 '사람의 아들'이란 아버지와 결합한 존재로서 하나님과 동등한 존재다(McNamara 2011a: 128). 그 후 예수는 광야로 나아가 사탄의 시험을 받으면서 영적-빙의의 절정으로 치닫는다. 사탄은 예수에게 우선 인간의 삶과 직결된 생존본능을 시험하였고, 그다음 세상 권력에 대한 욕망을, 마지막으로 그의 신앙에 대한 진정성을 시험하였고, 예수는 이 모든 것을 단호하게 물리친다.

사람의 아들이라는 영

예수는 자신의 의식에 빙의되었던 영을 때로는 '사람의 아들'(人子)로, 때로는 아버지 또는 하나님 자신으로 말한다. '사람의 아들'이 죄를 용서하고, '사람의 아들'이 안식일의 주인이므로 그 영이 하나님 자신이라는 것을 암시하고 있는 듯하다. 예를 들어 마가복음 2:1-12에 나오는 중풍병자 이야기에서 예수는 "인자가 땅에서 죄를 용서하는 권세를 가지고 있음을 너희에게 알게 하겠다"라고 선포한다.

한 중풍병자가 네 명의 친구에게 들려서 지붕을 뚫고 예수 앞에 등장한다. 그때 예수는 그 병자를 향해 "네 죄가 용서함 받았다"라고 말한다. 옆에 있던 율법학자들이 하나님밖에 죄를 용서할 분은 없는데 예수가 함부로 행동하고 있다면서 신성모독이라고 생각한다. 예수는 그들의 생각을 읽고 "네 병이 나았다"라는 말보다 "죄가 용서함 받았다"라는 말이 더 쉽다고 강조한다. 그러면서 죄를 용서하는 권세를 자신이 가지고 있음을 공표한다. 그런데 그렇게 명확하게 죄 용서함을 공표하고 있는 주체가 바로 인자, 곧 '사람의 아들'이라는 것이다. 긍정적인 형태의 영적-빙의를 경험하는 다른 많은 사람처럼, 그는 또 다른 인격의 말과 행동을 기억하고 시간이 지남에 따라 점점 더 그 또 다른 인격과 동일시되는 것 같다. 실제로 예수는 자신이 하나님의 영에 사로잡혀 있다고 명시적으로 말한다(McNamara 2011a: 128-9).

예수께서 집에 들어가시니, 무리가 다시 모여들어서, 예수의 일행은 음식을 먹을 겨를도 없었다. 예수의 친척들이 예수가 미쳤다는 소문을 듣고서 그를 붙잡으러 나섰다. 예루살렘에서 내려온 율법학자들은 예수가 바알세불이 들렸다고 하고, 또 그가 귀신 두목의 힘을 빌려서 귀신을 내쫓는다고도 하였다. 그래서 예수께서 그들을 불러서 비유로 말씀하셨다. "사탄이 어떻게 사탄을 내쫓을 수 있느냐? 한 나라가 갈라져서 서로 싸우면, 그 나라는 버틸 수 없다. 또 한 가정이 갈라져서 싸우면, 그 가정은 버티지 못할 것이다. 사탄이 스스로에게 반란을 일으켜서 갈라지면 버틸 수 없고 끝장이 난다. 먼저 힘센 사람을 묶어놓지 않고서는 아무도 그 사람의 집에 들어가서 세간을 털어 갈 수 없다. 묶어놓은 뒤에야, 그 집을 털어 갈 것이다. 내가 진정으로 너희에게 말한다. 사람들이 짓는 모든 죄와 그들이 하는 어떤 비방도 용서를 받을 것이다. 그러나 성령을 모독하는 사람은 용서를 받지 못하고, 영원한 죄에 매인다." 이 말씀을 하신 것은, 사람들이 "그는 악한 귀신이 들렸다" 하고 말하였기 때문이다(막 3:20-30).

여기서 예수는 그의 힘이 악령에 의한 빙의에서 비롯되었다는 비난을 부인한다. 그는 사탄이 어떻게 사탄을 내쫓는 자신에게 불리한 행동을 할 수 있겠느냐고 반문한다. 정말 그랬다가는 그의 왕국이 내전에 빠져 무너질 터인데 말이다. 대신에 예수는 자신을 통해 이러한 기적을 행하는 영, 즉 자신에게 빙의된 영이 바로 성령 그 자체라고 말한다. 그러므로 이 영에 반하는 말을 하는 것이야말로 신성모독이라는 것이다. 즉 그에게 빙의되어 있는 영(성령)에 반하여 말하는 죄는 용서받을 수 없다(McNamara 2011a: 130).

이스라엘 전통 속에서의 사람의 아들

'사람의 아들'은 사실 기독교에서 상당히 중요한 칭호 중 하나다. 맥나마라가 예수의 긍정적 영적-빙의의 주연처럼 이야기하는 이 '사람의 아들'이 갖는 진정한 의미가 이스라엘 전통 속에서 명맥을 이어온 바로 그 '인자'인 것은 틀림없다. 그 인자의 출현은 다음과 같은 과정을 거쳐서 성사되었다.

'사람의 아들'에 관한 이야기를 에스겔서에서부터 시작하는 것에 이의를 제기할 사람은 아무도 없다. 에스겔서는 '사람의 아들'(ben adam, 참사람)을 93번이나 언급하고 있기 때문이다(Wink/한성수 2014: 54). 그다음 '사람의 아들'은 다니엘과 에녹의 환영들에서 나타난다. 에스겔서는 바빌로니아 유배 시절인 기원전 550년경에 쓰였고, 에녹서는 기원전 100년경에 완성되었다. 그 중간쯤에 다니엘서가 나왔다. '사람의 아들'이 출현하는 과정은 곧 하나님-형상의 분화와 변형의 역사가 서서히 진행되고 있음을 말한다. 융(C. G. Jung)은 이 과정을 인류의 집단무의식이 의식화되는 과정으로 보았다. 즉 하나님-형상이 인류에게 가까이 가는 경향은 에스겔 환영에서 처음 나타났고, 그 이후 기원전 마지막 200년에 출현한 묵시문학에서 아주 빈발한다(Edinger 1992: 82). 예수 그리스도의 탄생과 죽음은 하나님이 인간으로 육화된 사건의 결정체이고, 곧 인류의 집단무의식의 의식화 과정의 결정적 단계인 셈이다.

에스겔의 환영 체험은 그 자신의 무의식에 관한 체험이라고도 볼 수 있다. 동시에 그 환영은 에스겔로 대표되는 당시 인류의 의식화 과정을 엿볼 수 있는 좋은 자료가 되기도 한다. 에스겔 1장에서 그는 환영을 본다. 4개의 큰 바퀴를 단 거대한 마차가 있고, 그것 위에 하늘의 둥근 천장이 있고, 그 천장 위에 하나님-형상이 앉아 있는데, 그는 마치 '인간의 모습'과 같았다. 여기서 핵심은 에스겔이 하나님-형상을 인간의 모습으로 파악하고 있다는 점이다. 이것은 에스겔이 무의식의 본질적 내용인 더 높은 인간의 관념을 보았다는 뜻이다. 그리고 야웨는 에스겔에게 "사람(사람의 아들)아, 일어서라. 내가 너에게 할 말이 있다"(겔 2:1)라고 말을 붙임으로 그가 옥좌에 있는 '사람', 곧 야웨의 아들임을 암시하고 있다(Jung 1969: par. 667). 이것이 하나님-형상이 인류에게 가까이 오는 첫 번째 단계다.

무의식의 동요는 수 세기 동안 지속되었다. 기원전 165년경 다니엘은 다음과 같은 환상을 본다.

내가 밤에 이러한 환상을 보고 있을 때 인자 같은 이가 오는데, 하늘 구름을 타고 와서, 옛적부터 계신 분에게로 나아가, 그 앞에 섰다(단 7:13).

다니엘은 "옛적부터 계신 분"에 관한 환영과 동시에 '사람의 아들'을 닮은 어떤 사람이 하늘에서 구름을 타고 그(옛적부터 계신 이)를 향해 내려오는 환영을 본 것이다. 여기에서 '사람의 아들'은 더 이상 선지자가 아니며, '옛적부터 계신 이'의 아들이고, 그에게는 아버지를 다시 젊게 만드는 과제가 주어진다(Jung 1969: par. 668). 이것은 인간성이 신성(godhead) 속으로 움직여 감을 보여주었다. 그러므로 이 다니엘 7장은 인류 역사에서 진정으로 계시를 드러내는 순간처럼 보인다(Wink/한성수 2014: 120). 이것이 하나님-형상이 인류에게 내려오는 두 번째 단계다.

세 번째 단계가 에녹서에서 발견된다. 에녹서는 외경으로서 한 명 이상의 작가들이 적어도 반세기 동안 쓴 작품이다. 에녹은 환영을 통해 하나님의 네 얼굴을 본다. 그중 셋은 찬양하고 기도하고 간청하는 데 몰두해 있고, 네 번째는 사탄을 물리치고 지상에 살고 있는 사탄들을 고발하기 위해 영들의 주 앞에 그들이 오지 못하도록 막고 있다 (Jung 1969: par. 673). 이 환영은 하나님-형상의 본질적인 분화를 우리에게 보여준다. 형이상학적 분열은 사탄이 천상의 궁정에서 멀리 떨어져 있는 것과 같다. 이 분열은 결국 신적 의지 안에서 더 깊은 분열이 일어났음을 보여주는 증상이다. 그 증상이란, 즉 아버지가 아들이 되기를 원하는 것, 하나님이 인간이 되기를 원하는 것, 비도덕적인 것이

선해지기를 원하는 것, 무의식이 의식적으로 책임 있게 되기를 원하는 것이다. 그러나 이 모든 것은 이제 겨우 생겨나는 상태에 있다(Jung 1969: par. 675). 융은 에녹서에서 사탄이 제거되었음을 지적한다. 형이상학적 분열이 일어나고 있는 것이다. 그리고 에녹서에서의 두 번째 변화는 에녹 자신이 바로 '사람의 아들'로 인정받은 것이다. 여기서 분명해지는 것은 인간 에녹은 신의 계시를 받은 자일 뿐만 아니라, 동시에 적어도 하나님의 아들 중 한 명인 것처럼 신적 드라마에 동참하고 있는 참여자가 됨으로써 신격화된다는 점이다(Jung 1969: par. 677).

정리하면, 본래 '사람의 아들'이 내포하고 있는 인간 존재의 위상은 에스겔서에서는 하나님의 아들인 듯이 암시받는 단계였고, 다니엘서에서는 야웨의 아들임을 인준받는, 다시 말해서 인간성이 신성 안으로 들어가는 듯한 단계였고, 에녹서에 가서는 인간이 신격화되기에 이른다. 에녹의 비유에서 보면 하나님이 계속해서 자기의 권능과 권위를 자발적으로 인간들에게 이양한다(Wink/한성수 2014: 133). 에녹의 비유는 인간을 변혁시키려는 당시의 깊은 염원을 독립적으로 증언한다. 그 염원은 '진정한 인간'이 되는 것, 즉 보다 하나님처럼 되는 것 혹은 참사람 같은 분처럼 되는 것이다. 하나님 편에서 보면 그 염원은 하나님이 성육신하려는 염원, 세상의 불의한 것들을 교정하려는 염원, 사람들이 보다 작은 목표와 기쁨을 위해 낭비하려는 초월의 가능성을 인간의식에로 가져오고자 하는 염원을 가리키는 것이다(Wink/한성수 2014: 136).

예수는 바로 이러한 인류의 염원 속에서 이 땅에 왔다. 그러므로 그의 '사람의 아들'은 묵시적이거나 신비적인 것이 아니라 바로 지금 삶의 현장에서 그 의미가 찬란히 빛나는 개념이다. 그 '사람의 아들'이라는 이미지에는 창조나 구원, 혹은 민족의 창시에 관한 드라마도 없고, 더욱이 설화나 패턴도 없다. 이것은 칭호도 아니고 별명도, 에두른 표현도, 신화도 아니고, 단지 원형적인 이미지일 뿐이다. '사람의 아들'이라는 이미지가 온전함(wholeness)을 상징하는 기능을 갖고 있기는 하지만, 메시아나 그리스도보다 덜 당당하고, 덜 전능하며, 신화의 영웅들보다 더 현실적이고 더 일상적인 존재다(Wink/한성수 2014: 147-8).

다시 말해서 '사람의 아들'이, 예수 자신이 그의 삶과 그의 일, 그의 존재 속에서 육화한 실재에 부여된 이름이라면, 복음서 전체가 이 '사람의 아들'에 관한 내용이다. 즉 '참사람'이란 예수가 무엇이었으며, 그가 어떠했으며, 그의 개성화 과정이 무엇이었는지를 의미한다는 말이다. 다시 강조하면 '사람의 아들'이란, 예수 안에 육화된 신비로운 하나님의 변혁적인 힘이고, 동시에 우리 각자 안에서 태어나기를 갈망하는 힘을 일컫는다고 말할 수 있다.

예수가 전하려 했던 사람의 아들

예수가 경험하고 실천했던 '사람의 아들'은 한마디로 하나님과 하나인 또 다른 인격체였다. 요한복음 10:30에서 예수는 "나와 내 아버지는 하나다"라고 하여, 자신 안에 거하고 그를 통해 말하는 영이 하나님 자신이라고 주장하고 있다. 예수의 이런 말에 일신교적 유대인들은 분노했다(McNamara 2011a: 132).

> 이때 유대 사람들이 다시 돌을 들어서 예수를 치려고 하였다. 예수께서 그들에게 말씀하셨다. "내가 아버지의 권능을 힘입어서, 선한 일을 많이 하여 너희에게 보여주었는데, 그 가운데서 어떤 일로 나를 돌로 치려고 하느냐?" 유대 사람들이 대답하였다. "우리가 당신을 돌로 치려고 하는 것은, 당신이 선한 일을 하였기 때문이 아니라, 하나님을 모독하였기 때문이오. 당신은 사람이면서, 자기를 하나님이라고 하였소"(요 10:31-33).

일신교를 믿고 있는 유대인들이 생각하기에 인간이면 누구라도 신이 될 수 없다. 오직 신은 하나이며 그는 물론 사람이 아니다. 그러나 예수는 다음과 같이 "나와 내 아버지는 하나"라는 것을 설명하려고 노력한다.

예수께서 그들에게 말씀하셨다. "너희의 율법에 '내가 너희를 신들이라고 하였다'(시 82:6) 하는 말이 기록되어 있지 않으냐? 하나님께서 하나님의 말씀을 받은 사람을 신이라고 하셨다. 또 성경은 폐하지 못한다. 그런데 아버지께서 거룩하게 하시어 세상에 보내신 사람이 자기를 하나님의 아들이라고 한 말을 가지고, 어찌하여 하나님을 모독한다고 하느냐? 내가 내 아버지의 일을 하지 않거든, 나를 믿지 말아라. 그러나 내가 그 일을 하거든, 나를 믿지는 않더라도 그 일은 믿어라. 그러면 너희는 아버지께서 내 안에 계시고, 또 내가 아버지 안에 있다는 것을 깨달아 알게 될 것이다." 그때에 그들이 다시 예수를 잡으려고 하였으나, 예수께서는 그들의 손을 벗어나서 피하셨다(요 10:34-39).

여기서 예수는 시편에서 하나님의 말씀을 받은 사람들은 누구나 모두 신이라고 했음을 들어 왜 자기가 "나와 내 아버지는 하나다"라고 했는지를 설명한다. 다시 말해서 예수 자신은 하나님의 말씀을 받은 자이고, 또 그렇게 하나님의 말씀을 받는 사람은 누구나 신이 될 수 있음을 말하고 있다. 그러면서 동시에 신처럼 된다는 것은 좋은 일을 하고 치유 행위를 할 수 있게 허락받는 것이라고 강변한다. 그러니까 그 자신이 신과 같다고 하는 말을 못 믿겠거든, 그가 하는 일은 믿어야 한다는 것이다. "그 일을 통해서 아버지께서 내 안에, 내가 또 아버지 안에 있다는 것을 깨달아 알게 될 것"이기 때문이다. 어쨌든 예수가 여기서 하고 싶은 말은, "빙의는 내 안에 거주하고 있는 아버지의 정체성/본질/

영/권력/의식과 그 아버지 안에 있는 나를 포함한다는 것"이고, 그런 현상이 누구에게서나 일어날 수 있다는 것이다(McNamara 2011a: 132). 그러니까 예수가 인류에게 전하려고 했던 것은 '인간 변환의 계시'를 알리는 일이었다. 즉 "나를 믿는 사람은 내가 하는 일을 그도 할 것이요, 그보다 더 큰 일도 할 것이다"(요 14:12).

엘리자베스 하우에스(Elizabeth B. Howes)는 '사람의 아들'에 대하여 이렇게 말한다(Wink/한성수 2014: 161).

> '사람의 아들'이란 말은 융 심리학에 있어서 '자기'(the Self)의 원형과 똑같은 것은 아니지만 그것에 연관되어 있다. 그것은 예수가 그의 삶을 지배해온 이미지로서, 그리고 다른 사람들이 그에게서 발견한 주요 이미지로서, 흔치 않은 방식으로 예수를 통해 활동한 '자기'를 그려낼 때 사용한 말이다. '사람의 아들'이란 말은 구체적인 삶 속에서 활동하는 '자기', 즉 희망이나 환상으로서가 아니라 실존적인 삶을 사는 '자기'를 그려내고 있는데, 그것은 '자기'와 똑같은 것은 아니다. 그리하여 우리는 인간 속으로 들어오는 하나님, 즉 예수에 의해 '사람의 아들'로 살았던 하나님의 모습을 갖게 된다.

이렇게 내면의 '자기'가 활성화되어 자유롭게 활동했던 이가 바로 '사람의 아들'이라고 불린 예수였다. 그렇기 때문에 예수는 안식일에 제자들이 곡식을 잘라 먹음으로써 당대의 도덕법을 위반했던 행위(막

2:23-28; 마 12:1-8; 눅 6:1-5)에 대하여 "안식일이 사람을 위하여 생긴 것이지, 사람이 안식일을 위하여 생긴 것이 아니다. 그러므로 인자는 안식일에조차도 주인이다"라고 대응할 수 있었던 것이다. 다시 말해서 이는 보다 높은 자기(the higher self)로부터 나오는 것을 가지고 대응할 수 있는 '참사람'이기 때문이다. 이것은 우리의 내면에서 자연스럽게 솟아오르는 참 '자기'가 활성화될 때, 우리는 율법을 위반하더라도 자유로운 선택을 할 수 있는 지혜를 가질 수 있다는 뜻이다.

정리해보면 진정한 '사람의 아들'의 의미는 다음과 같다. 즉 '사람의 아들'은 예수에게만 국한된 것이 아니고, 용서에 대한 하나님의 뜻을 아는 사람이면 누구에게라도 해당하는 것, 참으로 하나님의 성품, 곧 하나님은 용서하시는 분임을 아는 사람이면 누구에게든 해당하는 것이다. 이를 뒷받침해주는 것이 마태복음 9:8인데, 거기서 마태는 '참사람'을 집단적인 의미로 이해하고 있다(Wink/한성수 2014: 170).

무리가 이 일을 보고서 두려움에 사로잡히고, 이런 권세를 사람들에게 주신 하나님께 영광을 돌렸다.

이 구절은 앞에서 본 한 중풍병 환자를 네 사람이 데리고 와서 그 병을 치유해주는 장면의 말미에 나온다. 예수는 중풍병 환자를 죄 용서함으로 치유한 후, "인자가 땅에서 죄를 용서하는 권세를 가지고 있음"을 알린다. 그리고 그 환자가 침상을 거두어 가지고 집으로 돌아간 다음 위의 구절, 즉 "그런 권세를 사람들에게 주신 하나님께 영광을 돌렸다"라고 기록하고 있어서 그 권세가 여러 사람에게 주어졌다고 강조하고 있다.

이는 초기 기독교인들은 참사람(사람의 아들)이 예수에게만 한정된 것이 아니고, 그 자신들에게도 허용된 권위라는 의미를 분명히 알고 있었다는 뜻이다. 그 권위란 바로 병자들을 치유하고 죄를 용서하는 것이었다(Wink/한성수 2014: 171). 여기서 용서라는 것은 회개에 의한 배상으로서의 용서가 아니라, 중풍병자에게 했듯이 회개와 무관하게 무조건 용서를 선포하는 것이다. 유대 사회에서는 직업상 혹은 불운으로 배상이나 회복을 할 수 없는 사람들이 있었다. 예컨대 세금 징수원, 매춘부, 목자, 목욕탕 시중꾼, 옷 짜는 직공, 가축 무두장이, 강도 등이 그들이었다. 그들은 직업 때문에 죄인들로 여겨졌다. 이런 사람들에게 예수는 "당신들의 죄는 용서받았다! 이제 당신들은 회개할 수 있다!"(눅 18:9-14)라고 선포한다. 마가는 이런 예수의 메시지를 요약하여 "때가 찼다. 하나님의 나라가 가까이 왔다. 회개하여라, 복음을 믿어라"(막 1:15)라고 말한다. 예수의 선포에서 하나님이 가까이 왔기 때문에 비로소 회개가 가능한 것이다(Wink/한성수 2014: 170-1).

창세기 1:27에서 하나님은 당신의 형상대로 사람을 창조했다고 말한다. 이 말은 인간의 실존적 존재 방식이 어떤 형태로든지 하나님과 비슷하다는 뜻이다. 그러나 우리는 아직 완전히 하나님의 형상대로 살아갈 수 있는 참 인간이 못 된다. 지금 우리는 단지 약속어음이며, 흰

트요, 암시일 뿐이다. 그러나 그 참 인간적인 한 분이 우리 속에 신적인 영을 넣어주었으므로(겔 37:5), 돌 같은 마음을 없애고 살 같은 마음을 주어서(겔 36:26), 우리는 보다 더욱 인간적인 존재가 될 수 있다. 만일 하나님이 참으로 사람다움이라면 신성은 질적으로 다른 실재가 아니라, 그 반대로 완전히 실현된 인간성일 것이다. 즉 오직 하나님만이 참 인간적이다. 그렇다면 인생의 목적은 우리와는 거리가 먼 신적인 그 무엇이 되는 것이 아니라, 참 우리인 인간적인 그 무엇이 되는 것이다. 다시 말해서 우리는 죄와 실수를 통해서 성장하고, 시험과 잘못을 통해서 배우고, 강박감에 사로잡힌 행동으로부터 거듭거듭 구원되도록, 그래서 상처와 그 밖의 모든 결함을 지닌 채 우리 자신이 되도록 초대받았다는 뜻이다(Wink/한성수 2014: 68-9). 그런 의미에서 예수의 사명은 모든 사람의 고결함과 특별함을 있는 그대로 존중하는 온전한 인간 공동체를 창출하는 것이었음을 우리는 알 수 있다.

여기서 예수의 본래적인 충동이 무엇이었는지가 명확해진다. ① 예수는 모든 지배 형태, 즉 가부장 제도와 부녀자 및 어린이들에 대한 억압, 경제적 착취와 모든 계급의 백성들을 가난하게 만드는 것, 어린이들을 억압받는 역할과 가치로 사회화하는 주된 기구로서의 가족, 강한 자들에게 유리하고 약한 자들에게 불리한 위계질서의 권력구조, 법이 특권을 옹호하는 자들에 의해 뒤집히는 것, 사람들을 차별하는 정결법, 인종적 우월성과 자기만족 중심주의, 희생제사 제도 전체와 그 신성한 폭력에 대한 믿음 등을 정죄하면서, 하나님의 통치 혹은 '지배

없는 하나님의 질서'를 선포하였는데 이는 미래에 오고 있을 뿐만 아니라 그의 치유, 퇴마, 가난한 자들에게 기쁜 소식을 설교하는 중에 이미 동터온 것이다. ② 그는 혈연을 따라서가 아니라 하나님의 뜻을 행함에 근거하여 새로운 가족을 창조했다. ③ 그는 새로운 형태의 폭력을 만들지 않고 폭력의 악순환을 끊어버리기 위해 비폭력의 수단인 십자가의 죽음을 택했다. ④ 그는 사람들에게 지배체제와 공모했던 것을 회개하라고 요청했으며 또한 그런 체제가 그들을 비인간화시킨 여러 방식으로부터 그들을 구원하고자 했다(Wink/한성수 2014: 38). 예수의 본래적 충동은, 예수 자신을 통해 그 자신의 종교적 전통과 그것을 수호하는 사람들에게 도전하도록 이끌어간 정신이었다. 이 본래적 충동이란 바로 긍정적 영적-빙의의 결과물임은 너무도 당연하다.

긍정적 영적-빙의를 전수하려는 예수

예수는 그의 제자들에게 악마적 빙의를 포함한 빙의에 대해 많은 것을 가르쳤다. 그는 영적인 삶의 많은 부분을 앞서 말한 '긍정적' 빙의와 '부정적' 빙의의 형태로 본 것 같다. 긍정적 빙의는 이미 얘기했던 대로 타인에 대한 거룩함(청렴결백)과 연민(동정심)뿐만 아니라 자제력, 존엄성, 자율성을 향상시킨다. 악마적 빙의는 자제력의 상실, 욕망에 대한 맹종, 타인에 대한 불타는 증오, 폭력적이고 열정적인 감정과 관련

이 있다. 예수는 부정적 형태의 빙의는 긍정적 형태의 빙의로만 막을
수 있다고 생각했다. 즉 중립적인 상태는 없었다. 예컨대 마태복음 12
장에서 그는 긍정적 빙의가 잇따라 일어나지 않으면 나타나는 재-빙
의의 위험성에 대해 말한다(McNamara 2011a: 136).

> 악한 귀신이 어떤 사람에게서 나와 쉴 곳을 찾아서, 물 없는 곳을 헤맸으
> 나 찾지 못하고, "내가 나온 집으로 되돌아가겠다" 하고 말한 후에 돌아
> 와서 보니, 그 집은 비어 있고 말끔히 청소되어 있었고, 잘 정돈되어 있었
> 다. 그래서 그 귀신은 가서 자기보다 더 악한 딴 귀신 일곱을 데리고 와
> 서, 그 집에 들어가 자리를 잡고 살게 되었다. 이렇게 되면 그 사람의 나
> 중 형편이 처음보다 더 비참하게 된다. 이 악한 세대도 그렇게 될 것이다
> (마 12:43-45).

이 구절에서 보듯이 그는 제자들에게 긍정적 빙의의 중요성을 강조했
다. 또한 긍정적 영적-빙의 때의 그 영이 일상생활에서 활성화되도록
하라는 가르침도 아울러 주었다. 그는 영적-빙의 과정을 달성하면 그
영 혹은 또 다른 인격이 말할 테니 법정에 섰을 때 무슨 말을 해야 할지
걱정하지 말라고 가르쳤다. 예컨대 마태복음 10장에서 그는 다음과 같
이 말한다(McNamara 2011a: 137).

> 또 너희는 나 때문에 총독들과 임금들 앞에 끌려 나가서, 그들과 이방 사

람 앞에서 증언할 것이다. 사람들이 너희를 관가에 넘겨줄 때, 어떻게 또는 무엇을 말할까 하고 걱정하지 말아라. 너희가 무슨 말을 해야 할지, 그때에 지시를 받을 것이다. 말하는 이는 너희가 아니라 너희 안에서 말씀하시는 아버지의 영이시다(마 10:18-20).

예수가 제자들에게 가르친 내용 중에는 영적-빙의가 구원의 중심이라는 것도 있다. "영으로 다시 태어난다"라는 구절이 바로 이를 의미한다. 사람이 긍정적인 영적-빙의를 달성하지 않는 한, 즉 예수 자신이 그랬던 것처럼 성령을 육화(구체화)할 방법을 찾지 않는 한, 영적 방식은 그 사람에게 이질적일 것이다. 가령 요한복음 3장에서 니고데모는 예수의 또 다른 인격이 악령이라기보다는 거룩한 영이라는 결론을 내린 후 예수와 대화하기 위해 그를 찾아갔다(McNamara 2011a: 137).

바리새파 사람 가운데 니고데모라는 사람이 있었다. 그는 유대 의회원이었다. 이 사람이 밤에 예수께 와서 "랍비님, 우리는 선생님이 하나님께로부터 오신 분임을 압니다. 하나님께서 같이하지 않으시면 선생님께서 하시는 그런 표적을 아무도 할 수 없습니다" 하고 말하였다. 예수께서 대답하셨다. "내가 진정으로 진정으로 너에게 말한다. 누구든지 다시 나지 않으면 하나님 나라를 볼 수 없다." 니고데모가 예수께 말하였다. "사람이 늙은 뒤에 어떻게 다시 태어날 수 있겠습니까? 어머니 뱃속에 다시 들어갔다가 태어날 수야 없지 않습니까?" 예수께서 대답하셨다. "내가 진정으로 진정으로 너에게 말한다. 누구든지 물과 성령으로 나지 않으면 하나님 나라에 들어갈 수 없다. 육으로 난 것은 육이요, 영으로 난 것은 영이다. 너희가 다시 태어나야 한다고 내가 말한 것을 너희는 이상히 여기지 말아라. 바람은 불고 싶은 대로 분다. 너는 그 소리는 듣지만, 어디에서 와서 어디로 가는지는 모른다. 성령으로 태어난 사람은 다 이와 같다." 니고데모가 예수께 묻기를 "어떻게 이런 일이 있을 수 있습니까?" 하니, 예수께서 대답하셨다. "네가 이스라엘의 선생이면서, 이런 것도 알지 못하느냐? 내가 진정으로 진정으로 너에게 말한다. 우리는 우리가 아는 것을 말하고, 우리가 본 것을 증언하는데, 너희는 우리의 증언을 받아들이지 않는다. 내가 땅의 일을 말하여도 너희가 믿지 아니하거든, 하물며 하늘의 일을 말하면 어떻게 믿겠느냐? 하늘에서 내려온 이, 곧 인자밖에는 하늘로 올라간 이가 없다"(요 3:1-13).

예수는 여기서 니고데모에게 그의 삶과 의식이 변화하기 위해서는 영적-빙의 경험을 해야 한다고 말한다. 다시 태어나기 위해서, 즉 새 정체성을 얻기 위해서 그에게는 영적-빙의 경험이 필요하다는 것이다. 니고데모가 이런 일이 어떻게 이뤄질 수 있는지를 물으니까, 예수는 자신이 세례받을 때 자신에게 일어났던 것처럼 영이 하늘에서 내려와 그 안에 머물러야 한다고 답한다. 성령으로 거듭나야 한다는 표현이 바로 그것이다. 사람이 하늘나라를 얻는 유일한 방법은 영적-빙의를 통해 하늘나라가 사람에게 내려오는 것이다(McNamara 2011a: 138).

어떻든 예수는 많은 시간 그의 제자들을 영적-빙의 경험으로 이끌려고 노력했다. 그는 제자들에게 영적-빙의를 권유하려고 시도했다. 위대한 신과 성령이 동시에 많은 개인에게 빙의될 수 있다고 믿었던 것 같다. 그래서 그는 자신의 추종자들에게 빙의를 유도하기 위해 고안된 빙의 의례를 수행했다.

> 예수께서 다시 그들에게 말씀하시기를 "너희에게 평화가 있기를 빈다. 아버지께서 나를 보내신 것과 같이, 나도 너희를 보낸다" 하셨다. 이렇게 말씀하신 뒤에, 그들에게로 숨을 내뿜으시고 말씀하셨다. "성령을 받아라. 너희가 누구의 죄든지 사해 주면 사해질 것이요, 사해 주지 않으면 그대로 남아 있을 것이다"(요 20:21-23).

위의 본문은 예수의 십자가 사망 후 부활한 모습을 보여준다. 그리고 숨을 내뿜으면서 "성령을 받아라"라고 하는 의례는 초기 기독교 공동체에서 매우 중요했던 것을 보여준다. 즉 영적-빙의를 유도하기 위해 고안된 의례가 그리스도로부터 직접 받은 것이어서 그 의미가 매우 컸던 것으로 보인다. 제자들에 대한 '성령의 숨결'은 하나님이 첫 사람 아담에게 생명을 불어넣은 것을 떠올리며 수백 명이 한꺼번에 성령을 받고 황홀한 말씀이 쏟아져 나오는 오순절 체험을 연상시킨다. 그는 아마도 몸을 앞으로 구부려 전수자에게 숨을 불어넣으면서, "성령을 받아라"라는 말을 했을 것이다. 오순절 성령의 은사를 경험한 초기 교회에서 단순히 영적-빙의 의례를 찾는 것이 놀라운 일은 아닐 것이다(McNamara 2011a: 138-9).

예수는 제자들이 어떻게 하면 자신이 받았던 것과 같은 성령 곧 그 아들('사람의 아들')의 영을 받을 수 있을지 고민했다. 요한복음 6장에서 우리는 제자들이 어떻게 하면 그들의 인격(영혼) 안에 예수를 받아들일 수 있는지에 대한 예수의 또 다른 인격의 목소리를 듣는다. 결론은 놀랍게도 예수의 몸을 먹고, 그의 피를 마시는 희생 제의를 통해 들어가는 것이었다. 물론 이 '식인적' 해결책은 많은 제자에게 충격을 주었고 많은 사람이 그 자리를 떠났다. 어느 순간 예수는 이 가르침 때문에 너무나 많은 제자를 잃어 가장 가까운 12명의 제자에게도 자신을 버릴 거냐고 물었다. 그럼에도 불구하고 예수는 이 가르침을 끝까지 고수했다(McNamara 2011a: 140).

"나는 하늘로부터 내려온 살아 있는 빵이다. 이 빵을 먹는 사람은 누구나 영원히 살 것이다. 내가 줄 빵은 나의 살이다. 그것은 세상에 생명을 준다." 그러자 유대 사람들은 서로 논란을 하며 "이 사람이 어떻게 우리에게 자기 살을 먹으라고 줄 수 있을까?" 하고 말하였다. 예수께서 그들에게 말씀하셨다. "내가 진정으로 진정으로 너희에게 말한다. 너희가 인자의 살을 먹지 않고, 또 인자의 피를 마시지 않으면 너희 속에는 생명이 없다. 내 살을 먹고 내 피를 마시는 사람에게는 영생이 있을 것이요, 마지막 날에 내가 그를 살릴 것이다. 내 살은 참된 양식이요, 내 피는 참된 음료다. 내 살을 먹고 내 피를 마시는 사람은 내 안에 있고, 나도 그 사람 안에 있다. 살아 계신 아버지께서 나를 보내셨고, 내가 아버지로 말미암아 사는 것과 같이, 나를 먹는 사람도 나로 말미암아 살 것이다. 이것은 하늘로부터 내려온 빵이다. 이것은 너희의 조상이 먹고서도 죽은 그런 것과는 같지 않다. 이 빵을 먹는 사람은 영원히 살 것이다." 이것은 예수께서 가버나움 회당에서 가르치실 때에 하신 말씀이다. 예수의 제자들 가운데서 여럿이 이 말씀을 듣고 "말씀이 이렇게 어려우니 누가 알아들을 수 있겠는가?" 하고 말하였다. 예수께서 제자들이 자기의 말을 두고 수군거리는 것을 아시고, 그들에게 말씀하셨다. "이 말이 너희의 마음에 걸리느냐? 너희가 인자가 전에 있던 곳으로 올라가는 것을 보면, 어떻게 하겠느냐? 생명을 주는 것은 영이다. 육은 아무 데도 소용이 없다. 내가 너희에게 한 그 말은 영이요, 생명이다. 그러나 너희 가운데는 믿지 않는 사람들이 있다." 처음부터 예수께서는 믿지 않는 사람이 누구이며, 자기를 넘겨줄 사람이 누구인지를 알고 계셨던 것이다(요 6:51-64).

이 구절에서 예수는 사람들이 영적-빙의 경험에 대해 말하는 자신을 이해하지 못하고 있음에 화가 난 듯하다. 여기서 빵과 포도주는 예수의 또 다른 인격인 '사람의 아들'을 상징한다. 그런 상징으로 예수는 그들에게 "내가 진정으로 진정으로 너희에게 말한다. 너희가 인자의 살을 먹지 않고, 또 인자의 피를 마시지 않으면 너희 속에는 생명이 없다"라고 말한다. 그리고 그런 빙의 경험이 의례적 예식으로 들어오자마자 빵과 포도주는 단순한 상징이 아닌 게 되었다(McNamara 2011a: 141).

사람의 아들을 상실한 기독교

이러한 예수 정신은 인간에 내재되어 있던 본래의 존엄성을 회복해주
고 자주적인 자유를 경험하게 했을 것이다. 이런 존엄성 회복과 자유
가 하층계급 사람들에게 전해졌을 때, 나름 평온하게 살아가던 기득권
자들은 두려움을 느꼈을 것이다. 그래서 그들은 예수를 핍박하게 되었
다. 이런 두려움을 느낀 것은 종교 및 정치 당국자들만이 아니었다. 초
기 교회의 일부 사람들도 평민들에게 많은 도덕적 판단에 관한 재량권
을 부여하는 것에 대해 심히 두려워했다. 그런 예를 보자면, "안식일이
사람들을 위해 만들어진 것이지 사람이 안식일을 위해 생긴 것이 아니
다"(막 2:27)라는 말씀을 마태와 누가는 생략했고, 몇 개의 마가복음 사
본에서도 그 구절이 생략되어 있다. 그들도 하층계급이 그런 자유를
가지는 것이 무척 부담되었나 보다. 마태와 누가는 그 구절을 생략함
으로써 그 말을 오히려 반대의 의미로 만들어버렸다. 즉 예수 혼자만
이 '사람의 아들'이요 안식일의 주인이라는 주장으로 둔갑시킨 것이
다. 일단 '사람의 아들'이 곧 '하나님의 아들'로, 또한 메시아나 그리스
도와 단순한 동의어가 되고 난 다음에는 이제 다른 읽기 방식은 불가
능해졌다(Wink/한성수 2014: 162).

이내 기독교 역사 속에서 예수가 '사람의 아들'이기보다 '하나님의 아들'로 지칭되면서 그는 졸지에 초자연적인 존재로 둔갑하게 된다. 실제로 참사람의 원형을 지닌 사람으로서 예수는 성스러운 능력을 활성화해서 그 능력에 자신을 내맡기는 사람들에게 치유, 변환, 새롭게 태어나는 삶을 가능하게 했다. 그렇기에 예수는 자기 자신보다 더 큰 능력에 빙의되었음을 알았다고 했는데, 이런 예수가 인간 됨의 원형을 지닌 유일한 사람으로 경배되었을 때, 그는 초자연적인 존재로 둔갑하고 말았던 것이다. 그러자 예수가 인간이 되려는 투쟁과 노력에 연결되지 못하고, 오히려 그의 인격에 초점을 맞춘 종교 속에서 숭배의 대상이 되어갔다(Wink/한성수 2014: 523-4). 이러한 역사가 바울과 초기 교회에서도 이어졌다. 복음서 저자들은 그동안 잘 확립해왔던 친숙한 '하나님의 아들 기독론'을 위해서 '사람의 아들 기독론'을 포기했을 가능성이 크다. 나중에 신약성서 기록들, 계속되는 신학 문서들, 전례문들, 그리고 신조들이 '하나님의 아들'을 더 발전시키는 동안 '사람의 아들'은 기독교 토론에서 사실상 사라져 버렸기 때문이다(Wink/한성수 2014: 521).

문동환은 이런 과정을 예수와 바울을 비교하면서 다음과 같이 설명한다. 즉 예수는 인간이 하나님의 생명의 영을 품어 생명체가 되었다고 보았다. 탕자의 비유처럼 사람은 육의 유혹에 따라서 곁길로 나가기는 하나, 고난을 통하여 자신 속에 있는 영이 깨어나 생명의 길을 추구하게 된다고 보았다. 따라서 예수는 고난을 겪는 사람들을 깨우치

게 도움으로써 다시 생명의 길로 들어서게 한다. 그리고 그들로 하여
금 생명문화공동체 창출의 주체가 되게 했다. 반면에 바울은 사람의
마음속에 아담의 죄가 유전되어 인간에게 죄를 짓게 하므로 이에 대
해 속수무책이라고 한탄하면서, 이를 극복하는 길이란 예수를 구주로
믿음으로써 하나님의 용서를 받는 것밖에는 다른 길이 없다고 믿었다.
따라서 인간은 완전히 수동적인 존재가 되고 말았다(문동환 2015: 220).
이런 현상을 데이비드 테이시(David Tacey)는 기독교 전통이 교리화되
고 성문화되면서, 특히 원죄 교리가 확립되면서 인간의 내면은 죄와
부패의 장소가 되었고, 따라서 인간은 신과 교감할 수 있는 장소를 잃
게 되었다고 하였다(Tacey 2020: 36).

    어떻든 '사람의 아들' 이미지를 상실한 기독교는 사람들에게 거
짓된 겸손과 수동성만을 가르쳤고, 그 결과 사람들은 창조적인 능력을
상실하게 되었다. 이런 능력의 상실은 그리스도의 권능과 영광을 만나
지 못하는 지경으로 인간들을 몰아갔다. 왜냐하면 창조적인 행동이야
말로 인간의 본성이기 때문이다. 이처럼 기독교의 역사는 막무가내로
자주 창조적인 영을 분쇄해버렸다. 이런 전통 속에서 믿는 자들은 자
신들이 너무 높이 올라가려 하고 너무 모험을 감행한다고 하면서 자
신들의 지나친 오만에 대해 죄의식을 느껴야만 했다. 종교 당국자들은
사람들의 실패를 처벌해서, 그들이 너무 높아지지 않도록 방어하는 것
을 배우도록 만들었다. 이런 결과가 바로 한국 기독교에서 만개하고
있는지도 모른다.

사람의 아들 예수와 요한 공동체에서의 예수

지금까지 논의해온 '사람의 아들' 예수와 '하나님의 아들' 예수에 대한 오해를 풀기 위해 요한 공동체에서 본 예수에 대해 간략하게 부연 설명을 해야 할 듯하다. 이제까지 교회 전통이 '사람의 아들' 예수를 잃어버리고 '하나님의 아들' 예수를 추구함으로써 예수를 졸지에 초자연적인 존재로 둔갑시킴으로 숭배의 대상으로 만들었고, 그 결과 인간은 완전히 수동적인 존재가 되고 말았다고 설명했다. 그런데 '하나님의 아들' 예수라는 서술이 요한복음에 극명하게 출현한다. 거기에서는 '하나님의 아들'일 뿐만 아니라 그가 바로 '하나님'이라고 지칭되기도 한다. 예수를 숭배의 대상으로 만든 '하나님의 아들'이라는 개념이 요한복음에 이미 나타난 것으로 봐서, 애초부터 예수는 숭배의 대상으로 복음서에 등장하고 있는 것이 아닌가? 그렇다면 '사람의 아들' 예수에 관한 지금까지의 설명은 무언가 미흡한 주장이라고 이의를 제기할 수 있을 듯하다. 그러나 결론적으로 말해서 숭배의 대상이 되고 말았다는 '하나님의 아들' 예수와 요한복음에서 말하는 '하나님의 아들' 예수는 다른 의미다. 즉 요한복음의 '하나님' 혹은 '하나님의 아들'이라고 칭하는 예수야말로 우리가 지금까지 이야기해온 바로 그 '사람의 아들' 예수와 동일한 속성이기 때문이다. 왜 그런지 알아보자.

　초기 기독교에서 요한복음과 세 편의 요한 서신, 요한계시록의 저자로 알려진 요한은 그리스도의 신성을 가장 명징하게 표현한 사람이다. 요한복음은 예수가 최초로 로고스(말씀), 즉 "태초에 말씀이 계셨다. 그 말씀은 하나님과 함께 계셨다. 그 말씀은 하나님이셨다. 그는 태초에 하나님과 함께 계셨다"(요 1:1-2)라고 표현할 뿐만 아니라, 성육신한 하나님 또는 "아버지와 하나인 참 하나님"(요 17:3; 요일 5:20)이라고 말한다(Jörg Frey/이형일 2022: 34-35). 누가와 마태가 예수를 하나님의 아들이자 모든 권세가 주어진 종말론적 재판장(마 28:19)이라고 소개하고 있다면, 마가는 여전히 하나님이라는 표현을 예수에게 적용하는 것을 피한다. 그러나 요한복음에서는 상황이 완전히 바뀐다. 예수는 선재적 존재 또는 신적 로고스일 뿐만 아니라 성육신하고 십자가에 못 박히고 부활한 존재로서 "독생자", "아들", 그리고 명시적으로 "하나님"(요 1:18; 20:28)이라고 불린다. 다시 말해서 눈에 보이지 않는 하나님은 오직 자신의 유일한 형상, 곧 나사렛 예수라는 이 땅의 인물을 통해서만 드러나고, 오직 그분 안에서, 그리고 그를 통해서만 아버지를 볼 수 있듯이(14:7, 9) 예수는 복음서 초반부터 결말 부분(20:28)까지 '하나님'으로 소개된다(Jörg Frey/이형일 2022: 40-41).

그러나 우리는 이 세상에서 육신을 가지고 살며 심지어 로마의 십자가 처형으로 저주받은 범죄자로 죽은 한 인간을 신적 존재로 간주하는 주장을 쉽게 이해할 수 없다. 그는 유대인이며, 아버지와 어머니가 있고, 특정 지역에서 특정 장소와 특정 기간에 활동한다. 그는 피곤하고, 목마르며, 눈물을 흘리고, 열정적이며, 궁극적으로는 인간의 죽음, 즉 고귀한 죽음과는 거리가 먼 치욕적인 죽음으로 생을 마감한다. 십자가에 못 박힌 이 사람은 군인들에게 모욕과 구타를 당하고, 마지막으로 입고 있던 옷은 벗겨지고 마침내 벌거숭이가 된다. 그렇다고 예수의 신성이 그의 인성의 축소로 성취되는 것은 아니다. 예수를 신의 색채로 묘사하고, 그를 '하나님'으로 부르면서 동시에 그의 육신과 감정, 고통과 죽음을 그대로 드러낸 저자의 역설은 요한복음에 대한 가장 강력한 신학적 도전이다(Jörg Frey/이형일 2022: 42-43).

　요한은 왜 예수를 그런 역설로 표현하고 있을까? 그것은 요한복음이 바로 부활 이후의 관점에서 본 예수 이야기에 대한 회고록이기 때문이다. 제자들은 예수가 긍정적 빙의를 통해 깨달아 행한 말씀과 행위를 지상 사역 기간에는 전혀 이해하지 못하고 오직 부활 이후에 성령이 기억나게 해줌으로써(요 4:25-26; 16:13-15) 비로소 참된 깨달음을 얻게 되었던 것이다. 그 깨달음은 예수의 십자가 상의 죽음이 처절한 절망의 순간이 아니라 하나님이 인간 안에서 역사하신 영광의 순간이라는 것이다.

　다시 말해서 만약 십자가에 못 박힌 자가 궁극적으로 하나님이라면 아버지는 아들의 죽음으로 인해 영향을 받지 않을 수 없다. 이를 달리 표현하면, 살아 계신 하나님은 죽을 수밖에 없는 자들의 편에 그대로 머물러 있지 않고, 인간의 죽음과 인간의 역사를 모두 포용하신다. 따라서 하나님 아들의 죽음을 통해 하나님 '아버지'의 형상은 크게 재구성되고 구조적으로 변화한다. 그러니까 하나님은 이제 '아들'과의 독점적인 관계를 통해 새롭게 궁극적으로 다음과 같이 정의된다. 즉 아들은 자신의 사역 안에서, 그리고 아버지를 반영하는 방식으로 하나님을 보여주고, 이로써 예수를 보는 자는 아버지를 본다(요 14:7, 9). 따라서 어떤 형상으로도 표현할 수 없는 눈에 보이지 않는 하나님은 그리스도 안에서, 그리스도의 역사가 시작된 이래로 한 형상을 갖게 되는데, 이 형상은 하나님의 본성을 알 수 있는 유일한 수단이 된다(Jörg Frey/이형일 2022: 98-99). 여기서 하나님의 본성이란 우리가 지금까지 설명해온 바로 '사람의 아들'로서의 속성임엔 틀림없다. 그러므로 우리는 사람의 아들로서의 예수를 본받음으로써 하나님을 만나고 그와 동행하는 삶을 살 수 있는 것이다.

그러므로 예수의 신성을 이유로 그를 초월적 존재로 여기는 '존재론적 이해'는 부적절해 보인다. 따라서 예수를 숭배의 대상으로만 보는 것은 비성서적이다. 이것을 인정한다면 예수의 신적 권위와 정체성에 대한 '기능적 이해'는 가치 있는 해석이 된다. 눈에 보이지 않는 하나님이 예수의 사역과 그의 서술된 역사 안에서 영원한 사랑으로 우리 인간과의 관계를 통해 나타나셨기 때문에 예수는 신적 존재로 묘사될 수 있다(Jörg Frey/이형일 2022: 101). 요한1서 4:16은 이렇게 말한다. "우리는 하나님께서 우리에게 주시는 사랑을 알고 믿었습니다. 하나님은 사랑이십니다. 사랑 안에 있는 사람은 하나님 안에 있고, 하나님도 그 사람 안에 계십니다." 그런 사랑의 하나님이 바로 '사람의 아들'로서의 예수다.

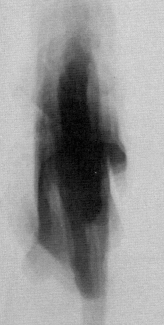

7장

치유받는 자의 주체적 태도

6장에서 우리는 인간과 신의 완전한 결합체로서의 예수, 즉 또 다른 인격인 '사람의 아들'로서의 예수의 긍정적 영적-빙의를 이야기했다. 이제는 그런 예수가 병자들, 곧 개인 차원에서 소위 악마적 빙의를 경험하고 있는 사람들을 만났을 때 어떻게 그들의 악마적 빙의가 걷히는지, 즉 어떻게 치유 기적이 일어나는지를 병자들의 입장에서 심리학적으로 보려고 한다. 이를 위해 우선 예수의 종말론을 간략히 정리하는 데서부터 시작하는 것이 도움이 될 것이다.

예수와 종말론

예수와 종말론은 어떤 관계가 있나?

마가복음 1:21-28에 보면, 예수가 공생애를 시작할 때 제자 넷을 부르신 다음 곧바로 회당에서 더러운 마귀 들린 사람을 고치는 일부터 한다. 이것은 단순히 마귀를 쫓아내 병을 고친 이야기가 아니다. 그런데 사람들은 이것을 액면 그대로 받아들여서 예수를 한낱 초월적 힘을 가진 치료자의 위치에 두고만 있다. 마귀를 쫓아내는 일로만 보면 그 옛날엔 그것이 그리 특별할 것도 없는 일임은 상식에 가깝다. 예컨대 예수의 제자들(막 6:13; 눅 10:17), 유대인 마귀 축출자들(마 12:27; 눅 11:19), 예수의 이름을 마법적인 부적으로 사용했던 무소속의 떠돌이들도 모두 마귀를 제압할 수 있었기 때문이다. 그러므로 예수를 초월적 치유자로만 보는 것은 예수의 본래 메시지를 잘못 보고 있는 것이다.

예수의 퇴마 행위는 일정 부분 묵시적 종말론과 연결되어 있는 것처럼 보인다. 마귀 축출은 "하나님 나라가 지금 오고 있는 것"을 보여주는 것이기 때문이다. 누가복음 11:20에서도 "내가 하나님의 능력으로 마귀를 내쫓는 것이면, 하나님의 나라가 너희에게 왔다"라고 증언한다. 그 종말의 때에는 그동안 이 세상을 지배하고 있던 악의 세력이 점차 패배하게 된다. 그러니까 자신이 종말의 때를 열고 있다고 확신한 예수가 제일 먼저 해야 할 것이 바로 이 세상 지배자였던 마귀를 쫓아내는 일이 되어야 함은 당연했다. 예수는 열두 제자를 부르는 자리에서도 그들을 부르는 이유 중 하나가 마귀를 내쫓는 권능을 주기 위해서라고 한다(막 3:15). 또 마가복음 6:7에 "열두 제자를 가까이 부르셔서 그들을 둘씩 짝지어 보내기 시작하셨는데 그들에게 악한 마귀를 제어하는 권능을 주셨다"고 말한다. 예수 자신도 마귀를 쫓아내는 행위 때문에 유다 지도자들에게 비판의 표적이 된다(막 3:22-27). 게다가 누가복음 10:18에서 예수는 사탄이 하늘에서 떨어지는 것을 보았다고 말하지 않는가? 따라서 "마귀를 쫓아냈다" 함은 곧 "지금 예수의 하나님 나라가 이 땅 위에 오고 있다"는 말과 같다. 이 말은 많은 민중에게는 당연히 희망이 되었지만, 권력층에게는 두려움이 되었다. 왜냐하면 하나님 나라의 도래를 의미하는 마귀 축출은 개인이나 제도, 혹은 사회를 악의 속박에서부터 창조의 본래적인 온전함(wholeness)으로 회복시키는 구원 행위였기 때문이다.

묵시적 종말론

예수의 종말론은 어디서부터 유래된 것일까? 종말론은 역사적 종말론과 묵시적 종말론으로 나누어 볼 수 있는데, 역사적 종말론은 기원전 6세기를 전후한 바빌로니아 포로기 때 예언자들에 의해 형성되었고, 묵시적 종말론은 기원전 2-3세기경 셀레우코스(Seleucus) 왕조, 특히 안티오코스 4세의 지독한 핍박 상황에서 형성되었다. 역사적 종말론은 계속되는 시련과 좌절 속에서, 현재 하나님이 다스리고 있다는 이스라엘의 신앙을 미래적 희망으로 바꿔놓으려는 시도였다. 그들은 하나님이 머지않아 이스라엘을 다시 하나님의 백성으로 세우기 위해 역사를 새롭게 전환시킬 것이라는 희망을 선포했다. 그러니까 이때의 종말은 역사 안에서 일어나는 사건이었던 것이다. 반면에 묵시적 종말론은 메시아주의의 형태를 띤 묵시 사상적 종말론이다. 묵시 사상은 미래의 종말에 이르는 역사적 과정을 제시하는 시간표가 아니라, 현재에 하나님의 승리를 신실하게 고대하면서 곧 사라질 이 세상의 모든 불의에 편승하지 말고 오히려 저항할 것을 촉구하는 신학적 메시지다. 기원전 175년 극단적 헬라주의자 안티오코스 4세가 유대 땅을 지배하면서 일어났던 재앙적 사건은 나치보다 더 악랄한 핍박을 야기했고, 그로 인해 세계의 마지막 때에 대한 신앙인 묵시적 종말론이 싹트게 된 것이다.

신약성서의 종말론 특징

예수의 종말론은 묵시적 종말론이라고 단순하게 단정하기는 어렵다.

그는 메시아주의자도 아니었고, 다윗 왕국의 재건을 꿈꾸지도 않았기 때문이다. 그가 지금 오고 있다고 믿었던 하늘나라에 대한 가르침을 보더라도 묵시적 종말론과는 차이가 있어 보인다. 다시 말해서 하나님의 새 창조를 말하면서 현세에 대한 부정적인 입장을 견지하는 묵시 사상이 예수의 종말론을 소개하고 있는 신약성서에서는 수정의 과정을 거친다는 말이다. 첫째, 신약성서는 하나님의 새 창조(하나님 나라)가 예수 안에서 이미 실현되었다고 주장한다. 그러나 아직 구원받지 못한 세상의 현실 앞에서 현재를, 종말을 향해가는 옛 사상과 이미 예수 안에서 시작된 새 세상이 겹치는 상황으로 제시한다. 둘째, 신약성서는 하나님의 새 창조와 옛 창조의 불연속성뿐 아니라 연속성도 주장한다. 창조의 하나님과 새 창조의 하나님이 서로 다른 분이 아니라는 것이다. 여기서 우리는 신약성서의 종말론에 내재되어 있는 갈등을 발견하게 된다. 즉 하나님의 새 창조가 옛 창조를 지양하면서도 옛 창조를 소멸시키지는 않는다는 역설 말이다. 달리 표현하면 창조의 정체성은 보존되면서 질적인 변화를 겪게 된다는 것이다.

물론 하나님 나라의 본질이 종말론적 속성만 있는 것은 아니다. 베일리(Kenneth E. Bailey)는 하나님 나라의 본질에 대한 고전적 이해를 다음과 같이 네 가지로 분류했다. 첫째, 하나님 나라를 종말론적인 관점에서 본 견해다. 이는 역사의 마지막에 하나님 나라가 선물로 주어진다는 점에 초점을 맞춘다. 둘째, 신비주의적 이해에서는 하나님 나라가 신자들의 마음속에 있다고 본다. 이들은 주로 하나님 나라를 하늘에 있는 것으로 이해하고, 그리스도인들의 삶을 그 하늘나라에 들어가려는 준비로 본다. 셋째, 정치적 이해로서 이 견해는 하나님 나라를 특정한 제국 속에서 발견한다. 넷째는 하나님 나라와 교회 제도를 동일시한다(Bailey/박규태 2016: 185-6).

예수의 하나님 나라는 이 중 어느 한쪽으로 치우쳐 있지 않다. 하나님 나라는 예수가 말하고 행했던 모든 것을 포함한다. 하나님 나라는 어린이처럼 다가가야 할 나라이고, 부자는 들어가기 힘든 나라다. 하나님 나라는 하나님을 사랑하고 이웃을 사랑해야 하는 나라다. 무엇보다도 하나님 나라는 이 세상과 관련된 나라다. 그렇기 때문에 평화와 정의와 환경과 다른 많은 일들이 하나님 나라 강령의 중심을 이룬다. 그러므로 하나님 나라는 소망을 품고 미래를 내다보면서, 지금 여기서 마음속에 그 나라의 복을 받아들이려고 노력하고 확신하는 우리들의 결단을 필요로 하는 그런 나라다(Bailey/박규태 2016: 186-7). 이런 예수의 노력을, 문동환은 그가 이 땅에 생명문화공동체를 세우려 했다고 설명하는데 한편 일리가 있다.

이처럼 예수에게 마귀 축출은 이러한 하나님 나라의 도래를 의미하는 것이었다면, 그 당시 그 축출의 현장에서 예수와 마귀 들린 사람 사이에서 어떤 일들이 벌어졌던 것일까? 그때 우리가 이미 알고 있듯이 예수가 마귀한테 "네 이름이 무엇이냐?"고 물으며 어떤 신적 권위를 가지고 "거기서 나가라"고 하는 행위를 한 게 전부였을까?

신앙 치유 기적의 핵심

'사람의 아들'로서의 예수는 '인자'라는 명칭을 자기 자신을 가리킬 때만 국한해서 사용했는데, 그 의도는 아마도 예수가 자신에게 영광스러운 칭호를 사용하는 것을 피하고, 단지 '그 사람' 혹은 '인간'으로 알려지는 것을 더 좋아했기 때문인 것 같다. 게다가 지금까지 정리해본 바에 따르면, '사람의 아들' 칭호는 예수 개인만을 위한 것이 아니라 하나님을 사랑하는 모든 사람에게 부여되는 것이었다. 그러므로 그는 분명히 사람들이 보다 진정한 인간이 될 수 있도록 도와주는 것을 자신의 임무라고 보았던 것이다. 그러므로 '사람의 아들'이라는 것은 스스로는 변화하지도 변화되지도 않으면서 그에게 감히 다가와 접촉한 사람들을 변화시키는 사람, 즉 인간의 변환을 위한 촉매작용을 하는 사람이라는 가설을 세울 수도 있다(Wink/한성수 2014: 11). 이러한 이해 속에서 치유 기적이 심리학적으로 어떻게 진행되는지를 보려고 한다.

어떤 병에 대한 치유가 일어날 때 우리는 두 측면을 보게 된다. 한쪽 끝에는 병자가 있고, 다른 쪽 끝에는 치유자가 있다. 병이 나았을 때 치유자에게 초점이 맞춰지는 경우 우리는 그 치유자의 초능력을 경외하면서 그로 인해 그를 신적 인간으로 추앙한다. 그럴 때 우리가 일상적으로 봐왔던 슈퍼맨으로서의 예수를 발견한다. 이것은 '사람의 아들'로서의 예수가 아니라 '하나님의 아들'로서의 예수다. 그러나 예수가 공표했던 "때가 찼다. 하나님 나라가 가까이 왔다. 회개하여라. 복음을 믿어라"라는 메시지, 즉 지금 오고 있는 종말의 때가 우리가 이제 껏 지배체제와 공모했던 것을 회개하고(Wink/한성수 2014: 38) 결단해야 하는 순간이라는 메시지를 받았을 때, 우리는 슈퍼맨 예수 쪽보다 병을 치유받기 원하는 사람 쪽에 관심을 두게 된다. 왜냐하면 예수의 메시지는 "내가 전능자이니 나의 능력을 보고 나를 믿으라"라고 하는 것이 아니라, 지금 이 순간에도 끊임없이 우리의 결단을 촉구하고 있기 때문이다.

　게다가 슈퍼맨이라는 존재는 사람들에게 그들 자신의 신념이나 가치관을 재평가하도록 각성시키지도 않고, 사람들을 변화의 고뇌 속으로 초대하지도 않는다. 슈퍼맨은 인간의 그런 차원에 대해선 도무지 흥미가 없는 존재이기 때문이다. 그는 또한 악당들에게도 그들을 외부의 캄캄한 세계 속으로 내몰기는 해도, 악의 속박으로부터 그들을 자유롭게 구원하거나, 혹은 참된 인간 됨으로 회복시키려 하지도 않는다. 그렇기 때문에 예수의 마귀 축출 행위는 초능력의 치유 기적에 초점이 있는 것이 아니라, 인간이 스스로의 결단을 통해 자신의 가치, 회복할 권리, 악의 지배하에 있는 상황에 대항할 용기, 그리고 자의식을 어떻게 자각해가는가에 초점이 맞춰져 있다는 말이다. 이때의 예수는 '사람의 아들'로서의 예수로서 우리가 다루었던 그런 유형의 인물이다. '사람의 아들'이라는 용어가 모든 사람에게 적용된다는 점을 감안하면 치유의 순간에 그 병자들이 어떻게 변화되는지를 유추할 수 있다. 다시 말해서 '사람의 아들'이라는 측면에서는 병자로서의 인간도,

'사람의 아들'로서의 기능을 하고 있는 예수 못지않게 그 자신의 내면에 있는 바로 '그 사람의 아들 속성'을 깨닫는 주인공이 되는 순간이다.

이처럼 신약성서의 하나님 나라는 피동적으로 기다려야 하는 그런 어떤 때가 아니라 지금 여기서 시작되고 있어서 각 개인이 주체적으로 자각하고 동참할지 말지를 결단해야 하는 때다. 사람들이 이런 결단을 한다는 것은 자기 자신을 내려놓는다는 것이며, 죽기까지 자기 생명을 아끼지 않는다는 뜻이다. 다시 말해서 예수는 약한 사람들에게 근본적인 인간성을 긍정하도록 하는 방법을 제공하였고, 그것을 멀리 떨어진 미래에서 찾는 것이 아니라 지금 여기 억압이 벌어지고 있는 현장에서 찾았다.

바로 이런 결단의 순간에, 즉 사람들이 불의 앞에서 무력감을 느끼지 않고 스스로 자신들과 상황을 바꿀 수 있음을 깨닫는 모든 순간마다 사탄은 쫓겨난다. 사탄은 어떤 존재가 아니라 사람들이 해방되는 매 순간 쫓겨나는 현상이기 때문이다. 여기서 우리가 자칫 간과할 수 있는 요소가 있는데, 바로 사회적 배경으로서의 마귀의 힘이다. 한 개인의 결단은 곧 사회적 배경에 깔려 있는 제도적인 악한 힘에 대항하는 것이고, 그런 결단이 성공하면 제도적인 악한 기운은 약해진다. 그러므로 예수의 치유 행위는 개인적 결단을 통한 치유인 동시에 사회적 악을 물리치는, 두 가지 목적을 성취하기 위한 것이었음을 우리는 볼 수 있다. 지금까지 설명한 치유 현장에서의 치유자와 환자의 측면을 요약하면 〈표4〉와 같다.

〈표4〉 치유 현장의 두 측면

치유자에게 초점이 맞춰질 때	치유받는 자에게 초점이 맞춰질 때
치유자의 초능력 강조로 신적-인간의 능력을 추앙하게 됨	치유자의 초능력에 초점이 있지 않음
슈퍼맨-예수만을 보게 되므로 인간의 결단은 필요치 않고 순종만 강요받게 됨	인간이 자신의 가치, 회복할 권리, 사회악에 대항할 용기, 자의식 등을 자각하는 데 초점이 맞춰짐. 그때 사탄은 쫓겨남
'하나님의 아들'로서의 예수가 주인공	'사람의 아들'로서의 예수의 역할과 동시에 치유받는 자 내면의 '사람의 아들'이 자각됨으로 변화가 일어남

치유받는 자와 치유자의 태도

위와 같은 설명에 이의를 제기할 만한 기사들도 있다. 예컨대 누가가 보기에 기적은 직접 성령이나 성령의 능력에 기인한다. 누가에게 능력은 비인격적으로 작용하며 어떤 신자의 접촉에도 반응하는 초자연적인 힘과 같은 자극이라는 헐(John M. Hull)의 말은 일리가 있다. 왜냐하면 누가복음 5:17("예수께서는 주의 능력으로 병을 고쳐주고 계셨다")과 8:46("누군가 내게 손을 댔다")에서 능력은 즉각적이고 비인격적으로 작용하며 예수의 인식이나 승인이 없이도 믿는 모든 사람의 접촉에 반응하기 때문이다(Twelftree/이용중 2020: 204-5).

그러나 이런 설명에서 간과되고 있는 것은 바로 "믿는 사람들의 어떤 자세가 어떻게 성령을 움직이는가" 하는 면이다. 기적은 성령의 능력으로 일어나며, 그런 능력이 예수에게 주어졌다고 복음서는 말한다. 그러나 그 복음서의 기록은 여기에서 멈추지 않는다. 예컨대 앞에서 이미 본 누가복음 5:17에서도 "예수께서 주의 능력으로 병을 고쳐주고 계셨다"라고 한 후 한 중풍병자를 친구들이 침상을 메고 와서 많은 사람 때문에 직접 들어갈 수 없으니까 지붕을 뚫고 예수 앞에 달아내린다. 그때 예수는 그들의 믿음을 보시고 "네 죄가 용서함을 받았다"라고 한다.

여기서 우리는 친구들의 간절한 믿음과 그들에게 몸을 맡긴 채 마지막 실낱같은 희망에 절망스럽게 매달려 있는 그 중풍병자의 심정을 느낄 수 있다. 예수께서 "그들의 믿음을 보시고"라는 표현은 바로 성령의 치유 능력이 발휘되는 조건을 명시한 것이라고 생각한다. 다시 말해서 성령의 능력은 치유받고자 하는 사람의 믿음에 의해 작동되는 것이다. 그때 예수는 그 중풍병자를 향해 "네 죄가 용서함을 받았다"라고 선포한다. 이 선포는 그를 죄책감에서 해방시켰을 것이 분명하다. 그렇다면 그의 중풍병은 거의 틀림없이 죄책감과 연결되어 있었을 가능성이 매우 높다.

이 장면에서 서기관과 바리새인들이 예수를 부정적으로 봐서 논쟁이 시작되었음을 전해주고 있다. 그들은 트집 잡기를 "하나님 한 분밖에 누가 죄를 용서할 수 있는가?"라고 하면서 예수를 신성모독 하는 자로 낙인찍으려 한다. 이는 예수의 말이나 치유 행위 안에 숨어 있는 기득권 세력과 불평등 사회에 대한 저항으로서의 하나님 나라의 도래라는 메시지를 강하게 부정하고 있는 것과 같다.

　"'네 죄가 용서함을 받았다'라고 말하는 것과 '일어나서 걸어가거라'라고 말하는 것 가운데서 어느 편이 더 말하기가 쉬우냐?"라고 하면서 예수는 "인자가 땅에서 죄를 용서하는 권세를 가지고 있음을 너희들이 알게 하겠다"라고 하고 중풍병자에게 "일어나서, 네 침대를 거두어 들고 네 집으로 가거라"라고 한다. 여기서 죄 사함을 받았다는 말이 더 쉽다는 뜻은 그 말이 바로 예수를 믿고 다가오는 사람들에게 가장 절실한 답이기 때문은 아니었을까? 힘없고 약한 자들이 죄인으로밖에 살아갈 수 없었던 사회에서 "죄 사함 받았다"는 말보다 더 치유력이 강한 말이 있을까? 여기서 예수가 자신을 인자로 지칭하고 있음은 그동안 우리가 논의해온 '사람의 아들'이 가지고 있는 의미를 새삼 되새겨 보게 한다.

　한편 누가복음 8:46에서 예수는 "누군가 내게 손을 댔다. 내게서 능력이 빠져나간 것을 나는 알고 있다"라고 한다. 이 이야기는 12년 동안 혈루증으로 고생하던 여인이 예수의 옷에 손을 댄 후 혈루증이 즉시 그치는 기적이 일어났음을 전해주고 있다. 이 이야기에서도 비인격적이고 초자연적으로 작동하는 성령의 치유 능력이 발휘되는 데는 전제조건이 필요했음을 보여준다. 그것은 바로 치유될 것을 믿는 자의 태도다. 12년 동안 혈루증으로 고생하던 그 여인의 간절함이 없었으면 그런 기적은 일어날 수 없었다. 그리고 그녀의 과감한 행동이 그 뒤를 따른다. 그러고 나서야 비인격적이고 초자연적인 성령의 능력이 그녀를 낫게 하였다. 이런 과정을 예수는 한마디로 정리하여 선언한다. "딸아, 네 믿음이 너를 구원하였다. 평안히 가거라."

'치유받는 사람의 태도가 더 중요하다'는 생각이 신약성서의 견해에 더 가깝다는 것을 간접적으로 알 수 있는 예가 사도행전에 나온다. 사도행전 8:9-24에 보면 사마리아 성에 살던 마술사 시몬이라는 사람이 등장한다. 그는 마술을 행하여 사마리아 백성을 놀라게 하며 자칭 큰 자라고 했다. 낮은 사람부터 높은 사람에 이르기까지 "그가 하나님의 능력을 행한다"라고 하며 다 그를 따랐다. 그때 빌립이 사마리아 성에 와서 많은 사람에게 붙었던 더러운 귀신들을 쫓아내고 또 많은 중풍병자와 못 걷는 사람을 낫게 하였다. 그런데 여기서 사도행전 기록의 특이한 구절이 나온다. 즉 빌립이 마치 시몬처럼 행한 행위의 우월성 때문에 사마리아 사람들이 빌립에게 세례를 받았다고 설명하지 않고, "빌립이 하나님 나라와 및 예수 그리스도의 이름에 관하여 전도함을 그들이 믿고 세례를 받았다"고 표현한다. 시몬도 믿고 세례를 받은 후 전심으로 빌립을 따라다니며 그 나타나는 표적과 큰 능력을 보고 놀라워했다고 한다. 예루살렘에 있는 사도들이 사마리아의 이런 변화를 보고받고 내려가서 그들이 성령 받기를 위해 안수기도하여 성령 받는 것을 시몬이 보았다.

여기서 시몬이라는 사람의 관심은 "하나님 나라와 예수 그리스도의 이름"을 듣고 결심하는 자의 태도에 있지 않고 성령을 받고 행해지는 기적의 권능에 집중되어 있음이 극명하게 드러난다. 시몬은 "내가 돈을 줄 터이니 내게도 그 권능을 주어 누구든지 내가 안수하는 사람은 성령을 받게 해달라"고 청한다. 한마디로 그는 성령을 받을 수 있는 믿는 자의 태도에는 관심이 없이, 다만 그런 능력을 발휘하는 자의 입장에서만 그 현상을 보고 있었다. 다시 강조하건대 그는 성령의 은사를 베푸는 자의 권능에만 관심이 집중되어 있었던 것이다.

이런 시몬에게 베드로가 "네가 하나님의 선물을 돈 주고 살 수 있다고 생각하였으니 네 재물과 네가 함께 망할 것이다"라고 말한다. 여기서 핵심은 빌립의 기적적인 치유 행위만이 아니라, 그런 행위가 성사되는 과정과 그 결과로서의 사람들의 회심(자각)이다. 그 회심이란 하나님 나라 도래와 예수에 대한 믿음을 통한 삶의 변화가 아니겠는가? 그러므로 성령의 치유 능력은 믿는 자의 태도에 따른 하나님의 선물이지 그 능력을 가진 자의 은전이 아니다.

누가복음 10장을 보면 예수는 칠십 인의 제자들을 각 동네에 보내 전도를 시작한다. 그런데 당부하기를 "그들이 환대하지 않으면 발에 묻은 먼지도 그곳에 떨어버리고 하나님 나라가 가까이 왔음만을 알리라" 하고, 환대하는 사람에게만 "차려놓은 음식을 먹고 병자들을 고치고 하나님 나라가 너희에게 가까이 왔음"을 알리라고 이른다. 칠십 인이 돌아와서 "주님, 주님의 이름을 대면 귀신들까지도 우리에게 복종합니다"라고 하며 기뻐하니까, 예수가 "사탄이 하늘에서 번갯불처럼 떨어지는 것을 내가 보았다"라고 하면서 "귀신들이 너희에게 굴복한다고 해서 기뻐하지 말고, 너희의 이름이 하늘에 기록된 것을 기뻐하여라"라고 당부한다. 이 말의 의미는 너희는 스스로 치유 능력에 현혹되지 말라는 경고다. 여기서도 우리는 치유 능력으로서의 성령의 힘을 그 능력을 행하는 자에게 일방적으로 부여하고 있지 않음을 본다. 그 능력은 전적으로 그것을 믿고 받아들이고 있는 믿는 자들에게 초점이 맞춰져 있다.

그런데 믿는 사람의 마음가짐이나 그 믿음의 진실성에 초점을 맞춰 치유 능력 기사를 보다 보면, 다음과 같은 구절에서 막히게 된다. 즉 거라사 지방의 귀신 들린 사람이 예수를 향해 "지극히 높으신 하나님의 아들 예수여!"라거나, 점치는 귀신 들린 여종이 사도 바울에게 "이 사람들은 지극히 높은 하나님의 종으로서 구원의 길을 너희에게 전하는 자"라고 외친다. 이 장면에서 우리는 치유를 갈구하는 믿는 자들의 태도보다 치유 능력을 행하는 자의 권위와 위상이 치유 행위에 영향을 주고 있음을 간접적으로 보게 된다.

이 경우에 공통점은 퇴마 방법이 "권위 있는 원천에서 나온 지시"인 "내가 명한다"라는 명령어를 사용한다는 점이다(Twelftree/이용중 2020: 223). 거라사의 귀신 들린 사람에게서 귀신을 쫓아낸 예수가 이 단어를 사용하고 있고, 바울 또한 점치는 여종으로부터 귀신을 쫓아낼 때 이 단어를 쓴다. 예수는 성령 충만함(눅 4:1)을 받고, 회당에 들어가 "주의 영이 내게 내리셨다. 주께서 내게 기름을 부으셔서, 가난한 사람들에게 기쁜 소식을 전하게 하셨다. 주께서 나를 보내셔서, 포로 된 사람들에게 자유를, 눈먼 사람들에게 다시 보게 함을 선포하고, 억눌린 사람들을 풀어주고, 주의 은혜의 해를 선포하게 하셨다"(눅 4:18)라는 이사야의 글을 인용하여 자신의 사명과 성령의 인도함 받음을 천명한다. 그러므로 그는 그런 성령의 능력으로 기적을 행했다. 반면에 바울은 퇴마 상황에서 예수의 권위를 끌어들인다.

어떻든 이런 상황은 치유를 갈구하는 신앙인의 태도보다 마귀를 내쫓는 사람의 능력이 강조되고 있는 것만은 틀림없어 보인다. 그렇다면 믿는 자의 태도도 중요하지만, 그보다는 그런 능력을 발휘하는 자가 더 중요하다는 말일까?

사도행전 19장을 보면 바울이 에베소에 와서 예수의 이름으로 그들에게 세례를 주고 안수하니 성령이 그들에게 임하여 방언도 하고 예언도 했다(행 19:6)고 하고, 심지어 사람들이 바울의 몸에서 손수건이나 앞치마를 가져다가 병든 사람에게 얹으면 그 병이 떠나고 악귀도 나갔다(행 19:12)고 한다. 그런데 누가는 바울이 명백히 비자발적인 영적 능력의 방출과 전달, 또는 치유나 퇴마에서 어떤 적극적인 역할도 하지 않은 것으로 묘사한다. 다시 말해서 예수(눅 6:19), 베드로(행 5:15), 빌립의 이야기(행 8:4-8)에서처럼 여기서 전달되는 요점은 바울 안에 성령이 강력하게 임재한다는 사실만으로도 병을 고치고 악한 영들을 몰아내는 데 충분하다는 점이다(Twelftree/이용중 2020: 225-6). 이는 마귀를 쫓아내는 사람이 얼마나 강력한 성령을 받고 있는지가 무엇보다 중요하다는 뜻이다. 그렇다면 치유받고자 하는 사람의 믿음의 자세는 아무 쓸모도 없다는 것일까?

사도행전은 이런 우리의 의문에 대해 간접적으로 답을 제공한다. 우선 바울의 이런 행위를 보고 떠돌이 마술사인 유대인들이 시험 삼아 악귀 들린 자들을 주 예수의 이름으로 쫓아내려 했고, 유대의 제사장인 스게와의 일곱 아들도 이렇게 행했는데 효과가 전혀 없었다. 누가는 이런 예를 통해서 마귀 축출자의 영적 정체성이 지닌 중요성에 주의를 집중한다. 그들은 마귀 축출자로서 자격이 없었던 것이다. 그다음 누가는 어떤 마술적인 책에 의존하는 그리스도인들의 퇴마도 책망한다. 이들의 행위가 바울과 다른 점을 요약하면, 첫째 그들은 마술 관행을 사용하여 퇴마를 행했으며, 둘째 그 관행의 근거는 그들의 책이었다(행 19:19). 그러니까 그들은 마술적이고 사탄적 관행을 행했을 뿐만 아니라 상당한 돈이 관련되어 있었다(행 19:19; Twelftree/이용중 2020: 230).

결론적으로 말해서 퇴마 행위는 예수를 본받거나 예수의 방법을 사용해야 한다는 것과 종말론적인 구원 또는 추수를 가져다주는 예수 자신의 계속되는 활동(하나님 자신의 사역)이라는 것이다. 퇴마는 말씀과 행동을 포함하는 균형 잡힌 접근법의 한 부분이다. 그러니까 누가는 다양한 종류의 그리스도인 마귀 축출자를 기꺼이 수용하지만(참조. 눅 9:49-50) 하나님이나 성령에 의해 능력을 부여받지 않은 퇴마는 책망한다. 퇴마의 성공은 마귀 축출자, 곧 성령으로 충만하고 성령에 의해 능력을 부여받은 사람에게 달려 있었다(Twelftree/이용중 2020: 234-5).

　　그렇다면 말씀과 행동이 균형 잡히고 성령으로 충만한 마귀 축
출자는 어떤 인물을 말하는 것일까? 그런 사람은 적어도 어떤 이상하
고 신비한 책이나 방책을 빌어 대중을 현혹하지 않는 자일 터이고, 그
런 행위를 통해 사적 이익을 추구하지 않는 사람일 터이다. 게다가 자
신의 목숨을 희생하고 부활하기까지 인류를 사랑한 예수의 이름으로
행하는 것이라면, 즉 인간의 구원을 위한 행위라면 적어도 인간의 존
엄성에 지극히 공감하는 인물일 것임은 틀림없다. 그렇다면 그런 마귀
축출자에게 치유를 갈망하는 사람들의 마음은 어떻게 반응했을까? 다
시 말해서 마귀 축출자와 치유 갈망자 사이에서 어떤 공감대가 형성되
었을까? 상상컨대 그들 사이에서는 매우 긍정적인 라포(rapport)가 형
성되어 지극히 건강하고 유익한 변화의 조짐이 들불처럼 일어났을지
도 모른다. 우리가 퇴마 현상을 마귀 축출자의 능력에만 초점을 맞춰
본다고 하더라도 치유를 갈망하는 신앙인들의 태도를 논하지 않을 수
없는 이유가 바로 여기에 있다. 그러므로 조금 더 세밀하게 기적적인
치유 현상을 볼 때 우리는 반드시 한 개인의 심리학적 현상을 관찰하
고 그 과정에서 어떻게 역동적 변환이 일어나는지를 관심 있게 보아야
한다.

마가복음의 치유 사건들

우리가 보게 될 성서에서의 치유 과정을 심리적 측면에서 정리해보면 다음과 같다. 이것은 지금까지 논의해온 '사람의 아들'로서의 예수가 병자들을 치유할 때, 즉 개인 차원에서 소위 악마적 빙의를 경험하고 있던 사람들, 다시 말해서 월터 윙크(Walter Wink)의 분류대로 하면 '내면의 개인적 마성'이 '사람의 아들'이라는 변수와 어떤 관계를 형성하면서 치유 기적이 일어나는지를 구체적으로 볼 수 있게 한다. 우리는 여기서 예수의 '사람의 아들'과 병자들 안에 내재해 있던 '사람의 아들'의 만남이 중요한 요소임을 볼 수 있다.

논의에 앞서 치유의 심리적 기전을 요약하면 〈표5〉와 같다.

〈표5〉 치유의 심리적 기전

전체적 구조: 내 안 → 내 밖 → 우리의 안
- 자의식적 결단의 순간은 언제 올까?   "위험하게 살 때"
- 언제 위험하게 살게 되나?   "자기와의 싸움이 시작될 때"
- 왜 자기와의 싸움이 시작될 때 위험한가?   "자기와의 싸움이라는 것은 자기 안에서부터 자기 밖으로 나가기 위한 싸움이라서, 기존의 질서를 파괴하는 행위로 나타난다. 이때 개인적인 문제는 사회로 표출되어 사회적인 문제를 각성시킨다."

- 언제 존재의 변화가 일어나나?

"자기와의 싸움 중에 자기 안에서부터 밖으로 나왔을 당시, 새롭게 되어 다시 자기 안으로 들어갈 수 있게 누군가가 피드백(feedback)을 주었을 때 변화가 일어난다. 이것이 예수가 환자들에게 주로 했던 일이다. 게다가 공공성을 지니는 피드백은 사회적 변화의 단초를 마련해준다. 이것이 억눌린 자들의 혈관 속에 의심, 숙명론, 의존성 같은 독소를 운반하는 '악한 자의 모든 불화살'(엡 6:16)을 제거하는 치료행위다."

위와 같은 기본 틀을 가지고 마가복음의 치유 사건들을 정리해보려고 한다.

회당 안의 마귀 들린 자

예수가 공생애를 시작할 때 회당에 들어가서 권위 있게 가르쳤다. 사람들이 그의 권위 있는 가르침에 놀랐다. 그때 악한 마귀 들린 자가 "나는 당신이 누구인 줄 압니다. 하나님께서 보내신 거룩한 분입니다"라고 고백했다. 그랬더니 예수께서 그를 꾸짖으며 "입을 다물고 이 사람에게서 나가거라"고 했다. 그러자 악한 마귀는 그에게 경련을 일으켜 놓고서 큰 소리를 지르며 떠나갔다(막 1:21-28).

첫째, 부정한 사람으로 취급받는 마귀 들린 자가 회당 안에 있었다는 것은 그가 적극적으로 살기로 작정했다는 뜻일 수 있다. 왜냐하면 마귀 들린 자가 회당 안에 들어가지 못한다는 규례는 없었지만, 부정한 사람으로 낙인찍힌 상태로 그곳에 들어가는 것이 수월치는 않았을 것이기 때문이다. 그는 소외와 무시당하는 상황에 자신을 노출시킬 결심을 한 게 아니었을까? 둘째, "나는 당신이 누구인 줄 안다"라는 고백은 사회의 일원으로 취급받지 못하던 사람의 용기 있는 자기 표출이다. 당시 마귀 들린 자에게 가해진 사회적 소외는 그의 인간성을 말살했다. 그가 자기가 인식하고 있는 것을 감히 명확하게 말할 수 있었던 것은 자신 안에 억압하고 있었던 것들을 사회를 향해 내면 깊숙한 곳에서부터 밖으로 표출해내기 위해서였을 것이다. 어떻게 보면 그는 사회의 구조적인 악에 맞섰던 셈이다. 셋째, 예수는 이런 용기를 보여준 그에게 마귀 축출을 명함으로써 위험하게 표출된 그의 위상을 새롭게 되돌려 주었다. 그는 몸에서 마귀가 나가는 경험을 넘어서 삶이 변하는 순간에까지 이르는 영적이고 실존적인 치유에 이르렀던 것으로 보인다.

이 마귀 들린 자가 남의 눈을 개의치 않고 당당히 살기로 마음먹고 회당 안에 들어갔음은 그 자신 안에 자의식적 결단이 생겼음을 간접적으로 확인시켜준다. 그는 용감하게 기존 질서를 파괴함으로써 자신의 병을 드러냈다. 그때 예수는 그의 행위에 대해 긍정적 피드백을 줌으로써 그 병자의 나약한 모습이 건강한 모습으로 그 자신에게 되돌아감과 동시에 사회의 일원으로 다시 탄생할 수 있도록 하였다. 예수의 이런 행위는 동시에 사회의 구조적 악을 힘없게 만들었을 것이다. 즉 예수는 그가 율법을 어겼고 따라서 죄인이라는 유대 사회의 관습적 악마성을 자연스럽게 무너뜨렸다.

중풍병자와 그 친구들의 믿음

많은 사람이 모여 있어 가까이 갈 수 없어서 한 중풍병자를 네 친구가 지붕을 걷어내고 예수 앞으로 내려놓은 사건이 생겼다. 그때 예수는 열성적이고 적극적인 친구들의 믿음에 감동해서 "아들아, 네 죄가 용서함 받았다"고 말한다. 율법학자들이 무슨 권위로 죄를 용서하느냐며 예수에게 시비를 건다. 그때 예수는 중풍병자에게 "네 죄가 용서함 받았다"라고 말하는 것이 "일어나서 네 자리를 거두어 가지고 걸어가거라"라고 말하는 것보다 더 쉬운 일이라고 말한다(막 2:1-12).

이 구절은 이미 앞에서 두 번이나 인용되었다. 한 번은 사람의 아들이 죄를 용서하는 권능이 있음을 이야기할 때였고, 또 한 번은 그렇게 죄를 용서하는 권능이 모든 사람에게 있음을 설명할 때였다. 지금은 중풍병자의 입장에서 그의 심리변화를 관찰하기 위해 인용하였다.

여기서도 지붕을 헐고 들것을 내리는, 즉 기존 질서를 부수는 위험한 시도부터 일어난다. 문제는 그런 파괴적인 행위를 한 것이 그 당사자가 아니라 친구들이라는 데 있다. 앞의 적극적이었던 회당 안의 마귀 들린 자와는 대조적으로 이 중풍병자는 수동적이었다. 그는 내면의 갈망이나 갈등을 안에서 밖으로 분출시키지 못한 채 아무것도 할 수 없는 상황에 오래도록 방치되어 있었던 것으로 보인다. 아마도 그는 틀림없이 우울증에 빠져 있었을 것이다. 그러나 "아들아, 네 죄가 용서함 받았다"라는 예수의 선포는 그로 하여금 그의 문제를 밖으로 끄집어내기에 충분한 자극이었다. 여기서 그는 비록 수동적이지만 그가 치유되는 과정 역시 그 자신 안의 문제가 밖으로 표출되는 데서부터 시작된다는 것은 동일하다. 문제의 핵심이 여기에 있기 때문에 "네 자리를 거두어 가지고 걸어가거라"라고 하는 말보다 "네 죄가 용서함 받았다"라는 말이 더욱 쉬웠던 것은 아니었을까? 즉 그의 내면의 문제는 병 고침에 대한 갈망이 아니라 죄인의 굴레로부터 벗어남이었을 것이다. 그는 자신의 병이 하나님께 지은 죄에 대한 형벌이라는 죄책감 속에 사로잡혀 있었을지도 모른다.

게다가 "네 자리를 거두어 가지고 걸어가거라" 하는 명령은 전적으로 치료자의 권위를 드러내는 행위이고, "네 죄가 용서함 받았다"는 말은 전적으로 그 당사자의 내면에서의 변화를 촉구하는 말인 것을 잊어서는 안 된다. 이렇게 예수는 단호히 치료자의 초월적 권위를 배제하고 치유의 초점을 병자에게로 향하게 한다. 그 중풍병자는 질병에 오래도록 시달리면서 깊은 죄책감에 빠져 거의 모든 걸 포기하고 있었을지도 모른다. 그렇기 때문에 친구들의 도움 없이는 세상 밖으로 나올 수조차 없었을 것이다. 그런 그에게 "네 죄가 용서함 받았다"는 말은 율법으로 인한 죄의 속박으로부터 그를 해방시킴과 동시에 새로운 결단의 순간으로 순식간에 몰아넣었을 것이다. 여기서는 심한 우울증에 빠져서 능동적으로 자신의 내면의 문제를 밖으로 끌어낼 용기마저 없었던 사람에게 예수는 어떻게 하면 그 내면을 밖으로 이끌어내 줄 수 있는지를 보여주었던 것이다. 그에게 주어진 예수의 긍정적 반응 (feedback)도 간과하면 안 된다.

'사람의 아들'의 관점에서 부연 설명하면 이렇다. 마태복음 9:6에서 예수는 "인자가 땅에서 죄를 용서하는 권세를 가지고 있음을 너희들이 알게 하겠다"라고 말한다. 다시 말해서 예수는 '하나님이 너를 용서한다'고 하지 않고 '사람의 아들이 용서한다'고 말한다. 물론 '사람의 아들'은 하나님을 대신해서 행동하도록 권위를 부여받았다. 예수는 우주 저 밖에 존재하는 하나님이 중풍병자를 치유하려고 개입하고 있다고 생각하지 않았고, 하나님을 고통당하고 있는 인간들 속에서 불러일으켜질 수 있는 능력으로 생각했다. 그런 능력은 신앙 행동에 의해 실현된다. "네 자리를 걷어들고 걸어가라"는 예수의 말은 다른 사람 속에 있는 참사람(사람의 아들)을 깨워 일으킨다. 예수는 참사람이 그 자신 속에 자리 잡고 있음을 알았고, 또한 중풍병자 속에도 참사람이 자리 잡고 있다는 것을 알았다. 참사람은 우리가 온전해지게 하는 하나님의 의도의 중개자 역할을 한다. 나도 하나님 앞에서 하나의 참사람이 되었다는 믿음이 그것이다.

교회가 여기서 참사람을 죄를 용서하는 보편적 능력, 다시 말해서 우리 안에 잠자고 있는 '사람의 아들' 속성을 일깨우는 능력으로 읽지 않고, '하나님의 아들'로서의 그리스도라는 기독론적 칭호로 여겼을 때 문제가 생겼음을 앞에서처럼 한 번 더 강조한다. 왜냐하면 그것은 예수만이 할 수 있는 특전이 되었을 뿐만 아니라, 성직 안수를 통해 예수를 대표하는 교회 지도자들의 특전도 되었기 때문이다. 성직 안수의 등장으로 인해 보통 교인들은 하나님을 대신하여 다른 사람들의 죄를 용서할 권위를 박탈당하고, 수동적으로 은혜를 받는 사람들로 변해버렸다.

혈루증 걸린 여인

예수께서 다시 갈릴리 지역으로 돌아오는데 큰 무리가 예수께 모여들었다. 그중에 회당장 야이로라는 사람이 찾아와 예수 발 앞에 엎드려서 자기 딸이 죽어가니, 당신의 손을 그 아이에게 얹어 고쳐달라고 간청해서 예수가 그와 함께 가셨다. 큰 무리가 뒤따라오면서 예수를 밀었다. 그들 중에 재산을 다 없애가며 백방으로 치료를 받았는데도 낫지 않아 12년간이나 고생하던 혈루증 걸린 여인이 있었다. 이 여자가 예수의 소문을 듣고서 무리 가운데 끼어 들어서 예수의 옷에 손을 대었다. 그 여자는 '내가 그의 옷에 손을 대기만 하여도 나을 터인데!' 하고 생각했던 것이다. 그런 다음 곧 출혈의 근원이 말랐고 그 여자는 몸이 나은 것을 즉시 느꼈다. 예수가 둘러보고 "누가 내 옷에 손을 대었느냐?" 하고 물으셨다. 제자들이 이 많은 무리 속에서 그걸 어떻게 구별하느냐고 반문했다. 그 여자는 자기에게 일어난 일을 알므로 두려워 떨면서 예수께로 나아와 엎드려서 사실대로 다 말했다. 그러자 예수께서 그 여자에게 "딸아, 네 믿음이 너를 구원하였다. 안심하고 가거라. 그리고 이 병에서 벗어나서 건강하여라" 하고 말했다(막 5:21-43).

이 구절의 치유 기적 이야기는 예수의 종말론적 정신과 '사람의 아들'로서의 예수를 가장 명확하게 보여주고 있는 듯하다. 당시 유대의 정결법(레 15:25-27)에 의하면 피 흘리는 여인은 부정한 존재이기 때문에 접촉해서도 안 되고, 그녀가 앉았던 자리에 앉지도 말아야 한다. 여기에는 그 여인의 부정함이 타인에게 전파할 수 있어서 그녀는 사회로부터 격리된 채 살아야 한다는 뉘앙스가 내포되어 있다.

　물론 이런 의식적 부정함에 오염된다는 것이 죄를 범하는 것을 의미하지는 않는다고 주장하는 학자도 있다. 이 여인 역시 의식적으로 부정하다고 해서, 또는 의식적으로 정결한 사람을 만진다고 해서 죄를 지은 것은 아니다. 따라서 낮은 수준의 부정함에 오염된 자 또한 죄가 없다. 의식적 부정함은 잘못된 장소, 즉 신성한 장소에 그 부정함을 전파하지 않는 한 죄와는 아무런 상관이 없다고 설명한다. 다시 말해서 그녀가 성전의 여인의 뜰 안으로 들어간다면 성스러운 공간을 부당하게 침범했으므로 도덕적 부정함, 곧 죄를 범하게 된다는 것이다(Thiessen/이형일 2021: 181-2).

　이처럼 아무리 그녀의 상태를 일상적인 관용으로 이해하려 해도 정결법이 주는 삶의 제한은 어쩔 수 없었을 것이다. 그녀가 사회로부터 소외될 수밖에 없었음은 부정할 수 없다. 그녀는 그런 삶을 12년 동안이나 이어가고 있었다. 마가는 야이로의 딸의 죽음과 그 딸이 다시 살아나는 이야기 사이에 그녀의 이야기를 끼워둠으로써 그녀의 상태가 마치 죽음과 같은 상황이었음을 암묵적으로 보여준다. 즉 12년 동안의 하혈은 그녀에게 야이로의 딸의 죽음과 같이 죽은 삶이나 진배없었다. 이런 죽음과 같은 삶에서 그녀를 구원해줄 이는 바로 예수밖에 없음을 믿고 그녀는 다가갔을 것이다.

그러나 그 여인은 틀림없이 몹시 망설이고 있었다. 이런 망설임에는 예수를 만질 경우 자신의 병이 치유되어 의식적으로 정결한 상태로 나아갈지, 아니면 예수를 오히려 부정하게 만들지 모른다는 그녀의 의구심이 반영되어 있다. 하지만 예수의 능력에 대한 그녀의 확신은 그 두려움을 극복하게 만들었고, 마침내 그녀는 은밀히 예수의 옷자락에 손을 댔다. 이 여인이 예수의 옷에 손을 대기 전이나 손을 대는 동안에도 예수는 어떤 의도적인 행동을 하지 않는다. 그러니까 예수의 옷은 무의식중에 오랫동안 부정한 상태에 있던 그 여인을 다시 정결케 하는 능력을 분출했던 것이다. 예수는 자신에게서 어떤 일이 일어났는지를 깨닫자마자, 질병과 부정함의 세력에 대한 두려움을 극복하고 예수의 능력을 신뢰한 여인의 믿음을 칭찬한다. 이때 그 여인의 믿음은 예수를 '하나님의 아들'로 믿는 믿음이 아니라, 약자를 사랑함으로써 발휘되는 놀라운 능력을 보이는 '사람의 아들'을 믿는 믿음이다(문동환 2015: 232). "딸아! 네 믿음이 너를 구원하였으니 평안히 가라. 네 병에서 놓여 건강할지어다"(막 5:34). 여기서도 예수는 이 여인이 처해 있던 상황을 결코 간과하지 않는다. 그는 오히려 이를 인정한다. 오직 질병으로 인한 모든 고통을 실제로 감수해온 사람만이 예수의 치유 능력에 대한 참된 믿음이나 확신을 진정으로 보여줄 수 있다(Thiessen/이형일 2021: 199).

이 경우는 특히나 예수가 어떤 치료적 행위를 해서 병이 나은 것이 아니라 전적으로 그녀 안에서 치유의 과정이 이루어진 대표적인 예다. 즉 그녀가 스스로의 결단으로 정결법을 어겨가면서 무리 속으로 들어가서 능동적으로 예수의 옷깃을 만졌기 때문에 출혈이 멈췄지, 예수가 어떤 행위를 해서 멈춘 것이 아니다. 여기서의 치유 과정은 처음부터 끝까지 그녀의 능동적 행위가 선도한다. 그녀는 절망 속에서도 예수를 믿는 믿음을 매개로 스스로 희망을 찾아낼 줄 알았던 것이다. 그런 그녀의 태도에 확신을 갖게 하여 그녀로 하여금 새 삶을 살 수 있도록 한 원동력은 바로 "딸아, 네 믿음이 너를 구원하였다. 안심하고 가거라" 하는 예수의 긍정적인 피드백의 언사였다. 이 여인의 경우에서도 우리는 중풍병자의 예에서 보았던 예수의 참사람다움을 볼 수 있다. 그는 그녀 속에 있는 참사람, 즉 우리를 온전해지도록 하는 하나님의 의도를 중재해주는 그 능력을 일깨우고 있었던 것이다.

결론적으로 마가복음에서의 기적은 '기적 행위자'의 영웅적인 능력 또는 '기적 수혜자들'의 돈이나 봉헌물을 필요로 하지 않는다. 이 복음서에서 그려지는 기적은 '지극히 작은 자'라도 할 수 있는 바로 그것, 곧 '믿음'을 통한 그들 스스로의 자각만이 필요하다. 그러니까 기적은 '기적 행위자'인 예수의 일방적인 행위로만 이루어지는 것이 아니라 '기적 수혜자들'과의 믿음의 관계 속에서 이루어지는 '참사람의 일깨움'임을 확인할 수 있었다. 이때의 기적이란 바로 '그들 스스로가 존귀한 존재임을 깨닫고 새로운 존재로 회복되는 것'이다. 그리고 그런 기적은 언제나 기존 사회 질서가 가지고 있는 비인간적 마성을 파괴하거나 자각시키는 결과를 낳았다.

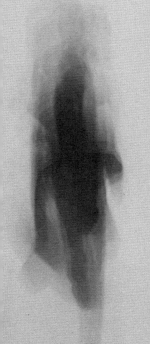

8장

악마적 빙의

월터 윙크(Walter Wink)는 마귀 들림을 세 가지 형태, 즉 ① 내면의 개인적 마성(inner personal demonic), ② 외부에서 오는 개인적 마귀 들림(outer personal possession), ③ 집단적 마귀 들림(collective possession)으로 분류했다. '내면의 개인적 마성'이란 인간 심성에 본래 있는 부분이지만 분열되거나 억압된 측면, 즉 거부당함으로써 악해진 영적 측면을 뜻한다. '외부에서 오는 개인적 마귀 들림'은 인간의 자아에 대해 낯설고 외적인 어떤 영적인 것이 한 개인을 붙잡고 지배하는 것을 뜻한다. '집단적 마귀 들림'은 신이나 마귀가 집단이나 나라 전체를 사로잡아 죽음을 섬기도록 그들을 왜곡하는 것을 가리킨다(Wink/박만 2005: 116-7). 이러한 월터 윙크의 견해를 참고하여 악마적 빙의, 곧 마귀 들림 현상을 고찰해보려고 한다.

내면의 개인적 마성

신성한 아이 원형을 갖고 태어나는 인간

내면의 개인적 마성을 이야기하기 전 우선 마성, 곧 악마적 영적-빙의를 설명하기 위해 심층심리학에서 보는 영(spirit)을 정리해볼 필요가 있다. 심층심리학에서의 영은 원형의 영역에 속하며, 이는 개인 초월적 원리에 속하는 것을 의미한다. 우리가 흔히 볼 수 있는 자료들, 예컨대 신화적 주제, 종교적 사상, 꿈, 콤플렉스, 동시성(동시 발생) 사건 등에서 통제 불가능한 어떤 규칙성이 작용하는 것을 발견할 때, 개인 초월적 원리가 있음을 가정하지 않을 수 없다(Corbett 2020: 118). 다시 말해서 인간의 몸이 DNA를 가지고 태어난다면, 정신은 원형을 가지고 태어난다고 볼 수 있다. 그러므로 그것은 집단적이고 개인 초월적인 원리다. 그런 원리 중 하나가 인간은 틀림없이 '신성한 아이 원형'(the archetype of the Divine Child)을 가지고 태어난다는 점이다. 이것은 '아이들 자신의 가치에 대한 타고난 감각', '자신이 중요한 존재처럼 대우받고 싶어하는 갈망', 다시 말해서 성스러운 기쁨과 사랑받을 만한 느낌을 주는 아이 안의 즉각적이고 감각적인 원형을 일컫는다(Corbett 2020: 110).

영이 인간의 심성 안에 있는 원형 영역과 동의어라면 자아가 자신의 내면에 있는 그 원형을 만날 때 우리는 당연히 개인을 초월하는 듯한 성스러운 경험을 할 것이다. 이때 우리 몸은 강렬한 감정의 형태로 그것을 경험한다. 이런 감정은 성격 구조의 중요한 측면이라서 태어나는 순간부터 양육자와 교류하게 되는 기능이며, 인간의 자존감에 깊은 영향을 준다. 다시 말해서 아이는 감정의 원형적 레퍼토리를 가지고 태어나기 때문에 자신의 욕구를 양육자에게 즉시 알릴 수 있는 능력이 있다. 즉 아이는 감정을 사용하여 의사소통을 하고 우리는 본능적으로 그 감정을 이해하도록 설계되어 있다. 이처럼 감정은 영적인 행동의 원형적 조직자다(Corbett 2020: 119).

그러나 아이가 타고난 감정의 힘을 가지고 부모와 의사소통할 때 그리 순탄하지만은 않은 게 인생이다. 인간은 자신 안에 본능적으로 긍정적인 영적-빙의를 경험할 수 있는 기능, 즉 생명의 씨앗을 움트게 하는 기능인 '신성한 아이 원형'을 가지고 태어난다고 해도, 그런 건강한 역동이 자연스럽게 활성화되지는 않는다. 즉 인간은 절대적으로 환경의 영향을 받으며 성장하기 때문에, 내면의 성장을 목표로 삶이 작동하기보다는 살아남기 위해 부모로 대표되는 환경에 적응하는 것을 우선으로 한다. 만일 자신이 중요하다는 아이의 감각에 부모가 충분히 긍정적으로 반응하면 아이는 강한 자존감을 키우게 되고, 반대로 부모가 아이의 존재와 그 아이의 감정이 중요하지 않은 것처럼 경멸적인 방법으로 반응한다면 아이는 고통스러운 무가치감, 연약한 자존감, 낮은 자부심을 느끼게 된다(Corbett 2020: 111). 그때 한 개체의 고유한 생명의 특질을 움트게 하는 힘은 내면 깊숙한 곳에 숨겨져 있을 뿐이다.

생존을 위한 모방 본능

인간은 생존을 위해 무엇보다도 먼저 환경에 적응하려는 노력을 할 수밖에 없다. 그러므로 인간은 내면의 '신성한 아이 원형'을 먼저 활성화시키기보다, 부모로 대표되는 보호자가 제공하는 환경에 적응하기 위한 모방 행위부터 시작한다. 이런 인간의 상황을 르네 지라르(René Girard)는 "모방욕망은 인류의 모든 악의 근원인데, 이러한 모방본능을 인간은 날 때부터 발현한다"라고 말한다. 한 개인의 삶의 목표나 욕망이 얼핏 보기에는 마치 그 자신만의 독특한 것처럼 여겨지지만 사실은 그렇지 않다. 그 자신만의 고유한 욕망은 타인의 욕망을 모방한 것에 지나지 않는다. 인간은 타인의 욕망을 나의 욕망으로 모방함으로써 삶의 목표를 설정한다. 그러므로 나의 욕망은 타인의 욕망으로부터 나온다(Girard/김진식 2007: 18).

지라르의 표현은 또한 라캉의 "주체의 욕망은 대타자의 욕망"이라는 말과도 유사하다. 라캉도 역시 인간의 주체는 처음부터 드러나지 못한다고 보았다. 다시 말해서 인간은 태어나면서 우선 의식적인 내가 만들어지기 시작하는데, 이 시기를 그는 '거울단계'라고 불렀다. 왜냐하면 어머니의 시선이 아이가 자신의 이미지를 직면하게 되는 첫 번째 거울이기 때문이다. 아이는 어머니가 웃어주거나 화낼 때 그것을 받아들이는 자신을 알아간다. 아이는 어머니가 정답게 속삭여줌으로써 귀가 있다는 것을, 간지럼을 태움으로써 옆구리가 있다는 것을 생각하기 시작한다. 이처럼 자신이 인간이라는 것을 처음 경험하는 원초적 사건이란 바로 거울단계에서 타자의 상을 통해 자신을 인지하는 것이다. 그러므로 자아란 외부에서 비춰주는 거울상에 불과하다고 결론지을 수 있고, 이때 주체는 그 자신을 이렇게 형성된 상인 자아와 혼동하고, 모방을 통해 자신의 상(자아)과 자신(주체)이 동일하다는 상상에 사로잡히게 된다(고바야시 요시키/이정민 2017: 119-20). 라캉은 이때의 나를 "타자의 이미지로서의 나(ego)"라고 하고, 이런 상황이 전개되는 영역을 상상계라고 불렀다.

인간이 진정한 인간적 세계인 법의 세계(상징계)로 들어가는 계기는 바로 절대적 타자가 언어로 보증해줌으로써 비로소 아이는 자기 이미지를 확인하게 된다. 절대적 타자란 단순히 눈에 보이는 부모나 어른을 일컫는 것이 아니라 언어로서의 타자를 일컫는다. 이 말은 언어의 속성부터 알아야 이해가 된다. 대타자가 사용하는 언어는 인간 주체가 사회에서 인간다움을 경험하게 되는 최초의 형태로서, 몇천 년에 걸쳐 전해 내려온 단어들의 집합체이고 규정 덩어리다. 그런데 이 언어의 담론들은 한 주체가 의도하는 담론이 아니라 무의식적으로 생산될 수밖에 없는 담론이다. 다시 말해서 부모가 무심코 하는 말이라도 그것의 본질은 무의식의 담론인 것이다. 그러므로 절대적 타자란 단순히 보이는 부모가 아니라 무의식적 담론을 자신들도 모르게 행하는 바로 그런 부모를 일컫는다.

이런 절대적 타자의 보증 결과가 언어로 규정지어지는 자기 자신이고, 그것을 '타자의 담화로서의 나'라고 부른다. 이때 주체는 부모의 이야기(담론)로 세워진 허구 속에 포함된다. 예컨대 부모가 "영희는 사실 인형을 좋아하지 않고, 정원에서 뛰어 놀길 더 좋아해"라고 한다면, 그녀는 "인형이나 좋아하는 그런 소녀가 아니라 스포티하고 말괄량이"라는 신화 속에서 정체성을 찾아가면서 몹시 자기애적인 아이로 성장하게 된다. 이처럼 상징계로 들어온 주체는 대타자의 담론 속에서 발달한다(Bailly/김종주 2013: 111-2). 이런 배경 아래에서 주체는 대타자의 요구(needs)를 자신의 욕망(drives)으로 간주하게 되고, 따라서 주체는 자신의 욕망이 대타자의 요구인 것을 의식적으로는 알지 못한 채

오랜 시간 동안 간직하게 된다. 그러므로 앞의 논제인 "주체의 욕망은 대타자의 욕망"을 좀 더 구체적으로 표현하면, "주체의 욕망은 대타자의 요구를 욕망으로 오해한 그 욕망"이다.

그림자와 콤플렉스 그리고 내면의 개인적 마성

이처럼 인간의 초창기 삶은 표면적이거나 지엽적인 것으로 점철된다. 말하자면 생명의 씨앗(신성한 아이 원형)으로서의 진정한 자기 자신은 활성화되지 못한 채 인생은 시작된다는 말이다. 이런 운명이 인간을 열등감, 낮은 자존감, 우울감, 파괴적 충동을 밑바닥에 깔고 인생을 시작하게 하는지도 모른다. 파괴적인 것이 악이라면 인생의 시작은 악이 우선 발현되고 있음이 명확하다. 악은 비현실적이거나 영적인 모습으로만 나타나는 것이 아니다. 그것은 즉흥적으로 하는 작은 결정, 느닷없이 불쑥 튀어나오는 말실수, 괜히 가고 싶지 않거나 만나고 싶지 않은 그 묘한 느낌들, 아니면 갑자기 떠오르는 이미지들, 끊임없이 일어나는 화나 분노, 어떤 사회현상에 대한 지독한 혐오감이나 죽이고 싶을 정도의 적개심, 아니면 일방적으로 빠져버리는 현실감 없는 대상에 대한 뜨거운 사랑의 감정, 물론 일시적이지만 마치 나 스스로가 무언가 된 듯한 착각 등 일상적인 어떤 순간들 속에서 그 모습을 얼핏 드러낸다.

우리 안에 있는 어두운 것들은 위와 같이 불쑥불쑥 튀어나오기도 하지만, 또한 사람들과의 관계를 통해서 간접적으로 나타나기도 한다.

예컨대 부모, 형제, 친구 또는 이웃이나 타인들과의 관계에서 우리는 수없이 많은 어두운 감정들을 경험한다. 그러나 그 감정의 대부분은 고통과 우울감을 초래하기 때문에 대개는 무의식 속으로 잠기게 되면서, 자신의 문제이기보다 타인의 문제로 변한다. 그러므로 우리는 자신의 어두운 면을 자각하지 못하고 쉽사리 세상을 탓하게 된다. 인간이면 누구나 자신 안에 가지고 사는 이러한 어두운 감정 덩어리를 융은 '그림자'라고 불렀다.

'그림자'의 범주는 명백히 악한 것에서부터 단순히 불쾌하거나 수치스럽거나 용납할 수 없는 것에 이르기까지 다양하다. 그런 '그림자'는 술에 취했을 때, 부정적인 콤플렉스에 사로잡혔을 때, 전쟁과 같은 극한 상황에 처했을 때 나타나는 일종의 하위 인격과 같다. '그림자'의 전형적인 예가 로버트 루이스 스티븐슨(Robert Louis Stevenson)의 『지킬 박사와 하이드 씨』 이야기다. 살인자 하이드는 치료자인 지킬 박사의 '그림자'를 상징한다. 이와는 정반대로 자존감이 낮은 사람의 '그림자'는 오히려 좋은 자질과 재능을 나타낼 것이다. 또한 '부정적인 그림자'는 우리를 내부적으로 고통스럽게 만들기도 한다. 예컨대 어린 시절에 사람들에게 질투의 대상이 되어 그것이 그 사람에게 내재화되었다면, 그 사람의 마음속엔 자신의 성공을 질투하는 무언가가 있을 수 있다. 마치 그 사람 안의 무언가가 "감히 네가 어떻게 성공할 수 있어? 그래서 네가 미워!"라고 말하는 것과 같다. 그 사람은 자신이 질투하기 때문에 다른 사람이 자신을 공격할 것이라는 두려움을 경험할 수 있고, 그래서 그는 너무 두드러지거나 너무 창의적인 것이 두려울 수 있다(Corbett 2020: 162-3).

이런 그림자는 어떻게 생기는 것인가? 그것은 종종 어린 시절 겪은 여러 가지 갈등 상황에서 발생한다. 즉 그 아이는 가족에게 어떤 존재였는지, 양육자들은 그의 타고난 재능을 어떻게 다루었는지, 말하자면 아이와 고통스럽게 충돌했는지 아니면 잘 북돋아주었는지 등등의 상황 말이다. 이런 과정에서 아이는 일종의 트라우마를 경험할 수밖에 없다. 그런 것들은 성장하면서 잠재력이 구체화되어갈 때 영향을 입히고, 결과적으로 고통스러운 감정 톤을 가진 콤플렉스가 형성된다(Corbett 2020: 165). 그런 콤플렉스가 활성화되면 그 감정적 색채가 아이의 의식을 지배한다. 초기에 그런 강한 감정에 대처하는 법에 대해 도움을 받지 못했거나 감정이 압도적인 경우 아이를 위시한 우리는 불안이나 우울증에 빠지게 된다. 이때 만일 그 감정이 우리가 감당할 수 있을 정도라면, 그것은 지금 일어나고 있는 일이 중요하다는 신호로 작용한다. 다시 말해서, 콤플렉스의 활성화로 인한 감정 덩어리의 엄습은 영이 구체화되어 인간의 삶 속으로 들어오는 한 가지 방법(Corbett 2020: 119)이기도 해서 그때 우리는 긍정적 영적-빙의를 경험할 수도 있겠지만, 대부분 그것들은 결국 폭력과 증오 같은 '자기'의 어두운 잠재력을 구체화하는 데 일조한다.

이러한 '그림자'라는 개념을 응용해서 월터 윙크는 그것을 "내면의 개인적 마성"이라고 이름 붙였다. 이것은 '개인 차원의 악마적 빙의'를 일컫는다. 내적 마귀는 그 자체로는 악하지 않으나 억압됨으로 괴물처럼 되고, 사용되지 않음으로써 마비되고, 거부당함으로써 상처 입은 인간 정신의 어떤 부분이다. 그것은 사회적으로 용납받지 못하는 것으로 취급되는 우리 내부의 어떤 측면이자 우리의 자존감에 상처를 주는 것들이며, 겉으로 능력이나 덕스러움을 과시해서 존경과 인정을 받으려는 자아의 전략에 지장을 주는 우리 내면의 부분들이다(Wink/ 박만 2005: 137). "내면의 개인적 마성"의 모양은 우선 어두움, 불안, 무 서움으로 시작하여 슬픔, 절망, 소외감으로 확대되었다가 결과적으 로 분노, 원망, 편견, 파괴적 또는 자살 충동 등으로 결실 맺을 가능성 이 매우 크다. 이러한 마성은 낯선 것이 아니라 원래 그 성격에 속해 있 지만, 전체 정신의 중심인 '자기'(the Self)로부터 분열되어 나온 것이 거나 통합되지 못한 측면이다. 따라서 그것이 인격적 통합을 이루려면 마땅히 인정받고 사랑받고 변화해야 하는 부분이라고 윙크는 설명한 다(Wink/박만 2005: 136).

문제는 개인 차원의 마성을 '개인적 그림자'라고 하든 "내면의 개 인적 마성"이라고 부르든 그것이 집단적 마성과 깊이 관련되어 있을 수밖에 없다는 데 있다. 예컨대 어떤 사람이 개인 차원에만 머물러 있 어서 정작 사회적 마성인 폭력, 편견, 불의에 대해서는 무관심한 태도 를 보인다고 해도, 즉 어두운 사회현상에 침묵하는 것만으로도 그는 그 악에 동조하는 것이 된다. 그렇기 때문에 사회와의 상호적인 방식 으로 개인의 그림자를 의식하는 것이 공동체의 안녕에 기여하는 것일 뿐만 아니라 그 개인의 성장에도 중요하다. 따라서 개인의 그림자는 필연적으로 집단적인 악과 연관될 수밖에 없다.

외부에서 오는 개인적 마귀 들림

우리가 좀 더 관심을 집중해야 할 것은 사실상 '집단적 마귀 들림 현상'이다. 이미 앞에서 소개했듯이 월터 윙크는 집단적 마귀 들림을 두 가지 형태로 분류한다. 하나는 '외부에서 오는 개인적 마귀 들림'으로, 이는 한 공동체의 악마성이 집단적으로 한 개인에게 집중됨으로써 발생하는 마귀 들림이다. 즉 이것은 사회의 일반 병리가 개인의 인격 속으로 침투해 들어가서 한 개인을 마귀 들림으로 몰아가는 경우다. 다른 하나는 공동체의 악마성이 일사불란하게 작동하는 바로 그 집단에 초점을 맞춘 관점이다. 그런 것을 윙크는 진정한 '집단적 마귀 들림'이라고 분류했다. 이 분류 중 우선 '외부에서 오는 개인적 마귀 들림'에 대해 생각해보자.

거라사 지방의 마귀 들린 사람 이야기

한 공동체의 악마성이 집단적으로 한 개인에게 집중됨으로써 그 개인을 얼마나 철저하게 망가뜨리는지, 그리고 그런 악순환 속에서 집단적 마성은 어떻게 작동하고 있는지에 대한 전형적인 예가 바로 거라사 지방의 마귀 들린 사람 이야기(막 5:1-20)다.

그들은 바다 건너편 거라사 사람들의 지역으로 갔다. 예수께서 배에서 내리시니, 곧 악한 귀신 들린 사람 하나가 무덤 사이에서 나와서 예수와 만났다. 그는 무덤 사이에서 사는데, 이제는 아무도 그를 쇠사슬로도 묶어 둘 수 없었다. 여러 번 쇠고랑과 쇠사슬로 묶어 두었으나, 그는 쇠사슬도 끊고 쇠고랑도 부수었다. 아무도 그를 휘어잡을 수 없었다. 그는 밤낮 무덤 사이나 산속에서 살면서, 소리를 질러 대고, 돌로 제 몸에 상처를 내곤 하였다. 그가 멀리서 예수를 보고, 달려와 엎드려서 큰소리로 "가장 높으신 하나님의 아들 예수님, 나와 무슨 상관이 있습니까? 제발 나를 괴롭히지 마십시오" 하고 외쳤다. 그것은 예수께서 이미 그에게 "악한 귀신아, 그 사람에게서 나가거라" 하고 명하셨기 때문이다. 예수께서 그에게 "네 이름이 무엇이냐?" 하고 물으시니, 그는 "군대입니다. 우리의 수가 많기 때문에 붙은 이름입니다" 하였다. 그러고는 자기들을 그 지역에서 쫓아내지 말아 달라고 예수께 간청하였다. 마침 그곳 산기슭에 놓아 기르는 큰 돼지 떼가 있었다. 귀신들이 예수께 "우리를 돼지들에게로 보내셔서, 그것들 속으로 들어가게 해주십시오" 하고 간청하였다. 예수께서 허락하시니 악한 귀신들이 나와서 돼지들 속으로 들어갔다. 거의 이천 마리나 되는 돼지 떼가 바다 쪽으로 비탈을 내리달아 바다에 빠져 죽었다. 돼지를 치던 사람들이 달음질하여 읍내와 촌에 가서 이 사실을 알렸다. 사람들은 무슨 일이 일어났는가 보러 왔다. 그들은 예수께로 와서,

귀신 들린 사람, 곧 군대 귀신에 사로잡혔던 사람이, 옷을 입고 제정신이 들어앉아 있는 것을 보고 두려워하였다. 처음부터 이 일을 본 사람들은 귀신 들렸던 사람에게 일어난 일과 돼지 떼에게 일어난 일을 그들에게 이야기하였다. 그러자 그들은 예수께, 자기네 지역을 떠나 달라고 간청하였다. 예수께서 배에 오르실 때에, 귀신 들렸던 사람이 예수와 함께 있게 해달라고 애원하였다. 그러나 예수께서는 허락하지 않으시고, 그에게 말씀하셨다. "네 집으로 가서, 가족에게, 주께서 너에게 큰 은혜를 베푸셔서 너를 불쌍히 여기신 일을 이야기하여라." 그는 떠나가서, 예수께서 자기에게 하신 일을 데가볼리에 전파하였다. 그러자 사람들이 다 놀랐다.

르네 지라르는 이 이야기 저변에 깔려 있는 메시지를 읽어내려면, 그 지역에 대한 정치 사회적 배경을 우선 알아야 하고, 마귀 들린 사람에 대한 그 지방 사람들의 태도를 잘 관찰해야 한다고 지적한다. 첫째, 거라사 지방은 헤롯과 로마에 끼어 지속적으로 착취당해온 데카폴리스(decapolis) 지역, 즉 10개의 그리스 도시에 속해 있어서 독립의 열망이 강한 곳이었다. 그러므로 데카폴리스의 운명을 이해하는 것이, 곧 거라사의 상황을 이해하는 것이다. 데카폴리스는 자체적으로 동전을 만들어 썼고, 세금 징수권을 주장할 정도로 열성적인 곳이었는데, 차례대로 프톨레마이오스 왕조, 셀레우코스 왕조, 유대인, 마침내 대헤롯의 지배 아래에서 자유를 상실하였다. 로마의 폼페이우스는 유대인들의 압제로부터 그들을 해방하였고, 아우구스투스 황제는 대혜롯 사후 혜롯의 아들들로부터 그들을 풀어주었으나, 그들은 로마에게 공물을 바쳤고 그들의 아들들은 징집을 당하였다. 그렇기 때문에 로마에 대한 태도 또한 적대적이었다. 유대 전쟁 중 로마는 예루살렘을 공격하기 전에 거라사를 먼저 점령하게 하였는데, 이 지역이 언제나 독립을 열망하던 곳이라 전쟁 중에 거사가 일어날 것을 염려해서 그랬을 것이다. 로마군단은 기원후 3세기까지 그곳에 주둔하였다(Wink/박만 2005: 120-1).

두 번째는 마귀 들린 사람이 여느 때와는 달리 완전히 버림받지 않았다는 점이다. 보통 어떤 사회의 희생양으로 지목받으면 십중팔구 죽임을 당하는 것이 관례였는데, 그는 죽지 않았다. 그는 굶어 죽기는 커녕 쇠사슬을 끊을 만큼 육체적 건강이 유지되어 대단한 힘을 보여주었다. 그런 것으로 봐서 분명히 누군가가 그에게 먹을 것을 계속 공급했을 가능성이 높다.

세 번째로 이상한 점은 무덤 사이에 사는 그를 아무도 쇠사슬로 묶어놓을 수 없었다는 것이다. 르네 지라르에 의하면 아무리 그가 힘이 세기로서니 이런 상황이 지속되었다는 것은 마을 사람들이 의심스럽다는 것이다. 그는 당시 마을 사람들이 일부러 그가 쉽게 부수고 자유롭게 돌아다닐 수 있을 정도로 쇠사슬을 약하게 만들었을 것이라고 추론한다. 마치 예식처럼 묶어두었을 수도 있다. "거라사 사람들과 그 마귀들은 주기적인 정신병리적 상태에 빠져 있어서" 이런 드라마가 그들에게 일정한 패턴으로 반복적으로 필요로 했고 그래서 그들은 예수가 그들의 일에 관여하지 말고 즉각 떠나기를 간청했다(Girard/김진식 2015: 278).

지라르의 설명을 좀 더 구체적으로 들어보면 다음과 같다. 인간 사회는 보편적으로 그 사회에서 폭력을 지시하거나 사용한 사람들에 대한 끝없는 복수를 허용할 수 없다. 왜냐하면 그럴 경우 그 공동체는 복수의 복수가 계속 발생해서 자멸하기 때문이다. 그러므로 어떤 공동체든 공동체 내의 폭력에 대한 욕구를 대신 짊어질 희생양을 찾아내려 한다. 이처럼 로마의 폭정에 시달리며 살았던 그들은 마음속에 그동안 억눌러왔던 분노와 억울감을 폭발시킬 희생양이 절실했다. 당시 거라사 지방에 살던 사람들은 마귀 들린 그 사람이야말로 그런 희생양에 아주 적합함을 직감했을 것이다.

보통의 희생양은 대개 돌에 맞아 죽는다. 그러나 그 미친 사람은 자해행위를 통해 피 흘림을 밖으로 보임으로써 피 보기를 원하는 마을 사람들의 욕망을 채워주었기 때문에 살아남아 있을 가능성이 높다. 그의 자해적 폭력은 역설적이게도 마을 사람들의 폭력성은 물론 지배자 로마의 폭력성마저 피할 수 있는 도구가 되었던 것이다. 그렇기 때문에 그는 결박을 끊고, 벌거벗고 돌아다니고, 로마에 바칠 세금과 공물, 징병 의무로부터도 완전히 해방되어 있었다. 이처럼 그는 거라사 주민 중 가장 자유로운 사람이었지만 동시에 가장 비참한 사람이었다. 사람들이 그를 계속 그런 상태에 머물러 있도록 했기 때문이다. 이 상황을 달리 표현하면 마귀 들린 사람은 거라사 주민들을 모방하여 자해를 했고, 거라사 주민들은 마귀 들린 사람을 모방하여 간접적인 자유를 경험했다. 이들은 모방적 적대자들의 상호관계였던 것이다(Girard/김진식 2015: 281).

한편 이 비참한 사람이 상징하는 것은 무엇이었을까? 이에 대한 답은 마귀의 이름이 '군대'라는 데 있다. 그러니까 군대 마귀가 들어서 고생하는 이 사람은 당시 그 마을 사람들이 처한 실제적인 상황을 몸 전체로 표현하고 있었던 셈이다. 즉 그는 로마의 권위라는 족쇄의 쇠사슬을 부수고 끊어버리는 일을 하고, 자신을 돌로 상하게 함으로써 당시 사람들이 로마 제국에 포로 상태로 사로잡혀 있다는 사실을 내면화했으며, 저항해보아야 아무 소용 없다는 절망을 표현하기도 했다. 물론 그의 엄청난 분노는 오로지 자신만을 향한다. 그는 완벽한 희생양, 거룩한 바보, 그들의 격렬한 불만의 살아 있는 비유가 되었다. 그는 거라사 주민들을 위한 마귀 들린 사람이었던 것이다. 바로 이런 이유 때문에 그는 그의 마귀들이 "그 지역 밖으로" 쫓겨나지 않기를 간구한다. 마귀들은 거기에 속해 있던 것들이고, 그들은 그 지역의 영이며, 마귀 들린 자는 바로 그런 그들이 구체화된 모습이었다(Wink/박만 2005: 123-4).

현대에서 볼 수 있는 '외부에서 오는 개인적 마귀 들림'의 예는 히로시마에 원자폭탄을 투하한 비행기 조종사 클로드 에덜리(Claude Eatherly) 소령일 것이다. 그는 자신이 행한 비도덕적 행위 때문에 죄책감에 시달렸다. 그래서 세상 전체가 사실을 있는 그대로 볼 수 있도록 노력하였으나 그 일은 실패하였다. 그는 자기 자신만이라도 처벌받아야 한다는 생각에 이상한 행동을 하였다. 감옥에 가기 위해 소소한 범죄를 연이어 저질러서 수감되기도 했고, 나중에는 정신이상으로 판정받아 정신병원에 입원했다. 이때 사회가 그에게 했던 행위를 버트런드 러셀(Bertrand Russell)은 다음과 같이 묘사하였다. "세계는 대량학살 행위를 위해 그가 한 역할을 칭송할 준비를 하고 있었다. 하지만 그가 회개하자 세계는 그가 회개함으로써 드러나게 된 자신들의 죄성을 보면서 그에게 등을 돌렸다"(Wink/박만 2005: 128-9). 도대체 집단으로서의 인간은 왜 이런 행위를 서슴지 않고 하는 것일까?

한 개인을 악마화하는 집단성은 어디서 오는가?

'외부에서 오는 개인적 마귀 들림'을 이야기할 때, 한 개인을 희생양 삼는 외부 세력에 대해 생각해보지 않을 수 없다. 이 장면은 다시금 바로 전에 '그림자'라고 불렀던 "내면의 개인적 마성"에 관한 이야기부터 시작해야 한다. 왜냐하면 우리 사회의 집단적 악마성이 발현되기 위해서는 콤플렉스로 구체화되는 각 개인의 '그림자'들의 결집이 일어나야 하기 때문이다. 내면의 개인적 마성은 처음엔 개인 차원에서 시작될 터이지만, 그것들이 쌓이면 집단 차원으로 변할 것이다. 즉 개인의 내면적 마귀들은 함께 모여 "외적이며 구조적인 마귀"를 만들어낸다. 따라서 '내적인 마귀'와 '외적인 마귀'는 언제나 서로를 창조하고 영원히 함께 존재하며, 인간적인 건강한 세계를 만들려는 하나님의 목적에 대항하여 그것에 대한 적개심을 공동으로 형성한다.

이 현상을 맥나마라의 견해로 다시 생각해보자. 선한 사회적 통제 장치인 왕권의 공공적 희생제의가 약화되면 정치적 혼란을 초래하고 폭력으로부터 약자와 가난한 사람을 보호하던 보호막이 제대로 작동하지 못하게 된다. 이것을 개인 차원으로 환원해 보았을 때 우리의 본래적 성장 기능인 '긍정적이고 통합적인 시스템'이 개인의 내면에서 작동되지 않으면 진정한 자율성과 권위를 가지고 있는 개인이 되지 못해서 개인의 정체성이 집단으로 넘어가게 된다.

'긍정적이고 통합적인 성장 시스템'이 작동할 수 없는 예를 들어보자. 어린 시절에 개인적으로 불량하고 나쁜 아이라는 지적을 지속해서 받아온 사람은 자신이 죄가 있고 따라서 구원이 필요하다는 신학적 주장에 특히 취약하다. 어린 시절에 거절당하거나 버림받았다면 자신이 잘못해서 그런 일이 일어났다고 판단할 수 있으며, 그 아이는 올바른 말과 행동을 해서 다시는 이런 일이 일어나지 않도록 모든 노력을 다하게 된다. 그러므로 아이가 부모에게 버림받은 것에 대해 분노를 느낄 때 "엄마 아빠가 떠나서 화가 나요"라고 말하는 것은 너무 위험하다고 직감하기 때문에, 아이는 엄마 아빠가 자신이 한 나쁜 일 때문에 화가 나서 떠났다고 생각한다. 그러면 거절당했다는 느낌은 거절당한 것이 마땅하다는 확신으로 바뀌고, 자신을 거부한 부모에 대한 아이의 경험은 그 아이 자신의 잘못으로 바뀐 채 자리 잡는다. 그렇기 때문에 아이의 내면에서는 다음과 같이 말한다. "내가 나빴기 때문에 엄마에게 거절당했거나 아빠에게 버림받았어. 다른 사람들이 이런 나를 알게 되면 그들도 나를 똑같이 거부할 거야." 아이는 학대하거나 신뢰할 수 없는 부모가 있다는 사실을 인정하는 것보다 "내가 나쁘다"라고 말할 때 더 안전하다고 느낀다(Corbett 2020: 114).

인간의 죄성을 강조하는 신학은 당연히 이런 "내가 나쁘다"라는 뿌리 깊은 걱정을 강화시킬 수 있다. 그것은 극단적으로 "하나님이 내게서 떠났다"는 확신으로 이어질 가능성이 있으며, 종국엔 병적인 죄책감이나 죄의식을 느끼는 심한 우울증에 빠져들게 할 수도 있다. 똑같은 이유로 만일 학대를 받으며 자란 아이라면, '내가 충분히 잘할 수만 있다면 학대가 멈출 것이다. 나는 그걸 할 수 있고, 학대는 내가 관계를 맺기 위해 지불해야 하는 대가일 뿐이야'라고 생각하면서 학대하는 보호자나 파트너 곁을 감히 떠나지 못한다. 이를 하나님과의 관계에 대입하면 우리는 하나님을 사랑으로만 경험해야 하며, 필요하다면 하나님이 나에게 어떤 나쁜 대우를 하든 "그가 나를 가장 잘 알기 때문에 나는 그런 대우를 받아 마땅하다"라는 뜻이 된다(Corbett 2020: 115). 즉 교회나 내 주변이 나를 무시하거나 업신여겨도 그것은 내가 무언가 잘못해서 얻은 결과다.

이렇게 성장 과정에서 결핍을 경험한 사람은 그 자신 안에 필연적으로 그림자를 갖게 된다. 그것은 이미 설명했듯이 "내면의 개인적 마성"을 만들어낼 씨앗이다. 이때 이런 그림자 혹은 내면의 개인적 마성을 가진 사람을 위로해주는 것은 난해한 신학이나 믿음이 아니다. 그들은 어떤 내면의 깨달음을 원하는 것이 아니라, 공동체에 소속되어 친밀감을 경험하거나 가족의 일원처럼 느끼기 위해 예배에 참석한다. 그것이 바로 우리의 불완전함을 달래고 위로를 받는 진정한 방법이기 때문이다. 이런 경우를 종교적으로 표현하면 그들에게는 다른 사람과의 따뜻한 관계가 더욱 중요하므로 대인관계 속에 있는 신을 선호하게 된다. 이런 우리의 성향을 기존 종교는 예배와 신앙을 공유하는 '교제'라고 묘사한다. 물론 많은 사람에게 교제는 소속감을 느끼게 해 공허감을 해소하는 방법이기도 하고, 동일한 가치를 공유하는 다른 사람들과 함께함으로써 연약한 자존감을 강화하는 방법이기도 하지만(Corbett 2020: 111), 실제로는 교회가 개인의 심리적 갈망을 의식적·무의식적으로 이용하려는 측면이 없지는 않은 듯하다.

우리 사회의 문제는 인간의 나약한 속성을 치료하거나 성장의 길로 인도하려 하기보다는 오히려 그런 인간의 취약점을 부지불식간에 악용한다는 데 있다. 여러 종교 집단이나 사회·정치적 집단이 바로 그렇게 행동하고 있다. 이런 현상은 그 집단들이 본래 교활해서라기보다는 인간의 타고난 속성이 자신의 그림자를 감히 직면해서 보려고 하지 않기 때문이기도 하다. 인간은 노력하지 않으면 자신의 어두운 면을 볼 수가 없다. 왜냐하면 그것은 아프기도 하고 혐오스럽기도 하고 또 괴롭기도 해서, 실제로 그로 인해 삶의 현장에서 답답함, 불안과 불편함을 겪을지라도 본능적으로는 피하고 싶어 한다. 그것을 직면할 때 어떤 깨달음이 오는 것이 확실함에도 불구하고, 현실은 너무 여유가 없고 여건도 마련되어 있지 못하다. 그러므로 깨달음보다는 위로의 관계를 우선 필요로 한다. 그렇다고 해서 교회 공동체의 따뜻한 교제가 불필요하거나 잘못됐다는 것은 물론 아니다. 다만 심리적 결핍이나 고통을 가지고 있는 사람의 핵심적 주제가 무엇인지를 반드시 알고 모든 교제가 이루어져야 함을 강조하는 것이다. 왜냐하면 그런 점을 염두에 두지 않고 행해지는 집단적 행위는 다음과 같은 부작용을 낳기 때문이다.

그들은 심리적으로 취약한 사람들에게 거짓 위로와 안식처를 제공함으로써 그들의 비개인화(depersonalization)와 탈개성화(deindividuation)를 북돋아서 그 집단에 각각의 개인성을 기꺼이 맡기게 만든다. 비개인화 또는 탈개성화란 개인적 자기의 기능이 실체적 집단으로 이전됨으로써 개성을 상실하는 것을 말한다. 탈개성화가 이루어지면 일반적으로 자기-인식이 감소하면서 동시에 사회적으로는 자신을 숨길 수 있는 익명성이 강화되기 때문에, 행동에 대한 책임이 집단 전체로 분산된다. 예컨대 그 속한 그룹이 황홀한 빙의 상태에서 동물을 찢어 죽인다면 탈개성화된 사람도 역시 그렇게 할 것이다. 어떤 그룹이 다른 외부 그룹의 구성원을 처형하라고 요구하면 탈개성화된 사람은 그것을 따를 것이다. 그룹이 결정을 내리면 그 개인은 자제력과 개인적 자율성을 잃을 뿐만 아니라 타인의 고통을 느끼는 능력마저 잃게 되기 때문에 집단을 그대로 따라 행동하는 것이다. 따라서 통제되지 않은 빙의 경험의 근저에는 집단 현상이 항상 자리 잡고 있다(McNamara 2011a: 98-9).

공공의 가치를 위해 단식이라는 도구로 저항하는 사람들을 조롱하려고 그 현장 앞에서 피자를 게걸스럽게 먹는 퍼포먼스를 행하거나, 어떤 대상이나 단체를 혐오스러운 집단으로 단정 짓고 그들에게 형언할 수 없는 분노와 파괴적 행동을 자행하는 집단적 행위가 그런 예처럼 보인다. 일단 어떤 공격 대상을 포획하면 그들은 인종, 민족, 성에 대한 편견이나 다른 종류의 편협함과 독선적 모습을 보이면서도 그 집단성에 매몰되어 있음으로써 도덕적인 존재가 된다(Corbett 2020: 145). 여기에는 "악이 사회화되면 대중은 죄책감에서 벗어나고, 집단적 가학주의라는 죄악은 도덕적 면제를 받게 된다"(Becker 1973: 133)는 악마적 암시 기전이 자리를 차지하고 있기 때문이다. 결국 한 개인의 심리적 취약성인 그림자(내면의 개인적 마성)가 집단의 이기적 마성에 의해 집단적 마성의 한 부분으로 변하고 만다.

르네 지라르의 모방이론

이러한 집단적 마성이 우리 사회에 어떻게 퍼져나가서 사회 전체를 악의 환경으로 만들어버리는지, 그 기전을 잘 설명해주고 있는 것이 바로 르네 지라르의 모방이론이다. 그는 이 이론을 통해 인간이 어떻게 집단화되면서 악마성을 발현하는지 심리적 과정을 잘 묘사해내고 있다. 이런 설명은 공공의 희생제의가 약화된 상태에서 발생하는 황홀경

컬트(cult) 현상이 개인을 말살시키고 집단적 광란으로 치달았던 사람들의 정신적 광기마저 설명해주고 있다.

지라르는 인간이 가지고 있는 '모방욕망'이 인류의 모든 '악의 근원'이라고 보았다. 그러나 모든 모방욕망이 악의 근원이라는 말은 아니다. 거기에는 선한 모방욕망도 있기 때문이다. 예컨대 인류의 문화라는 것은 느닷없이 창조되는 것이 아니라 모방 동화력이 가장 강했던 시절의 모델을 모방한 결과물이다. 만약 인간 욕망이 모방적이지 않고 또 아이들이 주변 사람을 모델로 택하지 않는다면, 인류는 언어도 없고 문화도 없을 것이다. 만약 욕망이 모방적이지 않다면 우리는 인간적인 것은 물론 신적인 것과도 통하지 못할 것이다. 모방욕망은 인간을 동물적 상태에서 벗어날 수 있게 해준다. 그러나 선한 모방이 되지 않으면 이내 동물로 타락한다. 선한 모방을 이루기 위해서 인간은 주체로서의 자기(자아)를 의식해야 하고, 이 과정이 건강해야 미물인 인간은 참 자유를 경험할 수 있다(Girard/김진식 2004: 30).

인간은 타인의 욕망을 나의 욕망으로 모방함으로써 삶의 목표를 설정하기 때문에 그런 욕망은 개인적이 아니라 사회적이다. 여기서 지라르는 자기가 주장하는 모방욕망은 라캉이 말하는 단순한 '거울효과'로 봐서는 안 됨을 강조하면서, 이것은 타인과의 관계를 변질시키다가 끝내는 우리 자신도 변질되는 실제 작용으로 보아야 함을 강조한다(Girard/김진식 2007: 19). 이 말은 라캉의 거울단계에서 아이가 어머니의 평가에 모방적으로 반응하는 것과 지라르가 말하는 모방은 질적으로 다름을 강조하는 것이다. 다시 말해서 라캉의 거울단계에서의 반응은 한 인격의 성장 과정의 일부분인 반면, 지라르의 모방은 악의 근원에 관한 문제와 연결되어 있는 주제라는 뜻이다. 따라서 지라르의 모방이 부정적 혹은 악마적 희생양을 결과적으로 갈망하고 있다면, 라캉의 거울단계의 모방은 긍정적 혹은 공공의 희생양, 예컨대 예수와 같은 인물을 희망하는 초석으로 작동할 가능성이 높다.

다시 모방욕망으로 돌아가 보자. 한 사회의 구성원 모두가 자신들이 가지고 있는 그림자 속성 때문에 욕망의 대상과 목표를 비슷하게 가지게 되면 아주 강한 경쟁적 갈등 상황으로 치닫게 된다. 이런 상황은 분명히 사회적 차원에서 불만족과 같은 불순물이 높이 쌓일 수밖에 없는 정황으로 내닫는다. 이런 불만족은 사회가 건강하고 시스템이 잘 작동하고 있으면 기꺼이 제거할 수 있지만, 그런 경우는 사실상 역사적으로 그리 많지 않다. 그렇기 때문에 반복될 수밖에 없었던 욕망에 대한 제어가 실패로 치닫게 된다. 욕망이 제어되지 못하면 그 집단은 이내 사회적 폭력을 생산해낸다. 이런 상황에 휩싸이게 되면 사람들은 상대방의 가치를 떨어뜨리고, 서로의 소유물을 빼앗으며, 상대의 배우자들을 유혹하고, 살인도 마다하지 않게 된다.

모방본능으로 인한 이러한 사회현상은 추상적이거나 관념적인 것들이 아니라 지극히 일상적인 것들이다. 예컨대 누군가가 악수를 청했는데 상대방이 그것을 거절했다고 하자. 다시 말해서 누군가가 상대방이 청한 악수를 받아들이지 않음으로써 그 사람의 호의를 모방하지 않았다고 하자. 그러면 악수를 거절당했다고 생각하는 쪽은 '내 호의가 무시당했다'라는 마음을 가지면서 오히려 악수를 거절한 사람의 냉랭한 태도를 모방한다. 그러면 서로가 냉랭함을 표출하게 된다. 결과적으로 상대의 냉랭함을 서로 모방하는 이중 모방을 실행하게 된 것이다. 이중 모방은 서로를 믿을 수 없게 만들고, 그에 걸맞은 언어를 쓰게 하며, 급기야 욕설을 하거나 위협 혹은 주먹질, 더 나아가서는 살해 무기를 사용하는 지경으로까지 치닫는다. 그런데도 이렇게 서로 영향을 주는 상호성은 쉽게 깨지지 않는다. 결국 이 상호성을 부수기 위해 살인에 이르기도 한다. 이런 과정은 복수의 악순환으로 이어지기도 한다(Girard/김진식 2007: 29).

이 상황의 동인은 물론 "왜 그 사람은 악수를 거절했을까?" 거절당한 사람은 "왜 자신이 무시당했다고 느낄까?"라는 질문에, 지금까지 설명해온 우리 내면의 '그림자' 혹은 '콤플렉스'로 인한 주관적 느낌들이 부정적으로 작동했기 때문이라고 해석할 수 있다. 그러나 거대한 집단성 앞에서 그런 해석은 무기력하기 이를 데 없다. 다시 말해서 문제를 개인 차원에서 풀어 나가기에는 그 집단성의 힘이 너무도 강력하다.

어떻든 지라르는 이렇게 이루어지는 모방적 경쟁 상태와 그 결과를 '스캔들'이라고 명명했다(Girard/김진식 2015: 30). '스캔들'은 거짓된 모방적 경쟁 관계를 무한히 반복해서 만들어내면서 선망, 질투, 원한, 증오 등 아주 해로운 독소를 사회 전반에 퍼뜨린다. '스캔들'이 절정에 이르면 복수는 전보다 더 강렬해져서 새로운 복수를 부르고, 더 나아가 연쇄적 복수로 이어질 수 있다. 이럴 때 적수들은 엄청난 차이 때문에 서로 단절되어 있다고 믿는다. 그러나 실제로는 모든 차이가 조금씩 소멸하면서 어디서나 동일한 욕망, 동일한 증오, 동일한 전략, 언제나 완벽한 일치 상태에 있으면서도 엄청난 차이가 있다고 믿는 동일한 환상에 빠진다. 위기가 심해질수록 공동체의 구성원들은 모두 폭력의 쌍둥이가 된다. 이런 것을 짝패라고 한다. 이렇게 짝패가 형성되면 공동체 내부의 모든 사람을 단 하나의 희생물로 대체할 수 있게 만든다 (Girard/김진식 박무호 2015: 122-3).

이처럼 반복된 스캔들은 결국 극심한 위기를 초래하고, 그 절정에 사회는 '희생양'의 출현을 갈망한다. 이때 그 사회에서 가장 취약한 사람들이 '희생양'이 된다. 그들은 불순물의 공동체를 정화하기 위해 죄와 불순물로 채워진 다음 그 공동체에서 살해되거나 제거되는 신성한 그릇으로 만들어진다(McNamara, 2011b: 136). '희생양'은 공동체 전체가 만장일치로 선택하며, 사회는 '희생양'에게 폭력을 가해 결국 죽음에 이르게 한다. 그러고 나면 그 사회는 예전의 질서를 다시 회복하거나 새로운 질서를 얻는다. 이런 일련의 과정을 '모방 사이클'이라고 한다.

이런 '모방 사이클' 중심에 바로 마귀가 있다. 모든 사회의 일원이 "희생양에게 죄가 있다고 믿게끔 설득하는 모방"이 바로 마귀의 힘이다(Girard/김진식 2015: 54). 예컨대 예수의 십자가 사건이 그렇다. 군중들은 예수를 희생양으로 몰아간다. 그들은 왜 무고한 예수를 그 지경으로까지 몰아갔을까? 그 군중들은 마귀가 심어준 "희생양에게 죄가 있다"는 확신을 집단적으로 모방하고 있었기 때문이다. 이러한 모방은 여러 사람에게 전염되었다. 그래서 베드로, 빌라도, 예수와 같이 십자가에 매달려 있던 죄수, 수많은 제자 등 모두가 무고한 예수를 욕하고 부정했던 것이다. 결과적으로 죄 없는 예수는 희생양으로 십자가 위에서 처단되었다. 이러한 모방 사이클의 작동을 통해 마귀는 자신의 왕국을 지배하고 있다.

요약해보자. 우선 인간의 내면에는 삶의 질곡으로 인해 그림자가 필연적으로 만들어진다. 그러나 인간은 본능적으로 자신의 그림자를 인식하려 하지 않는다. 다시 말해서 인간은 그림자의 인식이 깨달음의 시작임을 자연스럽게 알 수는 없다. 그런 가운데 여러 사회집단이 의식적으로는 이기적이거나 악하지 않다고 하더라도, 결국은 이기적이고 악한 집단성이 자연스럽게 개인적 마성을 이용하여 집단적 마성을 형성하는 데 일조하게 된다. 이때 형성되는 집단적 마성은 물론 다양할 수밖에 없다. 그러므로 여러 형태의 집단이 서로 반목하고 비난하며 죽일 듯한 적대감을 가지고 싸울 것이다. 그런 집단적 마성은 이내 인간의 모방욕망을 통해 사회 전체로 확산한다. 그것이 극에 달하면 마성적 집단들은 그들의 극단적 이질감에도 불구하고 같은 방향에 서서 만장일치로 한 '희생양' 처형을 요구하고 실행함으로써 긴장을 완화하려고 한다. 이런 일련의 과정을 모방 사이클이라 하고, 그 사이클 중심에 언제나 마귀가 존재하며 이것이 마귀가 세상을 지배하는 방식이다.

이처럼 '외부에서 오는 개인적 마귀 들림'은 한 사람이 '집단적 마귀 들림'을 몸소 감당함으로써 사회 전체가 그것을 의식하거나 탐지하지 못하게 한다. 그러나 '집단적 마귀 들림'의 경우에는 사정이 다르다. 여기에서는 모든 억제가 사라지고, 마귀가 공적인 영역에 나타난다(Wink/박만 2005: 131).

집단적 마귀 들림과 자기의 어두운 면

좀 더 심각한 악의 문제는 집단성으로 나타날 때다. 집단적 사회악의 전형적인 예가 홀로코스트와 그 밖의 수많은 집단적 파괴 사건들이다. 이런 예들은 당연히 한 개인 행동의 악마성을 가지고는 설명할 수 없다. 지금도 이런 유형의 '집단적 악마성 혹은 마귀 들림'은 전 세계 방방곡곡에서 일어나고 있다. 종교적 갈등이나 인종 간의 문제로 혹은 이기적 권력다툼 때문에 일어나고 있는 전쟁은 물론이고, 사회 계층의 이기심이나 권력욕에 의한 편 가름 등으로 인한 무수히 많은 '집단적 악마성 혹은 마귀 들림'을 우리는 너무도 많이 경험하며 살아간다.

히틀러와 집단적 마귀 들림

그동안 자주 분석해오던 히틀러와 당시 독일 상황을 예로 들어보자. 라이오넬 코벳(Lionel Corbett)은 히틀러가 어려서부터 술 중독자인 아버지의 반복되는 폭력 속에서 성장했고, 그의 어머니는 두 자녀를 디프테리아로 잃고 셋째를 사산한 후 히틀러를 낳았기 때문에 어린 그에게 충분한 정을 주려고 하지 않았다(Corbett 2020: 152)고 묘사했다. 그러나 에리히 프롬(Erich Fromm)의 설명은 좀 다르다. 즉 히틀러는 근친상간의 관계에서 태어난 인물이다. 아버지 알로이스 히틀러(Alois Hitler)는 어머니 클라라 히틀러(Klara Hitler)의 삼촌이었다. 그녀는 배우지 못한 채 삼촌 집 하녀로 있으면서 그의 정부로 살아가다가 본처가 사망한 후 후처가 되었다. 결혼 당시 그녀의 나이는 24세, 알로이스는 47세였다. 히틀러의 아버지는 폭력적이지는 않았지만, 여자와 술을 좋아하는 권위적인 인물이었다. 그는 당대의 중산층 남자들처럼 보수적이고 이기적이어서 결코 클라라를 배려하지 않았다. 클라라는 자신의 네 번째 아이인 히틀러에게 헌신적이었고 무조건적이었다. 그 이유는 아마도 위의 세 아이를 일찍 잃어서일 수도 있고, 인격적 대우를 받지 못하고 사는 자신의 삶에 희망을 주는 아이였기 때문일 수도 있다. 그러나 그녀는 따뜻하거나 긍정적이기보다는 슬픈 감정에 젖어 있던 위축된 인물이었다. 독일-오스트리아 중산층이 늘 그렇듯이 그녀는 아이를 낳고 가정을 돌보며 권위주의적인 남편에게 종속되어 살아가는 것을 당연하게 여겼다. 그녀의 나이, 교육 부족, 남편의 높은 사회적 지위, 이기적이기는 하지만 악의적이지는 않은 남편의 성향은 이러한 전통적인 입장을 강화하는 경향이 있었다. 따라서 그녀는 자신의 성격보다는 상황의 결과로 슬픔과 실망, 우울감에 시달리는 여성이 되었을 수 있다. 그녀의 배려심 깊은 태도 밑바탕에는 조현병적이고 위축된 태도가 자리 잡고 있었을 가능성도 있었다(Fromm 1973: 415).

　이런 환경에서 자란 히틀러는 특이하게도 냉정하고 자기애적인 성향으로 자신의 어머니에게 집착했다. 그러나 그 집착은 어머니를 따뜻한 사랑을 베푸는 실제의 인격체로 느꼈기 때문이 아니라 마치 흙, 피, 운명, 죽음이라는 비인격적 힘의 상징처럼 느꼈기 때문이었다. 그는 이러한 냉정한 태도로 어머니라는 상징에 공생적 애착을 나타냈고, 결국 죽음을 통해 그녀와 결합하려는 마지막 목표를 설정하기에 이르렀다. 이런 감정도 다섯 살 이후에는 다른 대상으로 옮겨갔다. 이제 어머니는 그에게 매력의 대상이 아니었다. 어렸을 때 그는 다른 소년들과 군인이나 인디언 놀이를 하기 위해 집을 떠나는 것만 즐겼다. 그는 어머니에게는 관심이 거의 없었고 그녀를 신경 쓰지도 않았다(Fromm 1973: 420). 이러한 성향이 그를 가학-피학적이고 살인을 마다하지 않는 성격으로 성장하게 했다는 추측이다.

　프롬은 여기에 더하여 근친상간으로 인한 가족관계의 부적절성과 친근감의 결여가 히틀러를 자기애적이고 자기중심적인 냉혈한으로 만드는 데 일조했음을 시사하면서, 그것을 악성 근친상간(malignant incestuousness)이라는 용어로 표현했고, 거기로부터 그의 악마적 파괴 성향인 집단 살인 충동이 생겨났다고 보았다. 그런 살인 충동을 그는 시신유골애호증(necrophilia)이라고 이름 붙였다(Fromm 1973: 440). 이 시신유골애호증적 광기가 수많은 유대인과 독일 자국민들, 특히 군인들까지 집단으로 사망에 이르게 했다. 그가 마음속에 분노와 파괴로 가득한 폭력성을 품고 자랄 수밖에 없었던 환경이 운명처럼 그에게 주어졌던 것이다. 이런 환경과 심리적 복합성이 히틀러 안에서 "내면의 개인적 마성"을 형성하는 토양이 되었음은 확실하다.

반면에 당시 독일은 제1차 세계대전의 패망으로 주변국들에게 경제적으로 많은 부채를 지고 있었다. 게다가 정치적인 이유로 집단적인 그림자의 응결이 폭발 직전이었다. 사회가 '집단적'으로 어떤 돌파구를 갈망하고 있었기 때문에 많은 독일인이 히틀러의 연설에 휩쓸렸다. 불확실성과 불안감이 팽배한 시기에 사람들을 안심시킬 수 있는 강한 인물을 절실히 간구함은 필연적이었을 것이다. 이럴 때 유아적인 강력한 심리학적 메커니즘인 이상화의 과정이 일어나기가 쉽다. 즉 이때 옳은 답을 제시하는 것처럼 보이는 카리스마 있는 인물이 나타나면, 그는 즉시 이상화되어 인간 이상으로 보이거나 심지어 신처럼 보이기 때문에 그의 결점은 눈에 띄지 않거나 면제된다. 히틀러의 연설과 사람들의 느낌, 그리고 제1차 세계대전의 패배로 인한 좌절감에서 다시 독일인들 스스로가 강인함을 느낄 수 있도록 해주는 어떤 것들 사이에 공명이 일어났다. 연설이 진행되면서 히틀러는 불안정하고 연약한 인물에서 전능한 슈퍼맨으로 변모하는 것처럼 보였을 것이다. 그리고 이것은 패배와 분열로 굴욕감에 사로잡혀 있던 독일 국민들을 강하고 두려움을 주는 초강력 국민으로 변모시켜주는 국가 비전을 제시하는 힘을 가지고 있었다(Corbett 2020: 141).

칼 융은 제1차 세계대전 이후부터 히틀러가 정권을 잡을 때까지 그의 독일인 환자들이 혼란스럽고 신화적인 폭력 꿈을 꾸었으며, 개인 무의식의 범위를 훨씬 뛰어넘는 잔혹한 꿈을 꾸는 것을 불안한 마음으로 기록하였다. 그는 거기서 "독일 상황에서 인상적인 점은 분명히 '빙의된'(마귀 들린) 한 사람이 모든 것을 멸망으로 굴러가게 할 정도로 국가 전체를 감염시켰다"(Jung 1970: par. 388)라고 표현한다. 마치 나라 전체를 마귀 들림으로 덮어버릴 한 사람의 출현을 예감한 듯하다.

그러나 융의 '마귀 들린 한 사람'이라는 표현을 오해하면 안 된다. 이는 독일이 마귀에 사로잡혔기 때문에 집단적 광기에 휘말릴 수밖에 없었다는, 마치 독일인들 자체는 책임이 없었다는 투의 말이 아니다. 왜냐하면 마귀적인 것은 결코 그것의 정치적 형태인 히틀러 청년단, 나치스친위대(SS), 게슈타포, 교회의 협력, 순수 아리안 인종이라는 이데올로기, 북유럽 신화의 부흥 등의 요인들과 분리할 수 없기 때문이다. 곧 마귀는 소명과는 거리가 먼 그 당시 독일의 국가 천사였던 것이다(Wink/박만 2005: 139). 이와 같이 독일인 집단 속에서 활성화되었던 원형적 악이 히틀러의 개인적인 그림자로서의 악을 만났을 때 독일의 집단적 광기가 시작되었다. 다시 말해서 '집단적 마귀 들림'은 인간 정신의 중심을 일컫는 '자기'(the Self)가 집단화되어 그것의 어두운 면이 두각을 나타낼 때, 히틀러와 같이 "내면의 개인적 마성"이 강한 인물이 집단화된 '자기'의 어두운 면에 불을 지핌으로써 발화되는 것처럼 보인다.

'자기'의 어두운 면

여기서 우리는 우선 '자기'의 어두운 면이라는 개념을 이해해야 하는데, 그러기 위해서 무엇보다도 융이 말하는 '자기'에 대하여 좀 더 알아야 한다. 융 심리학에서의 '자기'란 무엇인가? 융은 인간의 무의식이 개인적인 것과 집단적인 것이 있다고 생각했다. 집단적인 것을 그는 집단 무의식이라고 불렀는데 달리 그것을 '객관적 정신' 혹은 '자율적 정신'이라 하고, 통칭해서 '개인초월적 의식 영역'(a transpersonal field of Consciousness)이라고 한다(Corbett 2020: 42). 이런 영역을 융은 '자기'라고 불렀다.

이 '자기'는 각 개인에게는 물론 그 이웃들에게도 동일하게 있다. 그러므로 인간이 무리를 지을 때 '자기'는 자연스럽게 집단화된다. 그렇기 때문에 '자기'는 개인 정신의 중심일 뿐만 아니라 집단 정신의 중심이기도 하다. 참고로 정신의 구조를 간략하게 표현하면 〈그림4〉(Corbett 2020: 43)와 같다. 인간 정신을 파도로 봤을 때 각각의 파도 맨 위가 개인의 '마음의 의식 수준'으로 '자아'를 나타내고 있고, 그 아랫부분이 '개인 무의식 수준'으로서 '어린 시절 여러 가지 트라우마 등이 억압되어 형성된 개인 무의식'을 나타낸다. 그다음 각각의 파도(개인)들 밑에 동일한 기반을 이루고 있는 바닷물결들이 '무의식의 개인초월적 수준'으로 '자율적 정신', '객관적 정신' 혹은 '자기'라고 부르는 영역을 나타낸다.

인간 정신의 중심으로서의 '자기'라는 집단적 속성 때문에 우리

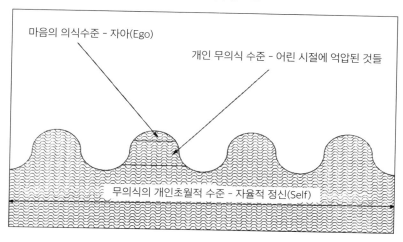

<그림4> 정신의 구성 요소

마음의 의식수준 - 자아(Ego)

개인 무의식 수준 - 어린 시절에 억압된 것들

무의식의 개인초월적 수준 - 자율적 정신(Self)

는 인간관계를 맺을 수 있고 그런 관계를 통해 심리적으로 묶이는 경험과 위로하고 위로받는 경험, 서로의 감정을 확인하고, 서로의 자존감을 지지해주는 관계를 맺게 된다. 동일한 '자기'가 우리 모두를 통해 표현될 수 있다는 말이다. 우리는 다른 사람들과 깊이 연결되는 순간에 넓디넓은 영역을 느끼며, 그 경험은 우리를 강력한 활기 속에서 삶을 긍정하게 만든다. 안타깝게도 우리는 자라면서 다른 사람의 '자기', 달리 말하면 타인의 신성을 인식하는 법을 배우지 못한다. 다른 사람과 경쟁해야 한다거나 아니면 반대로 친절하게 대해야 한다고 배우더라도, 그 가르침 속에는 다른 사람은 우리와 별개라는 암시가 항상 내포되어 있기 때문이다. 때때로 '자기' 경험은 우리가 다른 사람들과 함께 있을 때 저절로 생겨나기도 해서 성스러운 일체감을 만들어낸다.

8장 악마적 빙의

237

사람들이 사랑에 빠질 때 바로 그런 느낌을 경험한다(Corbett 2020: 23).

그러나 '자기'는 선하기만 한 것이 아니다. 그것은 다시 말해서 '정신 안에 있는 하나님 형상', 또는 우리가 경험하는 신성은 총체성의 상징이기도 하기 때문에 선과 악의 잠재력을 모두 포함하고 있어야 한다. 그러므로 '자기'는 밝은 면과 어두운 면을 동시에 가지고 있다. 이를 종교적으로 말하면 신 안에 선함과 악함이 공존한다는 말이다. 여기서 오해하지 말아야 할 것은 '신', '야웨', '사탄' 등의 용어들이 신학적 개념이 아니라 인간의 정신 안에서 활성화되는 원형적 과정을 의인화했다는 점이다. 신이나 야웨 혹은 사탄의 본질에 관한 것은 심리학에서는 관심 밖의 일이다. 인간을 순전히 심리학적 관점에서 보았을 때, 인간 정신을 초월하는 신이 있다면 심리적 개념은 그런 신을 담아내지 못한다. 왜냐하면 우리가 그 신에 대해 말하려고 할 때, 실제 그 자체에 대해 말하는 게 아니라 그것에 대한 우리의 이미지에 관해서 말하기 때문이다. '신'은 우리가 신을 경험하는 방식만을 의미한다. 이것이 융이 항상 '자기'를 '하나님-형상'으로 말하는 이유다. 융에 따르면 우리는 '자기'가 신이라거나 신이 '자기'라고 말할 수 없으며, 단지 그들 사이에 일관된 '심리적 관계'가 있다고 말할 수 있을 뿐이다(Corbett 2020: 165-6).

하나님에게도 어둠이 포함된다는 표현, 다시 말해서 악도 하나님 안에 있다는 융의 주장은 새로운 것이 아니다. 많은 고대 신화에는 빛과 어둠의 특성을 모두 가진 신들이 등장한다. 고대 그리스 신 중 일부는 때때로 잔인하게 행동했고, 힌두교 전통에서는 어두운 면을 지닌 칼리(Kali)라는 신을 인정한다. 고대 이집트에는 악의 신 세트(Set)가 있었고, 고대 북유럽 신화에는 사악한 로키(Loki)라는 신이 있었다. 조로아스터교 역시 빛과 어둠의 영적 원리를 인정했고, 구약성서에서도 하나님-형상 속 어둠을 어느 정도 용인하고 있다(Corbett 2020: 166).

성서 속 많은 이야기가 하나님-형상의 어두운 면을 드러낸다. 욥기에 나오는 악은 전적으로 개인초월적 기원을 갖는다. 이집트 왕 파라오의 마음을 강퍅하게 만드는 구약의 하나님은 "나는 죽이기도 하고 살리기도 한다. 나는 상하게도 하고 낫게도 한다. 아무도 내가 하는 일을 막지 못한다"(신 32:39)라고 하며 마음대로 죽일 수 있는 능력을 과시하는 어둠을 겸비한 하나님이다. 이사야 예언자는 하나님을 대신하여 "나는 빛도 만들고 어둠도 창조하며, 평안도 주고 재앙도 일으킨다. 나 주가 이 모든 일을 한다"(사 45:7)라고 말한다. 시편 88편 "주께서는 나를 구덩이의 밑바닥, 어둡고 깊은 곳에 던져 버리셨습니다.… 주님께로부터 오는 그 형벌이 무서워서, 내 기력이 다 쇠잔해지고 말았습니다"(6절, 15절)는 가장 고통스러운 구절이다. 예수가 십자가에 죽기 직전 시편 22편을 인용하여 고통을 고백한 것은 너무도 유명하다. "어찌하여 나를 버리셨나이까?"라고 예수가 외쳤을 때 하나님은 그 고통을 외면함으로써 그것을 용인하고 있지 않은가? 마르틴 루터는 하나님은 본질적으로 숨겨져 있고 다만 십자가에 못 박힌 그리스도 안에서 인류에게 계시되었다고 말한다. 이는 비참한 약함 속에 하나님이 있다고 하는 것으로서, 루터에게서 하나님은 고통 속에서 드러난다. 이것은 아마도 하나님의 어두운 면을 정중하게 표현한 것일지도 모른다(Corbett 2020: 167-69).

'집단적 마귀 들림'은 '객관적 정신'(the Self)의 어두운 면(개인적 및 집단적 그림자)을 무시 혹은 등한히 하거나 망각할 때 나타나는 공동체적 현상이라고 볼 수 있지 않을까? 다시 말해서 각 개인이 자신의 그림자를 집단에 투사함으로써 거대한 사회악을 창출해낸다고 할 수 있다. 이 표현은 반은 맞고 반은 틀린다. 왜냐하면 세상의 무의식이 각 개인에게 투사되는 것도 있기 때문이다(Wink/박만 2005: 133). 개인이 외부로 투사하고 외부 또한 개인에게 투사하는 환경은 지라르가 설명한 모방본능의 바탕이 되는 것일 수도 있다. 이런 기전으로 우리는 '사회가 공유하는 정신병리'를 경험하고, 더 나아가 '정신 병리적 전염병의 확산'을 경험하는 것처럼 보인다. 결국 지금까지 논의한 모든 과정이 한데 모이는 순간 '집단적 마귀 들림'이 발화된다고 해도 과언은 아니다.

집단적 마귀 들림 현상

오늘날 마귀의 세상 지배 상황은 어떤가? '집단적 마귀 들림'은 "지도자에 대한 노골적이며 공인된 우상숭배"의 형태를 띤다. 그것은 하나님을 향해 책임감을 갖고 응답하려는 인간이기를 포기하는 것, 즉 주체적 인간임을 포기하고 신격화된 타자나 집단에게 최종적인 심판을 맡기는 것이다. 이런 현상이야말로 악마에게 자신을 빼앗기는 악마적 빙의, 곧 마귀 들림이 아니겠는가? 그러나 사람들은 이런 것들을 심각하게 생각하지 않을 뿐만 아니라, 그들 자신이 이런 식의 마귀가 들렸음을 깨달았을 때는 이미 너무 늦어버린 경우가 허다하다.

현대의 집단적 마귀 들림이란 어떤 개인이나 집단 속에서 인간에게 파괴와 폭력을 모방하도록 부추기는 모든 힘을 일컫는 것이 아닐까? 그러한 마귀의 속성은 모든 것을 분열시켜 서로 반목하게 만드는 것이다. 사실상 현실에서 이런 부추김은 교묘해서 분간하기가 쉽지 않다. 그런 예들은 ① 종교나 어떤 이데올로기의 이름을 앞세워 자신들만 옳다고 주장하는 경우, ② 물질의 축복 등 현세의 복락에만 치중된 삶을 부추겨서 내면의 자기, 곧 그림자를 못 보게 하는 경우, ③ 사람들 간의 경쟁만을 강조하는, 즉 페르소나만을 강조하여 '자기'를 만날 기회를 박탈하는 경우, ④ 정치적이든 종교적이든 어떤 거대 권력에 대한 복종을 은근히 강요하여 결과적으로 주체적 개인, 곧 하나님의 형상으로서의 존재를 숨 못 쉬게 만드는 분위기, ⑤ 남녀를 가르고, 남북과 동서를 가르고, 노동자와 사용자를 가르고, 소위 보수와 진보로 왜곡되게 갈라 사탄의 전매특허인 사회 전체를 산산조각 내는 행위들일 것이다. 다시 말해서 현대의 마귀 행위란 인간의 모방 욕망을 부정적인 것으로 가득 채워서 분열, 분파, 반목, 파괴로 이끄는 모든 힘을 일컫는 것이 아닐까?

우리가 쉽게 분별할 수 없는 집단적 마귀 들림 현상이 지금 이 지구에 만연해 있는 것도 사실인 듯하다. 예컨대 그런 집단성에 연루되어 있으면서도 그것을 인식하지 못하는 상황이 미국에서 벌어지고 있다. 미국은 세계에 대한 정치 경제적 주도권을 유지하기 위해 더러운 작업들을 가차 없이 시행하는 국가다. 미국 행정부, 의회, 군대, CIA 등이 그 일을 구체적으로 실현한다. 대부분의 미국인은 그 수익자로 있는 것을 만족스럽게 여긴다. 그들은 일상에서 마귀는 염두에 두지 않으며 학교 가는 아이들에게 키스를 해주고, 개를 토닥거리며, 버스 기사와 교양 있게 담소를 나눈다. 그 사회는 정상적이고 문명화되어 있다. 물론 거기에는 나치의 열광주의 같은 징후도 없고, 그들은 최면술사와 같은 선동가의 장황한 연설을 들으러 체육관으로 몰려가지도 않는다. 그러나 미국은 온 지구 방방곡곡에서 전쟁과 인종차별, 그리고 파괴적인 행위에 직간접적으로 가담하기를 서슴지 않고 있다. 마틴 루터 킹은 이러한 미국을 "전 세계의 가장 큰 폭력의 전파자"라고 선포하였다(Wink/박만 2005: 135).

미국인들의 이런 모습을 '집단적 마귀 들림'의 예로 제시한 윙크의 견해에 선뜻 동조하지 못할 수도 있지만, 거시적 안목으로 보면 일리가 있는 시각이다. 집단적 마귀 들림은 비단 미국에만 국한되어 있는 것 같지 않다. 우리 주변에서도 알게 모르게 일어나고 있는 현상은 아닐까? 되돌아볼 필요가 있다.

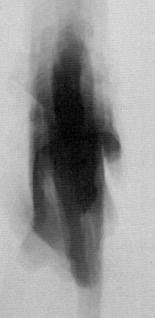

9장

악마적 빙의를 어떻게 할 것인가 ?

마귀 들림에 대한 치유법은 개인 차원과 공동체 차원으로 나눌 수 있다. 개인 차원의 대처법은 심층심리학적 접근일 터이고, 공동체 차원은 여러 가지 다양한 사회적 기관의 역할과 집단적 사고방식의 방향성이나 기전에 대한 견해일 것이다.

개인 차원에서의 대처법

기독교는 우리 내면의 어둠을 결코 제대로 다루지 못하였다. 그동안 교회는 그저 헌신과 순종, 믿음, 사랑을 강조하고 강화함으로써 이런 문제들을 해결하려고 하였다. 그러나 이런 시도는 내면의 그림자를 억압 상태로 남겨둠으로써 자기-의(self-righteousness)에 기초한 과도한 의무감만 강화했을 따름이다. 그뿐만 아니라 내면의 악을 공산주의자, 간음한 자, 동성애자 등의 악마적인 외부 대상들에게 투사하거나 그런 감정 자체를 분노의 영, 질투의 영, 혹은 정욕의 영 등으로 악마화하여 쫓아내려고만 하였다(Wink/박만 2005: 142).

　우리는 내면의 어둠을 억압하거나 무시하면 안 된다는 것을 알고 있다. 그러나 안타깝게도 종교, 특히 기독교는 그것을 진지하게 다루는 방법을 모르고 있었다. 현대에 이르러 밝혀진 것은 무의식에 대한 인식이 없으면 아무리 가장 엄격한 성찰을 통해 얻을 수 있는 것이 있다고 해도 한계가 있기 마련이라는 점이다. 우리의 어둠을 다루는 데 심층심리학만큼 진지한 분야는 아직 없는 듯하다. 심층심리학에서는 그림자가 형성될 수밖에 없었던 환경을 이해하려 하고, 그렇게 함으로써 고통스러운 감정을 행동으로 옮기지 않고 조절할 수 있는 능력을 찾으려 한다. 그러한 과정을 거치면서 자신의 개인무의식의 의식화를 도우려고 노력하는 것이다. 이는 그림자를 의식 안으로 통합하는 과정인데, 그렇게 그림자의 통합이나 그것을 다루는 기술이 가능할 때 우리는 분노를 건강한 자기주장으로, 취약성을 타인에 대한 공감으로, 오만 혹은 거만함을 건강한 자존감으로 전환할 수 있다. 어린 시절 물리적 혹은 심리적 상처를 받은 사람들이 그 고통을 이겨내고, 그로 인한 부정적 감정을 건강한 감정과 통합하게 되면 남을 용서하는 능력이 놀랍도록 발달한다(Corbett 2020: 163). 사실 기독교적인 것과 심층심리학적 접근방식이 양립할 수 없는 것은 아니기 때문에, 기독교인이면서 동시에 심리적 성장을 원하는 사람이라면 두 가지 접근법을 결합할 수 있다. 그러니까 신앙인의 관점에서 심층심리학적 접근방법을 믿음의 결여로 비판하는 것은 현명하지 못하다.

공동체 차원에서의 대처법

'외부로부터 오는 개인적인 마귀 들림'과 '집단적 마귀 들림'은 기본적으로 집단성을 특징으로 한다. '외부로부터 오는 개인적인 마귀 들림', 즉 외부의 영향으로 겪게 되는 개인적인 마귀 들림도 그 개인에 관한 대처를 하기 전에 우선 그를 그런 지경으로 몰아가는 집단적 악마성에 초점이 맞춰져야 한다는 말이다. 이러한 집단적 마귀 들림에 대한 대처법은 단연 예수의 마귀 축출 행위가 그 모델이다. 예수는 마귀적인 것을 만날 때 부흥회 같은 투쟁이나, 마귀 축출자가 하는 신체적 공격, 마법적인 단어나 십자가, 성수, 심지어 하나님의 이름을 부르는 것조차 하지 않았다. 예수는 그저 차분하게 그 상황을 완전히 지배했다. 마귀들이 무력해진 것은 그들이 예수 안에서 '성육신한 하나님'을 대면했다기보다는 '새로운 질서'가 오리라는 그의 선포와 연합되어 있었기 때문이다(Wink/박만 2005: 147-8).

'새로운 질서'를 개인 차원에서 보거나 혹은 집단 차원에서 보거나 그것은 본래 가지고 있던 우리의 본성을 회복하는 것이고, 사회적 관점에서 확대해석하면 인류가 본래 가지고 태어난 바로 그 만물의 조화로움을 회복하는 것이다. 그렇다면 집단적 마귀 들림에서의 퇴마법은 당연히 거대하고 위력적인 마귀를 객관적 실체로 파악하여 우리 밖으로 쫓아내는 것이 아니라, 악을 우리 집단 안에서 발생한 분열됨의 본질로 인식하고 그런 우리 자신의 아픔을 감싸고 화합하는 것이다.

따라서 첫째, 우리가 우선 해야 하는 퇴마법은 기독교의 분열된 이원론적 사고방식부터 의식하고 관찰하는 것이다. 그동안 기독교는 하나님-형상의 어두운 면을 분리하여 악마에게 투사해왔다. 그래서 기독교인들은 하나님을 가장 높은 선만을 가진 사랑의 하나님이라고

만 고백해왔던 것이다. 이렇게 순선과 순악으로 나누는 것은 만족감의 원천인 어머니와 좌절의 원천인 어머니가 사실 같은 사람이라는 것을 인식하지 못하는 아주 어린 아기들의 특징이다. 분열적 시각은 성인이라도 정서적 어려움을 겪을 때 지속적으로 나타날 수 있으며, 세상을 단지 흑과 백으로만 경험하게 된다. 이러한 분열은 사실 원시적이고 유아적인 정신 과정이다. 유아는 점점 성장해가면서 세상엔 회색 음영이 많다는 것을 알게 된다. 회색 음영을 인정하는 것은 객관적 정신으로서의 '자기'의 그림자는 말할 것도 없고 우리 자신의 개인적 그림자도 인정해야 하기 때문에 어렵다. 그러나 집단적 마성이 '자기'의 어두운 면으로부터 유래되는 것임을 아는 순간 그로 인한 퇴마는 당연히 나누어진 그 그림자와 연합하여 온전한 자기-상으로 통합하는 것이다. 심리적 영성을 위해 신성한 어둠은 더 이상 분리되어 사탄의 형상에 갇혀 있을 수 없다(Corbett 2020: 168).

이를 위해서 두 번째 퇴마법은 바로 그런 악마성을 만천하에 드러나게 하는 저항적 폭로 행위다. 이것은 개인 차원에서도 매우 의미 있는 작업인데 이는 쉽게 드러내기 어려운 자신의 두렵고, 수치스럽고, 열등한 어두운 면을 의식해야 하기 때문이다. 어둠과 통합하려면 우선 그것의 모습이 낱낱이 드러나야 한다. 그러므로 집단적인 마귀 들림 앞에서 건강한 사회집단이 해야 할 일은 그것을 의식 차원으로 떠오르게 의식화시키는 것이다.

어떤 악이라도 그런 악이 되풀이되지 않도록 하기 위해서는 반드시 그 악마적 상황을 끊임없이 기억하고 있어야 한다. 그것이 폭로의 시작이고, 그런 폭로가 화해의 단초를 마련함은 틀림없다. 안홍택 님의 「낯선 힘을 넘어 기억하고 외치기」라는 글은 고린도전서 11:26의 의미를 새삼 되새기게 한다. 그 본문은 이렇다. "그러므로 여러분이 이 빵을 먹고 잔을 마실 때마다 주님의 죽으심을 그가 오실 때까지 선포하는 것입니다." 평범한 기독교 성찬식에 관한 설명처럼 보이는 구절이지만, 거기엔 예수의 죽음을 그가 재림할 때까지 선포하라는 메시지가 강하게 내포되어 있다. '죽음을 선포하는 일'은 보통 억울한 죽음일 때 하는 행위다. 그런 죽음을 선포하는 부르짖음이 우리 사회에서 여전히 들려온다. 쌍용차, 용산 참사, 강정 구럼비 바위, 구제역으로 죽어간 가축, 위안부 할머니, 제주 4·3, 이태원, 그리고 국가폭력으로 304명이 세월호에서 죽어갔다. 성서는 이런 죽음에 대해, 특히 폭력적인 죽음에 대해 잊지 말라고 거듭 이야기한다(416생명안전공원 예배팀 2023: 31-3).

그렇다면 이런 폭로만으로 모든 악의 문제가 해결될까? 그렇지 않은 것이 현실이다. 세 번째 방법을 고려해야 하는 이유가 여기에 있다. 사회의 집단적 악마성이 폭로된 후엔 반드시 그 악마성, 다시 말해서 '자기'의 어두운 면과의 화해 혹은 연합 과정이 시작되어야 한다. 그것이 사탄이나 악마의 모습으로 우리에게 다가오더라도, 그것은 잘라내거나 축출해야 하는 어떤 혐오스러운 존재가 아니다. 우리는 인격의 어두운 면을 의식에서 분리하여 제거할 수 없기 때문이다. 우리는

'자기'의 어두운 면이 우리 안에서 구체화되면서, 성격을 통해서 명백히 나타나기를 무의식적으로 요구한다는 것을 받아들여야 한다. 그렇지 않으면 악과 싸울 때 우리는 우리 정신의 근원이기도 하고 사회정신의 근원이기도 한 '자기'와 싸우고 있다는 끔찍한 역설로 이어진다(Corbett 2020: 171). '자기'의 어두운 면이란 곧 총체적 '자기'의 다른 측면임이 명백하기 때문에 그것은 다른 나임이 틀림없다. 그러므로 자기가 또 다른 자기 자신과 싸운다는 게 말이 되는가?

두 번째로 제시한 폭로의 문제와 세 번째 '자기'의 어두운 면으로서의 악과 화해하는 문제는 좀 더 자세히 살펴볼 필요가 있어서, 그 둘을 좀 더 구체적으로 생각해보려고 한다.

어떻게 폭로해야 하나?

우리의 집단적 악마성을 폭로하는 데 앞장서는 깨어 있는 사회와 시민·종교 단체, 언론들의 맹점은 폭로를 어떤 자세로, 어디에 초점을 맞춰서, 얼마나 지속적으로 해야 하는지에는 관심이 없는 듯한 데 있다. 사실 악의 문제가 단순한 의협심으로 폭로되는 데서 멈춰버리면 그 순간 선이나 정의 편에 서서 활동하던 사람들과 반대편의 악마적 무리 사이에 경계선만 뚜렷해질 뿐이고, 사탄이 제일 좋아하는 분열된 상태는 그대로 있는 셈이다. 다만 우리의 선량함이 승리했다는 기록을 하나 남기는 차원으로 변한 것뿐이다. 그것은 모방이론에서처럼 상대를 향한 적개심을 서로 모방하는 악순환의 일종이다. 따라서 불의를 각성시키듯 하는 폭로는 또 다른 악마성의 표출에 불과하다. 우리가 악마에 대한 폭로를 올바르게 하려면 고린도전서 11:26에서 권면하는 '예수 죽음의 선포'가 어떤 힘을 갖는지, 그리고 왜 예수의 재림 때까지 그토록 오랫동안 폭로를 해야 하는지를 알아야 한다.

두 가지 형태의 희생양 메커니즘

르네 지라르의 모방이론에 의하면 인간은 그들의 마성을 서로 모방하다가 그 끝에 가서는 결국 희생양을 요구하게 되고, 그 희생양을 유죄로 만들어 죽임으로써 사악한 박해자들은 무죄가 된다. 이것이 모방욕망의 마성적인 결과다. 그러나 그런 마성의 부당함을 알리는 다른 희생양 메커니즘이 있다. 그것은 앞의 상황과는 정반대로 무고한 희생양이 그 무고함을 인정받고, 사악한 박해자가 그대로 유죄로 판명되는 희생양 메커니즘이다.

이것은 바로 구약성서에 나오는 메커니즘으로서 욥기에서 우리는 그런 예를 볼 수 있다. 즉 그곳에는 신에 대한 두 가지 개념, 즉 '박해자의 신'과 '희생양의 신'이 대치하고 있다. 욥 주변의 군중들은 오랫동안 욥을 흠이 없고 정직하고 하나님을 잘 섬기는 인물로 존경하고 있었다. 그러다가 그들은 갑자기 아무 이유도 없이 천재적 모방 욕망 유발자인 사탄의 농간에 현혹된다. 사람들은 맹목적인 모방 메커니즘에 빠지게 되고, 그 결과 그들은 욥에게서 등을 돌린다. 그러고 나서 그들은 욥에게 죄가 있음을 강요하고, 자신들의 태도는 신의 의지라고 정당화한다. 그들은 욥이 스스로 자신의 죄를 고백해야 한다고 그를 몰아붙인다. 급기야 군중은 그들의 대표로 세 친구를 내세워 그를 공포 속으로 밀어 넣으면서 유죄 선고에 대한 모방적 동의를 얻어내려고 애를 쓴다. 이는 만장일치를 불러일으키는 행위이고, 20세기의 인민재판과 같은 것이었다. 이처럼 욥기는 신과 군중이 하나였음을 웅변적으로 보여주고 있다(Corbett 2020: 151).

욥기에서 가장 중요한 것은 욥이 대다수가 따르던 순응주의를 거부했다는 점이다. 그는 주저하기는 했지만, 끝까지 자기 자신의 결백을 주장함으로써 집단적으로 이루어진 무자비한 린치가 부당함을 폭로했다. 이때 우리가 주목해야 할 것은 그가 폭로할 때 상대를 비난하거나 상대의 흠을 잡아 공격하거나 하는 모방적 행동을 하지 않았다는 점이다. 그 결과 그는 야웨를 '박해자의 신'이 아니라 '희생양의 신'으로 만들어냈다. 그러면서 그는 야웨의 뒷모습을 볼 때까지 끈질기게 일관된 폭로를 이어갔다. 마침내 그는 "나는 믿는다. 나의 변호인이 살아 있음을"(욥 19:25)이라고 말할 수 있었다(Corbett 2020: 152). 여기서는 욥이 죄를 범해 죽어야 하는 희생양이 아니라 무고하고 옳은 자로 나타나고 있다. 희생양은 죄가 없고, 그를 괴롭힌 박해자들이 유죄다. 이처럼 유죄인 희생양과 무죄인 박해자를 무죄인 희생양과 유죄인 박해자로 뒤바꾸는 것이야말로 욥기의 관점이다.

이와 동일한 예가 바로 예수의 처형 사건이다. 예수는 무죄다. 유죄인 자는 그를 십자가형에 처한 자들이다. 예수의 부활을 목격한 소그룹의 사람들은 그 처형의 부당함을 확신하고 있었다. 이러한 균열은 악마적 폭력성을 만천하에 폭로하는 데 중요한 동인이 되었다.

폭력적인 희생양 메커니즘이 성사되려면 우선 '자신들이 무엇을 하는지 모르는' 박해자들의 무지가 필요하고, 동시에 사탄의 어둠이 필요하다(Corbett 2020: 185). 예수의 십자가형 또한 다른 희생양 메커니즘과 똑같이 시작되고 똑같이 전개되었다. 그러나 그 결과는 전혀 달랐다. 그것은 예수의 부활로 그 기전이 전복되었기 때문이다. 부활은 예수의 무고함을 증명해줌으로써 감추려는 폭력의 부당함을 만천하에 드러낼 수 있게 하였다. 이를 좀 더 자세히 설명하면 이렇다. 즉 예수의 부활을 경험하고 믿게 된 사람들은 소수였다. 그리고 그들이 예수의 처형에 대해 이의를 제기한 것도 그 사건이 벌어진 뒤의 일이었다. 오히려 심하게 말하면 처형 당시에는 베드로마저 저항하지 못하고 도망가 버렸다. 그러므로 그 당시에는 악마적 희생양 메커니즘이 진행되고 있는 상황에 아무런 영향도 미치지 못했다. 그러나 그들은 영웅적인 용기로 스스로 자신들을 다잡으며 보고 들은 것을 정리하여 기록으로 남겼다. 그 뒤에 이 기록은 전 세계로 퍼져나갔고, 그로 인해 희생양들이 부당하게 살해당했다는 것을 만천하에 폭로했다. 사회에 만연한 악마적 질서(디오니소스적 희생제의)를 완전히 뒤엎는 진실이 전 세계 구석구석까지 알려지게 된 것이다(Corbett 2020: 236).

예수의 폭로 방법

마태복음 5:38-40의 말씀이다.

> "눈은 눈으로, 이는 이로 갚아라" 하고 이른 것을, 너희가 들었다. 그러나 나는 너희에게 말한다. 악한 사람에게 맞서지 말아라. 누가 네 오른쪽 뺨을 치거든, 왼쪽 뺨마저 돌려 대어라. 너를 걸어 고소하여 네 속옷을 가지려는 사람에게는, 겉옷까지도 내주어라.

이 말씀은 단지 순진하고 비굴하게 가해자에게 굴복하여 고통을 피하라는 자학적인 가르침일까? 예수는 과연 강자의 변덕을 만족시키기 위해 우리를 기꺼이 내던지라고 약자의 입장에서 가르치고 있는 것일까? 이 본문을 좀 더 자세히 살펴보면, ① 아무런 자극도 없는데 우리의 뺨을 때리는 화난 사람이 나오고, ② 법을 통해 우리 속옷을 빼앗으려는 사람이 나온다. 여기서 속옷이 귀한 물건의 상징으로 나온 이유는 예수 당시 무릎까지 내려오는 속옷은 하나뿐이라서 중요한 옷이었기 때문일 것이다(Girard/김진식 2007: 41-2). 또한 오른쪽 뺨을 때리는 장면에서 상대의 오른쪽 뺨을 때리려면 때리는 자의 왼손으로 해야 한다. 그런데 그 사회에서 왼손은 불결한 일을 할 때만 사용하는 관습이 있었기 때문에 왼손으로 때리는 것은 흔한 일이 아니다. 그러므로 오른쪽 뺨을 때리려면 오른손바닥이 아닌 손등으로 할 수밖에 없다. 이것은 상대와 주먹싸움을 하려는 것이 아니라 상대를 모욕할 때 하는 행위다. 즉 상대방에게 상처를 입히자는 것이 아니라 수치스럽게 만들자는 것이다. 보통 주인이 노예를, 남편이 아내를, 어버이가 자식을, 남자가 여자를, 로마인이 유대인을 그렇게 때렸다(Wink/한성수 2015: 325-6; Wink 2017: 186). 그러니까 이 두 가지 행위는 아무 의도 없이 행한 것이 아니라 우리를 자극하려는 속셈이 있음을 암시한다. 악마성이 강한 사람들은 오로지 우리를 화나게 만들려고 한다. 그래야 그다음 그들의 폭력이 정당화되기 때문이다. 그들은 우리의 보복을 유발하려고 갖은 방법을 다 쓰고 있는 셈이다. 즉 그들은 소위 '정당방위'의 핑계를 찾고 있는 것이다.

이때 만일 그들이 우리에게 행한 것처럼 우리가 그들에게 행한다면, 그들은 곧 그들이 행한 부당한 행위를 우리의 폭력 때문에 어쩔 수 없이 하게 된 정당한 복수라고 꾸밀 것이 뻔하다. 그러므로 우리는 그들이 우리에게 강요하고 있는 부정적 상호 합작의 빌미를 주어서는 안 된다. 복수하고 싶은 마음에 우리가 한 번 더 모방을 따름으로 초래하게 되는 엄청난 위기에 비하면, 분쟁의 상황(뺨치기)이나 대상물(옷)은 그것이 아무리 소중하더라도 유한한 것이다. 그래서 그 상황과 대상물을 내주거나(왼뺨을 대줌) 포기하는 것(겉옷까지 줌)이 더 낫다. 그러니까 우리가 상대와 똑같은 적개심이나 논리를 가지고 폭로하면 모방 욕망에 편승하는 것이어서 진정한 폭로가 일어날 수 없다. 진정한 폭로는 상대가 은근히 바라는 것들을 기꺼이 내어주어 모방 욕망이라는 악순환에서 벗어나는 다른 차원의 폭로여야 한다.

예수가 우리에게 모범적으로 보여준 것이 바로 그런 악순환의 고리를 끊어내는 행위였다. 예수가 몸소 가르쳐 준 규칙은 "우리 이웃이 우리에게 과도한 요구를 하거나 혹은 그렇게 보일 때는 언제나 나도 그 사람에게 똑같이 행하지 말고 대신에 그 잠재적인 경쟁자에게 분쟁의 상황이나 대상물을 넘겨주어서 희생양으로까지 이어질 수도 있는 폭력의 상승작용이 시작되는 것을 피해야 한다"는 것이다. 이것은 하늘나라의 독특한 규칙이다. 이 세상에서 예수는 끝까지 이 규칙을 지키지만 정작 이 세상은 이것에 대한 관심이 전혀 없었다. 결국 그는 세상 사람 전부에 반하여 자신이 홀로 맞섰다. 그러나 인간의 폭력은 자신을 널리 알리는 자(예수)를 적대시하는 법이다. 예수는 자신의 임무를 완수하는 것 자체 때문에 죽을 수밖에 없었다. 즉 상대는 예수를 화나게 해서 폭력으로 응수하게 하려 했지만, 그는 그런 빌미를 제공하지 않고 그들이 원하는 희생양이 되었다. 그는 모방이론이 악순환하는 고리를 끊어내기 위해 이중 모방을 따르지 않고 기꺼이 그들이 원하는 희생양이 되었던 것이다.

여기서 중요한 포인트는 예수가 적의 폭력성을 미연에 방지하기 위해 우리의 적대감을 자극하려는 요소를 사전에 차단하라고 가르치면서, 그들에게 굴복하거나 저항을 포기하라고 가르친 것이 아니라는 점이다. 폭력자들 혹은 악마적 세력에 대한 폭로로서의 저항은 끊임없이 이어져야 함을 그는 자신의 목숨을 버리기까지 과감하게 실행에 옮김으로써 보여주었다. 그러니까 우리가 악을 폭로할 때 폭력 주동자들이 자신의 만행을 감추거나 정당화하기 위해 우리를 자극했던 행위를 피하면서 우리의 폭로는 계속 이어져야 한다. 그런 과정을 통해서 폭력의 부당성이 만천하에 명명백백히 드러나야만 그 문제를 비로소 해결하거나 치유할 수 있는 기회가 생기기 때문이다. 이것이 악을 끊임없이 폭로하려는 사람은 누구나 '예수의 죽음을 선포하는 일'을 재림 때까지 지속해야 하는 이유다. 예수의 죽음을 선포하는 순간마다 모방이론에서 나타나는 악순환의 고리가 끊겨 나가는 것은 분명하다.

지금도 폭로되고 있는 1980년 5월의 광주

우리의 현대사에서도 이와 유사한 폭로사건이 있었다. 그것은 바로 5·18 광주 민주화 운동이다. 지금을 사는 한국인이라면 1980년에 있었던 그 사건을 결코 잊어서는 안 될 것이다. 그 사건이 배후에 어떤 세력이 어떻게 준동해서 일어난 비극이었는지는 어느 정도 정리가 된 상태이지만, 정말 있어서는 안 될 무차별 폭력이 무고한 시민을 대상으로 일어났다. 1979년 10·26 사태 이후 12·12 군사반란이 성공하면서 사회는 혼란에 빠졌고, 민주화를 열망하는 국민들과 기존 권력을 놓지 않으려는 기득권 세력이 대치하는 상황이 전개되고 있었다. 이때 광주에서 상상치도 못한 사건이 터진 것이다. 물론 광주 민주화 운동의 발발을 국제적으로 확대하면 미국의 영향 등이 작용했을 것이라는 추측도 가능하다. 예컨대 1980년 5월 26일 자「뉴욕타임스」는 광주 봉기의 학생 지도자들이 윌리엄 글라이스틴 대사가 나서서 휴전을 주선하여

유혈사태를 중단할 수 있게 해달라고 미국에 요청했지만, 글라이스틴이 중재 요청을 거절했다고 보도하였다(차종환·김인철 2020: 134). 어떻든 무차별 폭력이 무고한 시민에게 가해졌던 사건이었음은 확실하다.

이 사건을 지라르의 이론인 '폭력적 희생양 메커니즘'으로 읽어보면, 그런 폭력이 일어나려면 먼저 무지한 박해자들이 있어야 하고 동시에 사탄적 어둠이 동반되어야 한다. 무지한 박해자들 속에는 아무런 사전 설명이나 인지도 없이 동원된 군인들과 언론이 모두 차단되어 어떠한 진실도 알 수 없어 무관심했던 광주 밖의 무심한 시민들이 부지불식간에 포함된다. 그리고 권력에 눈이 먼 소수의 폭력적 군인집단이 사탄적 어둠 역할을 했다. 지라르의 견해에 의하면 폭력 주동자들은 자신의 폭력을 정당화하기 위해 수단과 방법을 가리지 않고 무고한 사람들을 자극하려 든다. 소수의 군인집단이 했던 행위가 바로 그랬다. 그들은 무고한 시민들을 극단적 방법으로 자극하기 시작했고, 그들의 계획은 어느 정도 성공하여 시민들로 하여금 동일한 무력을 행사하게 만들었다. 당시 광주에서는 시민군이 조직되었고, 그들은 5월 27일 도청을 사수하다가 계엄군의 총탄에 죽거나 폭도로 잡혀 들어갔다.

그러나 그들은 폭도이거나 불순분자들이 아니었음을 스스로 입증했다. 민주화 운동에 가담했던 사람들은 폭력 주동자들과는 다른 행동을 보였다. 그들의 초라한 무장이 어떻게 압도적인 정규군을 이기겠는가? 말도 안 되는 힘의 불균형 때문일 수도 있지만 애초부터 그들의 마음속엔 폭력적 목적이 없었기에, 다시 말해서 그들 스스로를 지키려는 마음이 지배적이었기에 막상 폭력으로 폭력을 대처하려 할 때 그들은 주저하거나 실행하지 못했다. 그들은 사실상 눈은 눈으로 이는 이로 갚을 생각이 전혀 없었다. 그러므로 그들은 상대가 오른편 뺨을 때릴 때 왼뺨을 돌려 대지는 않았지만, 그렇다고 해서 그것을 빌미로 그들에게 분노에 찬 폭력으로 되갚아 줄 마음도 없었던 것이다.

당시 대학생 시민군으로 도청에서의 마지막 결전에 참여했던 김인환 씨의 증언을 들어보자. 그는 5월 27일 새벽, 옛 전남도청 후문에서 보초를 서던 중 헬기 사격으로 고교 친구인 서호빈(21세, 당시 전남공대 2년) 씨가 숨지는 장면을 목격했다. 그는 "계엄군이 헬기에서 로프를 타고 360도로 빙글빙글 돌면서 무차별 사격을 했다. 헬기에서도 총을 쏘았다. 공수부대가 설마 사격하리라고는 생각하지 못하고 항복하라고 할 줄 알았는데, 무차별 사격을 했다. 그때 호빈이가 총을 맞고 '뽁뽁' 기어가던 모습을 보고도 아무것도 할 수 없었다"고 하면서 다음과 같이 증언했다(김상집 2021: 355).

계엄군을 향해 방아쇠를 당길 수가 없었어요. 친구 호빈이 하고 양쪽에서 쏘았다면 그들이 죽었을 거예요. 그런데 나와 같은 또래의 젊은 군인들을 향해 차마 총을 못 쏘겠더라고요.

김인환의 행동은 어쩌면 왼뺨을 돌려대는 것과 유사했다고 보인다. 마지막 날 시민군이었던, 당시 등불 야학 학생 나명관의 증언을 듣고 있으면 폭력적인 악을 폭로하는 일에 동참하게 하는 원동력이 얼마나 자연스러운 우리의 본성인지를 느끼게 된다. 그는 이렇게 증언한다(KBS 〈인물현대사〉 2003년 7월 11일).

거창하게 자유민주주의를 지킨다. 이런 생각보다는 우리 가족들이 광주에 있었고, 내가 좋아하는 사람들이 내 주위에 같이 있었고, 그분들과 끝까지 함께하는 것이 일단 도리라고 생각을 했었고요.

시민군 대변인이었던 윤상원의 태도는 권력욕에 불타던 폭력 주동자들과는 판이하게 달랐다. 그는 전남대 정외과 졸업생으로서 노동운동을 하고 있었다. 무고한 시민들에게 집단 발포가 가해졌을 때 그는 계엄군들의 심상치 않은 대응 태도를 간파하고, 그가 몸담고 있던 노동운동 조직이 와해될 것을 염려해서 동료들과 더불어 각자 피신하기로 하였다. 그러나 시민들이 자발적으로 무장한 채 거리로 나온 것을 보고 다시 그들 속으로 들어가서 시민군 대변인이 되었다. 그는 "총기 회수, 협상 분위기 조성을 바라는 재야 수습위원회의 생각은 폭력에 굴복하는 것일 뿐만 아니라 광주 시민들이 폭도로 호도되고, 결국 잔혹한 군부에게는 정당성을 부여하는 빌미가 될 것"을 염려하였다. 그는 폭력 주동자들이 무자비하게 행했던 폭력에 대한 진정한 사과가 반드시 있어야 무기를 해제할 수 있음을 강조했지만, 그들은 그의 생각에 동의하지 않았다. 실제로 폭력집단인 계엄군 수뇌부는 어떤 타협도 용납하지 않으면서 오로지 무조건적인 항복만을 요구했다. 이것은 마치 희생양이 유죄이고 폭력 가해자가 무죄가 되는 구조와 유사했고, 그는 이러한 악마적 구조를 인지하고 있었던 사람처럼 행동했다. 결전의 순간 대부분의 사람은 "폭력은 안 된다"는 명목을 앞세워 두려움에 굴복해서 뒤로 물러났지만, 그는 자신의 생각에 동조하는 사람들과 대학생을 주축으로 민주투쟁위원회를 출범시켰다. 그리고 5월 27일 새벽, 도청에서 결사 항전을 이끌다가 산화했다.

윤상원이 폭력 주동자들과 달랐던 태도는 사망하기 하루 전(26일)에 있었던 외신 기자들과의 회견장에서 명확하게 드러났다. KBS 〈인물현대사〉 2003년 7월 11일 "산 자여 따르라-윤상원" 편에서 미국 「볼티모어 선」의 서울 특파원 기자 브래들리 마틴은 "그의 눈빛은 평온했지만 자신의 죽음을 내다보고 있었던 듯했다"고 하면서 다음과 같이 증언했다.

내가 "광주 밖에 많은 병력이 있다. 그들이 들어오면 당신들은 패하게 될 것이다. 그럼 어떻게 할 것인가? 항복할 것인가?"라고 물었다. 그는 나를 똑바로 쳐다보며, "우리는 끝까지 싸울 것이다"라고 대답했다.

브래들리는 "그 눈빛은 그 후 나를 떠나지 않았다"고 하면서 강렬했던 그의 태도를 잊지 못했다. 기자회견 당시 윤상원은 "미국이 우방으로서 한국 정부에 영향력을 행사할 수 있다고 본다. 이제껏 그렇게 하지 않았기 때문에 우리는 미국이 전두환 장군을 지지하고 있는 것으로 의심하고 있다"라고 하면서, 기자들에게 두 가지 사항을 협조해달라고 요청했다. 글라이스틴 주한 미국대사와 연결해달라는 것과 국제적십자사에 구호를 요청해달라는 것이었다. 그는 "우리가 오늘 설령 진다고 해도 영원히 패배하지는 않을 것"이라는 말로 회견을 마무리했다 (김상집 2021: 334-5).

이처럼 윤상원은 죽음이 다가오는 것을 알고도 광주의 비극, 폭력의 야만성을 알리려고 했다. 그가 끝까지 지키려던 정신은 바로 죽음으로 그 폭력을 고발하려던 것이었다. 이것이야말로 숭고한 저항 정신, 곧 예수 정신이 아니겠는가? 그가 죽음으로 고발한 그 울림은 지금도 우리 사회의 저변에서 뚜렷이 울리고 있다. 가해자가 악이자 죄인이고 희생자들이 무고했음을.

진정한 폭로가 사탄을 쫓아냄

진정한 폭로가 이루어져야 사람들과 그 집단 안에 있던 사탄의 속성들이 소멸하기 시작한다. 사람들이 "자신의 생명을 아끼지 않고 죽기까지 진정한 폭로를 할 때" 사탄의 속박으로부터 해방된다. 진정한 폭로는 사람들이 불의 앞에서 무력감 없이 자신들은 물론 상황마저도 바꿀 수 있음을 깨달을 수 있게 해주는데, 바로 그런 순간마다 사탄은 쫓겨난다. 사람들을 자유롭게 만들어주는 순교자들의 증거(폭로)가 사탄의 권세를 종식시키지는 못하지만, 적어도 사탄을 자포자기하게 만들 수는 있다(Wink/박만 2005: 164).

집단적 악과의 화해 가능성을 찾아서

사회의 집단적 악마성이 폭로된 이후엔 반드시 그 악마성, 다시 말해서 '자기'의 어두운 면과의 화해 과정이 시작되어야 한다. 이 문제는 만만 치가 않다. 이를 풀어 나가기 위해서 융을 재소환할 터인데, 이번엔 융 의 관점에서 욥기를 볼 것이다. 이 작업을 하기 전에 반드시 짚고 넘어 가야 할 것은 융이 말하는 야웨 하나님은 인간이 알 수 없는 신의 본질 을 일컫는 것이 아니라, 유한한 인간이 무한한 존재를 인식할 때 경험 할 수밖에 없는 하나님-형상으로서의 신이다. 다시 말해서 하나님-형 상은 인류의 집단무의식이 야웨라는 관념에 투사됨으로써 형성된 것 이라는 점이다. 통상적인 교리의 관점에서 이 이야기를 보지 말고 자신 의 내면적 심성을 편견 없이 활짝 열고 보려는 태도가 중요하다.

　욥은 경건한 사람이고, 그 경건함이 만천하에 알려져서 많은 사람 의 존경을 받았다. 어느 날 사탄이 그의 경건은 가짜일지도 모르니 확 인해봐야 한다고 야웨에게 이의를 제기한다. 야웨 하나님은 시험을 허 락한다. 그 시험은 욥을 단단히 지지하고 있던 외부의 부유한 조건부 터 파괴하기 시작하여 욥을 생물학적으로 감싸고 있는 육체의 병으로 까지 순차적으로 이루어진다. 이처럼 부당한 약탈과 살해, 고의적인 신체 훼손, 권리 보호의 거부 등이 횡행하는 상황에서 더욱 문제가 되는 것은 야웨가 전혀 숙고도 후회도 동정심도 없이 잔혹함과 무자비함만을 드러냈다는 점이다(Jung 1969: par. 581). 여기서 융은 의문을 제기한다. 왜 야웨 하나님은 욥에게 이런 무자비한 고통을 주면서까지 그의 믿음을 시험하려고 했을까? 그 이유는 야웨가 틀림없이 그런 자기 자신의 모습을 모르고 있거나, 아니면 그 자신 안에 악한 면이 혼재되어 있기 때문이라는 것이다. 즉 이원론적 사고에 익숙해 있는 우리의 시각으로 다시 말하면, 야웨 하나님 안에 선과 악이 공존하고 있는 것이다.

야웨의 이중성은 욥이 자신의 무고함을 지속적으로 호소함으로써 무자비한 사탄의 린치가 얼마나 부당하고 악마적인지를 끊임없이 폭로한 데서부터 드러나기 시작했다. 그 폭로는 사탄의 부당한 린치가 바로 욥을 믿지 못하고 있던 야웨 자신으로부터 유래되고 있음을 만천하에 드러냈던 것이다. 그럼에도 불구하고 야웨는 자신 안에 악이 공존하는 약점을 파고 들어와 욥을 시험해보자고 꼬드긴 사탄은 비난하지 않고 무고한 욥만 꾸짖는다. 그런 와중에 결국 야웨는 자신이 어떤 윤리적인 법칙에도 굴하지 않는 모든 간악한 자연의 힘을 창조했다고 하면서, 그 자신이 비도덕적인 자연의 힘이며, 자신의 등 뒤를 보지 않는 순수하게 현상적인 인격임을 드러냈다(Jung 1969: par. 605).

이때 욥은 자기 자신이 어떠한 도덕적 판단과 윤리적 기준도 인정하지 않는 하나님에 대항하고 있음을 알게 되었다. 그 결과 욥은 "신이 자기 자신과의 모순 속에 있다는 것, 그것도 신 안에 신에 대항하는 구세주와 변호인이 함께 있다는 것"을 발견했다. 이 발견이야말로 욥의 위대함이다. 그러므로 그는 박해자이며 동시에 구원자다. 여기서 하나의 측면은 다른 측면과 마찬가지로 진실이다. 야웨는 분열된 것이 아니고 이율배반이며, 완전한 내면의 대극성이고, 그것은 그의 엄청난 역동성, 전지전능에 없어서는 안 되는 전제조건이다. 여기서 욥은 야웨가 인간에게 분노하고 있음에도 불구하고 그런 자신에 대항해서 비탄을 호소하는 인간의 옹호자이기도 하기 때문에 야웨에게 그 자신의 길을 밝혀주기를, 즉 야웨 자신의 관점을 분명히 하기를 고집했다(Jung 1969: par. 567).

야웨가 그 자신 안에 선과 악이 공존하는 자가당착의 모순에 빠져 있다는 표현은 무엇을 뜻하는 것일까? 그리고 그것은 야웨의 분열을 뜻하는 것이 아니라, 오히려 전지전능에 없어서는 안 되는 전제조건이라는 말은 또 무엇을 말하는 것일까? 야웨 내면의 대극성은 한편 엄청난 역동성이라는 말은 또 무슨 뜻인가? 욥이 위대한 이유는 이것들이 무엇을 뜻하는지를 깨달았기 때문이다. 그리고 그는 야웨 안에 선과 악이 함께 있음을 확신하기까지 한다.

야웨 안에 선과 악이 공존함을 르네 지라르의 모방이론 개념으로 다시 정리해보자. 인간의 악마성은 모방본능으로 인해 사회적으로 공유되고, 그것은 또한 전염병처럼 주변으로 확산되면서 희생양을 생산해서 처단하는 모방 사이클을 만들어 결국 악마가 세상을 지배하는 빌미를 준다. 그런데 선과 악의 공존은 세상 모든 것을 아우르며, 결국 그 것은 주변부를 포함하기 위함이고 그런 포괄성은 우리 인간의 온전성 (wholeness)을 이루는 기반이 된다. 그러므로 모방본능으로 인한 사회 정신병리의 공유와 확산은 사탄이 이 세상을 지배하는 메커니즘인 동 시에, 한편 선악을 함께 가지고 있는 신이 자신의 완전성 포기를 통해 악마의 모방 사이클을 무력하게 만듦으로써 인간의 온전성을 확장하 기 위한 초석으로 활용하는 메커니즘일 수도 있다. 참 하나님은 그런 얽힘의 과정 속에 상주하신다. 우리의 온전성 회복을 위하여.

그 순간 그는 악이란 모름지기 선의 이면임을, 선한 신(神) 안에 악 한 악마가 있음을, 창조 안에 파괴가 있음을, 사랑 안에 미움이 있음을, 그리고 그런 이중 구조가 신과 인간 안에 동일하게 있음을 깨달았던 것은 아니었을까? 신이 거대한 무의식이라면 인간은 얄팍한 의식 조 각에 불과하겠지만, 동시에 그 무의식과 의식이 대등한 가치를 가지고 있음을 깨달은 것은 아니었을까?

이 시점에서 이제 욥은 야웨에게 하찮은 미물로서의 존재가 아니 라, 야웨의 변증법적 내적 과정을 촉발하는 외부적 계기로 작용하는 존재가 되었다. 심리학적으로 말해서 '자아'(욥)는 '자기'(야웨)의 변증 법적 내적 과정을 촉발하는 외부적 계기다. 이것은 자아-자기 동반자 관계(ego-Self partnership)에 대한 깨달음이다. 이는 신과 인간은 떼려 야 뗄 수 없는 관계라는 깨달음과도 같다. 이것은 무의식의 의식화로 서 개인 초월적 과정의 시작을 의미한다. 다시 말해서 하나님-형상의 내적 변증 안에 동참할 때 자아가 신성한 또는 신과 같은 속성을 운반한다는 것을 의미한다. 그때 자아는 어떤 성스러운 속성을 취하게 된다(Edinger 1992: 49).

욥이 경험한 성스러움의 분출은 극심한 고통과 혼란의 시기를 거쳤기 때문에 발생할 수 있었다. 이 말은 우리에게 전개된 어떠한 악마성이라도 그 속에는 더 큰 의식(a larger Consciousness)이 연관되어 있다는 깨달음을 의미한다. 그런 깨달음은 고통을 어찌할 수 없는 상황에서 그것을 극복하려고 애쓰는 자아의 조절 기능을 포기하고, 현재 일어나고 있는 그 고통을 이해하고 받아들이려는 시도를 가능하게 만드는 깨달음이다. 그러기 위해 욥은 바로 자신이 왜 고통을 겪고 있는지 끊임없이 묻고 이해하려는 태도를 보였던 것이다. 이것이 바로 정신의 '변환을 일으키는 고통이라는 원형적 주제'에 관한 이야기다(Corbett 2020: 205-6).

융은 '자기'라고 하는 것이 악, 육체, 여성성 등 전통적으로 기독교 하나님 상에서 배제되었던 자질은 물론 모든 창조를 포함하는 총체성이라고 믿었다. 그에 따르면 어두운 적그리스도는 기독교적 자기-형상(the Christian Self-image)의 잃어버린 면을 나타낸다. 그러므로 지금을 살고 있는 우리의 과제는 바로 '자기'의 어두운 측면을 우리 자신의 신화적인 신성한 이미지 안으로 통합하는 것이다.

통합은 두 단계로 이루어질 수 있다. 첫째, 우리가 무의식적으로 흔히 행동하는 패턴, 즉 사탄의 형상에 우리의 그림자를 투사함으로써 자연스럽게 선과 악을 분리하려는 내면의 무의식적 메커니즘을 멈춰야 한다. 그리고 그 그림자가 사실은 우리 안에 늘 있는 것임을 인정하는 것이 무엇보다 중요하다. 그러면 우리는 그 그림자 안에 인간의 구성요소인 원형이 있다는 것을 알 수 있다. 왜냐하면 우리의 원형적인 어두운 면이 그림자의 핵심을 만들어내기 때문이다. 둘째, 그림자는 개인적일 뿐만 아니라 개인 초월적임을 인정하는 것이다. 그렇게 해야 그림자에 쉽게 붙이게 되는 '무섭기 때문에 다루지 못하는 것'이라는 타이틀을 떼어낼 수 있게 된다. 또 그렇게 함으로써 그것을 억압하려는 방어기제를 쓸 필요 없이 보다 정확한 하나님-형상을 발전시킬 수 있다. 그러면 신에 대한 환상을 인간의 막연한 예상으로 색칠하려는 경향이 줄어들 것이며, 더 이상 하나님-형상을 신 그 자체와 동일시하지 않을 것이다(Corbett 2020: 201).

끝으로 강조할 것이 있다. 융에 따르면 자의식을 위해서는 자아 성찰 역량이 필수적이다. 그러나 우리는 다른 의식과 관계를 맺지 않고서는 완전한 자의식을 가질 수 없다. 융은 '자기'조차 성찰 의식이 필요하다고 보았고, 사탄과 욥이 바로 하나님의 성찰 의식을 일깨웠다고 본다. 그렇기 때문에 그가 "신은 인간의 성찰 행위를 통해 의식을 갖게 된다"라고 했을 때, 그 말은 우리가 성찰할 때 무의식적인 '자기'가 우리 안에서 의식을 갖게 된다는 것을 의미한다(Corbett 2020: 198). 다시 말해서 인간의 의식적 성찰은 우리 안의 하나님-형상을 일깨울 뿐만 아니라 동시에 그 하나님-형상은 또한 우리의 의식에 영향을 미친다. 이러한 피드백은 우리 자신이 하나님의 형상대로 지은 바 된 존재이며, 따라서 우리 자신이 이미 '사람의 아들' 됨의 자질을 갖고 태어났음을 확신하게 도와준다.

에필로그

지금까지의 이야기를 간략하게 정리해보자. 우선 정신질환과 마귀 들림을 비교하면서 악마적 빙의의 상당 부분이 아마도 히스테리(전환장애와 해리장애)의 일종이 아닐까 하는 잠정적 결론에 이르렀다. 그러나 이런 결론은 영적 문제를 너무도 정신 병리적 관점으로만 보려는 협소함을 드러내는 처사였다.

인간의 영성을 좀 더 진지하게 보기 위해서는 기독교 치유 역사와 문제점을 봐야만 했다. 유대인의 사고가 역사적 사건들로 인해 일원론에서 이원론으로 변화 발전하면서 사탄 개념도 변화하였다. 그렇다고 해서 예수 당시 셈족 언어 안에 면면히 흐르고 있던 일원론적 사고구조마저 바뀌었다는 뜻은 아니다. 이원론적 사고는 앞선 역사적 사건의 영향과 더불어, 그 당시를 지배하던 헬레니즘의 영향이 서서히 기독교 안으로 침습해 들어오다가 급기야 기독교가 로마의 국교가 되면서 그리스적 이원론에 빠져들게 되었다.

세상을 명과 암, 선과 악으로 나누어 보기 시작하면서 사탄은 비로소 강한 힘을 가진 현상이 되었다. 이런 사고방식은 현대에 이르기까지 서구 사고를 지배해왔다. 이원론적 사고가 한편으로는 정통 기독교의 논리적이고 이성적인 교부신학과 스콜라철학을 주류로 삼았고, 다른 한편에서는 초자연적이고 신비적 전통을 비주류로 발전하게 만들었다. 초자연적·신비적 전통은 초기 기독교로부터 지류로서 그 명맥을 강하게 유지해오다가 현대의 오순절 성령운동 등과 같은 은사주의적 전통으로 변화 발전하였다. 한국교회도 이런 초자연적·신비적 전통의 영향에서 벗어날 수 없었다.

한국교회에서 행해지는 치유사역은 긍정적이기보다 부정적인 효과가 훨씬 더 큰 것처럼 보인다. 더 큰 문제는 그런 유형의 사고방식이 변형되어서 현 기독교 현장에 만연해 있다는 점이다. 왜 이런 현상이 한국 기독교에서 일어나고 있는지를 간략히 분석해보았다. 거기에는 샤머니즘과 왜곡된 유교 전통이 깊이 자리하고 있었다.

그렇다면 초자연적·신비적 전통과 이성적이고 논리적인 교의신학은 서로 대적 관계일까? 아니다. 두 가지 상반된 관점은 과거에 있었던 것처럼 지금도 그대로 있다. 인간의 사고란 변화·발전하는 것이 아니라 상황에 따라 두 가지 관점을 선택하는 것이다. 마치 양자역학의 중첩과 결 잃음 이론에서처럼 두 문제는 선택의 순간에 결정되는 현상일 뿐이다. 신약학자 키너는 오늘날에도 기적이 일어날 수 있음을 수많은 사례를 통해 제시함으로써 계몽주의 이후 기적을 믿지 않는 현대인들의 영성을 되살리려 했다. 데이비드 테이시는 서구의 영적 역사를 "신비주의-비신비주의-다시 신비주의"로 규정했다. 그에 의하면 인류는 처음엔 신비주의적 영성을 가지고 있었는데, 계몽주의를 거치면서 그런 영성을 상실했고, 지금(후기 세속시대)에 이르러서는 상실했던 그 영성을 다시 찾으려고 하고 있다는 것이다. 지금 그 영성이 종교의 영향을 벗은 상태로 돌아오고 있고, 많은 사람이 그런 영성에 목말라하고 있다고 그는 판단했다. 그리고 그런 현상을 담아낼 수 있는 도구 중 하나가 심층심리학이었다. 따라서 영적-빙의 문제를 심층심리학적 관점에서 바라봄이 타당해진다.

영적-빙의 현상은 인간에게 처음부터 주어진 어떤 능력으로부터 필연적으로 경험하게 되는 것이다. 이런 현상을 긍정적인 것과 부정적인 것으로 나눠 볼 수 있는데, 긍정적 영적-빙의의 표본이 바로 예수 그리스도다. 그가 자신을 일컫던 '사람의 아들'을 통해 그의 긍정적 영성의 근거를 찾아가 보았다. 그리고 그의 '사람의 아들'이라는 영성적 태도가 모든 사람에게 본래 주어진 하나님-형상의 조각이라는 것, 그가 그것을 우리에게 자각하게 하기 위해 얼마나 노력했는지도 정리해 보았다. 그런 과정에서 마가복음의 치유 기사를 치유받는 자의 입장에서 분석해보았을 때 우리는 예수 그리스도가 인간의 본성에 내재된 영성 회복에 얼마나 심혈을 기울이고 있었는지를 보게 되었다. 여기서 '사람의 아들'이라는 개념은 우리 정신 안에 있는 긍정적 영적-빙의를 풀어내는 열쇠와 같은 화두임을 확인했다.

그러나 우리는 악이 개인 차원에 머물러 있지 않음을 시시각각 느끼며 살아간다. 그렇기 때문에 부정적 영적-빙의, 즉 마귀 들림에 대한 좀 더 다른 차원의 논의가 반드시 필요했다. 개인 차원의 악마적 빙의를 월터 윙크는 "내면의 개인적 마성"이라고 불렀다. 이것은 콤플렉스로 표출되는 우리 그림자의 문제로서 당연히 심층심리학적 접근을 필요로 한다. 그러나 기독교 치유 현장이나 교회에서 이런 속성을 모른채 교리적으로만 몰아갈 때 오히려 그 문제가 해결되기보다는 꼬이게됨을 흔히 보았다. 더 큰 문제는 집단적 마귀 들림 현상이다. 이것은 어떤 집단이 한 희생양을 목표물로 삼아 그로 하여금 병에 걸릴 만큼 몰아붙이고 있는지, 아니면 그 집단 전체가 한곳에 매몰되어 일사불란하게 집단적 폭력을 행사하고 있는지에 따라 윙크는 이름을 달리했다. 앞의 상황을 그는 "외부에서 오는 개인적 마귀 들림"이라고 했고, 뒤의 것을 "집단적 마귀 들림"이라고 명명했다.

사회 공동체에서 작동되는 집단적 마귀 들림이 어떻게 이루어지는지를 르네 지라르가 모방이론을 통해 잘 설명해주고 있다. 인간은 모방을 통해 잘못된 것도 서로 닮아가는 속성을 가지고 태어난다. 그렇기 때문에 모방욕망은 쉽게 작동되며 이내 극에 달하게 된다. 그러면 터지기 직전의 폭력적 마성을 잠재우기 위해서 필연적으로 사회적약자를 희생양으로 택하게 된다. 그리고 그들은 그 희생양을 죽임으로써 자신의 욕망을 대리 충족시키고 이내 죄책감 없이 일상으로 되돌아간다. 사탄은 바로 이러한 악순환을 통해 세상을 지배하고 있다.

이런 부정적 사회현상을 설명해주는 또 다른 이론은 바로 융의 '자기'의 어두운 면에 관한 설명이다. '자기'란 '객관적 정신' 혹은 '자율적 정신'이라고도 부르는 것으로 인류 정신의 중심에 있는 무의식적 힘이다. 이것은 바로 기독교에서 하나님-형상이라고 일컫는 그 힘이기도 하다. 어떻든 사회의 근본적인 악의 근원은 바로 '자기'의 어두운 면일 수 있다는 그의 설명은 우리로 하여금 '악은 근절해야 하는 현상이 아님'을 일깨워준다. 아무리 그 악이 최악일지라도 그것은 곧 우리 안에 있는 바로 그 '자기'의 어두운 면인 것이다. '자기'는 이미 보았듯이 긍정적 영적-빙의의 근원적인 힘일 수도 있으니, 선과 악이 같이 있는 신을 상정하지 않을 수가 없게 된다.

그러므로 악을 치유하는 방법은 악의 뿌리를 드러내서 뽑아버리는 것이 아니라, 오히려 그것도 나의 일부분임을 자각하는 일이다. 그렇게 하기 위해 우리는 첫째 이분법적 사고에서 벗어나야 하고, 둘째 그것이 얼마나 어두운지를 드러내야 한다. 다시 말해서 그런 악을 폭로해야 한다. 많은 건강한 사회 운동들이 이런 역할을 충실히 하고 있다고 생각한다. 그러나 악에 대항하는 것을 폭로에서 그친다면 그것은 문제를 해결하는 것이 아니라 또 다른 악을 조장하는 것이 된다. 예수가 우리에게 가르쳐 준 폭로 방법은 그들의 마수에 걸려들지 않는 태도다. 그것은 바로 "누가 네 오른쪽 뺨을 치거든, 왼쪽 뺨마저 돌려 대어라. 너를 걸어 고소하여 네 속옷을 가지려는 사람에게는 겉옷까지도 내주어라"고 하는 권고 속에 숨어 있다. 그것은 가해자가 도발하는 분노와 복수의 악순환 속으로 빠져 들어가지 않으면서 희생자의 무고함과 악의 본래 모습을 끊임없이 증언하는 지혜다.

마지막으로 우리는 악과 화해하는 법을 배워야 한다. 이것은 모든 인류가 태초로부터 지금까지 지향해오던 방법이었다고 감히 말할 수 있다. 악은 우리 밖 어딘가에 있는 객관적 존재가 아니라 우리 안에 처음부터 내재된 우리의 또 다른 모습임을 자각하고 그것과 화해하는 방법을 찾아야 한다. 융기는 이런 문제에 많은 도움을 주었다. 간단히 말해서 융기는 우선 분열과 파괴와 반목을 유발하는 마성이 태초부터 있어왔던 자연 그 자체라는 것을 우리에게 일깨워준다. 그런데 인간이 의식하기 시작하면서 그것은 '자기'의 어두운 면으로 확연히 드러나게 되었다. 그렇기 때문에 인간의 의식은 매우 중요한데, 인간의 의식이 깨어 있어야 비로소 어두운 면을 가진 신을 똑바로 볼 수 있고 인식할 수 있기 때문이다. 그런 깨달음이 '자기'의 어두운 면인 악을 받아들이게 되는 계기를 마련해준다. 다시 강조하지만 악은 소멸시키는 것이 아니라 그것이 또 다른 '자기'임을 자각하고, 그것을 진심으로 직시한 후 그것과 화해하는 것이다.

* * *

노자 『도덕경』 2장은 이렇게 시작한다.

> 천하 사람들이 모두 아름다움(美)의 아름다움 됨을 알고 있다.
> 그런데 그것은 추함(惡)이다.
> (天下皆知美之爲美, 斯惡已)
> 천하 사람들이 모두 좋음(善)의 좋음 됨을 알고 있다.

그런데 그것은 좋지 못함(不善)이다.

(皆知善之爲善, 斯不善已)

그러므로 있음과 없음은 서로 생하고, 어려움과 쉬움은 서로 이루며

김과 짧음은 서로 겨루며, 높음과 낮음은 서로 기울며

음과 소리는 서로 어울리며, 앞과 뒤는 서로 따른다(김용옥 2020: 94-5).

(故有無相生, 難易相成, 長短相較, 高下相傾, 音聲相和, 前後相隨)

이 본문에서 우선 눈에 띄는 것은 아름다움(美)과 추함(惡)의 짝과, 좋음(善)과 좋지 못함(不善)의 짝이다. 선(善)의 짝이 악(惡)이 아니라 불선(不善)이라는 것과, 정작 우리가 흔히 악이라고 읽고 있는 그 한자 '惡'는 '추할 오'로 읽어서 미(美)의 짝이 되어 있다는 점이다.

　노자는 아름다움(美)의 반대로 추(醜)라는 단어를 쓰지 않고 우리가 흔히 악으로 읽는 바로 그 단어인 '추할 오'(惡)를 쓰고, 선(善)의 반대로는 악(惡)을 쓰지 않고 불선(不善)을 쓴다. 이는 동양인의 의식 속에는 악이라는 개념이 아예 없다는 뜻이다. 선에 대항하여 악이라고 말하기보다 불선이라고 말하는 것은 선 그 자체가 실제로 있는 것이 아니라는 전제가 깔려 있다. 즉 선은 불선이 계기가 되어 새롭게 생겨나는 가치이지 절대적인 것이 아니라는 말이다. 그러므로 선에 대하여 악은 존재하지 않고, 미나 선이나 모두 고정된 가치가 아니다(김용옥 2020: 105). 이러한 동양의 일원론적 사고는 아주 오래전부터 내려오던 것으로 우리의 집단무의식 속에 그 전통이 면면히 흐르고 있을 터다.

그러므로 우리는 이원론적 사고에 젖어 있는 서구인들보다 훨씬 수월하게 악의 문제를 이해하고 통합할 수 있을 것 같기도 하다.

* * *

글이 끝나가는 이 시점에 불현듯 정현종 시인의 「섬」이라는 시가 떠올랐다.

> 사람들 사이에 섬이 있다.
> 그 섬에 가고 싶다.

우리는 모두 각자의 조그만 섬 안에서 살아가고 있다. 그런 현상은 디지털화로 인한 개인의 고립된 삶이 일상화되고, 인공지능마저 정교화되어가는 시대에 더욱더 심각해지는 것처럼 보인다. 분열과 나눔이 사탄의 전략이라면 우리의 일상은 어쩌면 사탄의 세력권에서 영원히 벗어날 수 없을지도 모른다. 그렇기 때문에 그 섬에 가고 싶은 꿈이 훨씬 더 소중하게 느껴진다. 나도 그 섬에 가고 싶다! 그래서 섬과 섬 사이에 다리가 되고 싶다. 이 책이 그랬으면 좋겠다.

참고문헌

강계영,『종교와 인간』, 종로서적(1989).

김광식,「기독교의 토착화 시안」,『한국의 신학사상』, 기독교사상편집부(1987).

김상집,『윤상원 평전』, 도서출판동녘(2021).

김승혜 · 김성례,『그리스도교와 무교』, 바오로딸(1998).

김용옥,『노자가 옳았다』, 통나무(2020).

_____,『중용 한글 역주』, 통나무(2011).

김진,『정신병인가 귀신 들림인가?』, 생명의말씀사(2006).

대한신경정신의학회 편,『제3판 신경정신의학』, 아이엠이즈컴퍼니(2017).

문동환,『예수냐 바울이냐』, 도서출판삼인(2015).

민성길 · 김찬형,『최신정신의학』 제7판, 일조각(2023).

송혜경,『사탄, 악마가 된 고발자』, 한님성서연구소(2019).

신성종,「신약의 관점에서 본 민간신앙」,『민간신앙』, 두란노서원(1991).

안용성,『로마서와 하나님 나라』, 새물결플러스(2019).

오덕교,「빈야드 운동 무엇이 문제인가?」, 인터넷 글(2013).
(https://blog.naver.com/hamo9004/40199885181)

옥한흠,『현대교회와 성령운동』, 도서출판엠마오(1988).

유동식,『한국 종교와 기독교』, 대한기독교서회(2001).

이만홍 · 황지연,『역동 심리치료와 영적 탐구』, 학지사(2007).

이병윤,『정신의학사전』, 일조각(1990).

_____,『현대정신의학』, 일조각(1984).

이병윤·서광윤·신동균,『현대정신의학(총론)』, 일조각(1983).

이부영,『ICD-10(국제질병분류-제10판), 정신 및 행태 장애』, 일조각(1994).

이정균·김용식,『정신의학』 제4개정판, 일조각(2005).

이정희·이부영, "기독교 신앙치료의 심리학적 고찰",「신경정신의학 22」, 대한신
경정신의학회(1983).

임진수,『부분 대상에서 대상a로』, 파워북(2011).

임희완,『서양사의 이해』, 박영사(1997).

장덕환,『인간 없이 신은 없다』, 금풍문화사(2010).

_____,『C. G. 융과 기독교』, 새물결플러스(2019).

정대위,『그리스도교와 동양인의 세계』, 한국신학연구소(1986).

조완숙·문홍세, "정신과 환자들의 정신과에 대한 애증 및 방황",「신경정신의학
11」, 대한신경정신의학회(1972).

주명철,「계몽주의」,『서양의 지적 운동』, 지식산업사(1997).

차종환·김인철,『5·18 광주 민주화 운동』, 프라미스(2020).

최승현, 뉴스앤조이 기사(2021). (http://www.newsnjoy.or.kr/news/
articleView.html?idxno=302780)

한국조직신학회,『종말론』, 대한기독교서회(2015).

황상익,『재미있는 의학의 역사』, 동지(1993).

황패강,「민간신앙에 대한 크리스챤의 이해」,『민간신앙』, 두란노서원(1991).

현요한,「손기철 장로의 치유사역과 신학에 관하여」, 인터넷 글(2014). (http://
www.kportalnews.co.kr/news/articleView.html?idxno=12932)

416생명안전공원 예배팀,『포기할 수 없는 약속』, 새물결플러스(2023).

고바야시 요시키, 이정민 옮김, 『라캉, 환자와의 대화』, 에디투스(2017).

Ackerknecht, Erwin H., 허주 옮김, 『세계의학의 역사』, 지식산업사(1987).

APA, 권준수 외 옮김, 『정신질환의 진단 및 통계편람(DSM-5)』, 학지사(2015).

Augustinus, 조호연·김종흡 옮김, 『하나님의 도성』, 크리스천다이제스트(2002).

Bailey, Kenneth E., 박규태 옮김, 『중동의 눈으로 본 예수』, 새물결플러스(2016).

Bailly, Lionel, 김종주 옮김, 『젊은 치료자를 위한 라캉』, 하나의학사(2013).

Barelay, William, 김득중·김영봉 옮김, 『예수의 치유 이적 해석』, 컨콜디아사 (1991).

Dawn, Marva J., 노종문 옮김, 『세상 권세와 하나님의 교회』, 복있는사람(2016).

Fink, Bruce, 이성민 옮김, 『라캉의 주체』, 도서출판 b(2010).

Foucault, Michel, 이규현 옮김, 『광기의 역사』, 나남(2020).

Frances, Allen, 김영남 옮김, 『정신병을 만드는 사람들』, 사이언스북스(2014).

Freud, S., 김미리혜 옮김, 『히스테리연구』, 열린책들(1997).

———, 정장진 옮김, 프로이트 전집 17, 『예술과 정신분석』, 열린책들(1997).

Fromm, Erich, 황문수 옮김, 『사랑의 기술』, 문예출판사(2010).

Girard, René, 김진식 옮김, 『나는 사탄이 번개처럼 떨어지는 것을 본다』, 문학과지 성사(2015).

———, 『그를 통해 스캔들이 왔다』, 문학과지성사(2007).

———, 『희생양』, 민음사(2015).

———, 김진식·박무호 옮김, 『폭력과 성스러움』, 민음사(2015).

Guthrie, W.K.C., 박종현 옮김, 『희랍 철학 입문』, 서광사(2000).

James, William, 김재영 옮김, 『종교적 경험의 다양성』, 한길사(2000).

Jörg Frey, 이형일 옮김, 『요한복음의 신학과 역사: 전승과 서사』, 새물결플러스

(2022).

Jung, C. G., Jaffé, A., 이부영 옮김, 『회상, 꿈, 그리고 사상』, 집문당(1996).

Jung, C. G., 한국융연구원 C. G .융 저작 번역위원회 옮김, 『융 기본 저작집 3. 인격과 전이』, 솔출판사(2004).

Kallas, James, 김득중·김영봉 옮김, 『공간복음서 기적의 의미』, 대한기독교서회(1985).

_____, 박창환 옮김, 『사탄의 생태』, 컨콜디아사(1995).

Keener, Craig S., 노동래 옮김, 『오늘날에도 기적이 일어날 수 있는가? (상)』, 새물결플러스(2022a).

_____, 『오늘날에도 기적이 일어날 수 있는가? (하)』, 새물결플러스(2022b).

Kelsey, Morton T., 배상길 옮김, 『치유와 기독교』, 대한기독교출판사(1986).

Levack, Brian P., 김동순 옮김, 『유럽의 마녀사냥』, 소나무(2003).

Levenson, Jon D., 홍국평·오윤탁 옮김, 『하나님의 창조와 악의 잔존』, 새물결플러스(2019).

MacNutt, Francis, 변진석·변창욱 옮김, 『치유』, 도서출판무실(1992).

McGrath, Alister E., 김기철 옮김, 『신학이란 무엇인가?』, 복있는사람(2022).

Mlodinow, Leonard, 김명남 옮김, 『새로운 무의식』, 까치(2013).

Riddlebarger, Kim, 노동래 옮김, 『적그리스도의 비밀을 파헤쳐라』, 새물결플러스(2020).

Shorter, Edward, 최보문 옮김, 『정신의학의 역사』, 바다출판사(2014).

Smolin, Lee, 강형구 옮김, 『리 스몰린의 시간의 물리학』, 김영사(2022).

Strobel, Lee, 윤종석 옮김, 『기적인가 우연인가』, 두란노(2019).

Thiessen, Matthew, 이형일 옮김, 『죽음의 세력과 싸우는 예수』, 새물결플러스(2021).

Thompson, C., 이형영·이귀행 옮김, 『정신분석의 발달』, 하나의학사(1987).

Twelftree, Graham H., 이용중 옮김, 『초기 기독교와 축귀 사역』, 새물결플러스 (2020).

Unger, Merrill Frederick, 박근원 옮김, 『성서로 본 신비신앙』, 종로서적(1987).

Vanier, A., 김연권 옮김, 『정신분석의 기본원리』, 솔출판사(1999).

Wagner, C. Peter, 정운교 옮김, 『제3의 바람』, 임마누엘(1991).

Wink, Walter, 박만 옮김, 『사탄의 가면을 벗겨라』, 한국기독교연구소(2005).

_____, 한성수 옮김, 『사탄의 체제와 예수의 비폭력』, 한국기독교연구소(2015).

_____, 『참사람』, 한국기독교연구소(2014).

* * *

American Psychiatric Association, *Desk Reference to The Diagnostic Criteria from DSM-5* (2013).

Arnold, Clinton E., *Powers Darkness, Principalities & Powers in Paul's Letters*, IVP Academic, An imprint of InterVarsity Press Downers Grove, Illinois (1992).

Becker, E., *Denial of Death*, The Free Press, A Division of Macmillan Publishing co, Inc. New York (1973).

Bessel A. van der Kolk, *The Body Keeps the Score*, Penguin Group, New York (2014).

Boehnlein, James K., *Psychiatry and Religion: The Convergence of Mind and Spirit*, American Psychiatric Press, Inc. Washington, DC. London, England (2000).

Clarke, Isabel, *Psychosis and Spirituality: Exploring the new frontier*, Whurr Publishers (2001).

Corbett, Lionel, *Psyche and The Sacred*, Routledge Taylor & Francis Group, London and New York (2020).

Edinger, E. F., *Transformation of the God-Image: An Elucidation of Jung's Answer to Job*, Inner City Books, Toronto, Canada (1992).

Ellenberger, H. F., *The Discovery of the Unconscious,* Basic Books, Inc., Publishers, New York (1970).

Fink Bruce, *The Lacanian Subject, Between Language and Jouissance*, Princeton University Press (1997).

Fromm, Erich, *The Anatomy of Human Destructiveness*, Picador, Henry Holt and Company, New York (1973).

Garety PA, Hemsley DR, *Delusions: Investigations into the Psychology of Delusional Reasoning.* Maudsley Monographs 36. Oxford University Press (1994).

Ghaemi, S. Nassir, *The Concepts of Psychiatry.* The Johns Hopkins University Press, Baltimore (2007).

Griffith, James L., *Religion That Heals, Religion That Harms, A guide for Clinical Practice*, The Guilford Press, A Division of Guilford Publication, Inc (2010).

Hawkins, David R., *Power vs. Force*, Hay House, Inc (2012).

Jung, C. G., *Collected Works of C. G. Jung,* Vol. 10, 'Civilazation in Transition,' *Wotan*, Princeton University Press (1970).

_____, *Collected Works of C. G. Jung,* Vol. 11, 'Psychology and Religion: West and East,' *Answer to Job*, Princeton University Press (1969).

_____, *Collected Works of C. G. Jung*, Vol. 12, 'Psychology and Alchemy,' Bollingen Foundation (1968).

Kalsched, Donald, *Trauma and The Soul*, Routledge Taylor and Francis Group, Lond and New York (2013).

Kaplan, H. I., Sadock, B. J., *Synopsis of Psychiatry 10th ed.,* Williams & Wilkins (2007).

Kathleen J. Greider, Deborah van Deusen Hunsinger, Felicity Brock Kelcourse,

Healing Wisdom, Depth Pshchology and the Pastoral Ministry, William B. Eerdmans Publishing Company (2010).

Louth Andrew, *The Origins of the Christian Mystical Tradition, From Plato to Denys*, Clarendon Press, Oxford (1990).

McNamara, Patrick, *Spirit Possession and Exorcism, History, Psychology, and Neurobiology, Volume 1, Mental States and the Phenomenon of Possession*, Praeger, An Imprint of ABC‑CLIO, LLC (2011a).

_____, *Spirit Possession and Exorcism, History, Psychology, and Neurobiology, Volume 2, Rites to Become Possessed, Rites to Excorcize "Demons"* Praeger, An Imprint of ABC‑CLIO, LLC (2011b).

Rizzuto, Ana‑Maria, *The Birth of the Living God*, The University of Chicago Press, Chicago and London (1981).

Robert L. Moore, Daniel J. Meckel, *Jung and Christianity in Dialogue, Faith, Feminism, and Hermeneutics*, Paulist Press (1990).

Tacey, David, *The Postsecular Sacred, Jung, Soul and Meaning in an Age of Change*, Routledge, Taylor & Francis Group, London and New York (2020).

Ulanov, Ann Belford and Dueck, Alvin, *The Living God and Our Living Psyche*, William B. Eerdmans Publishing Company Grand Rapids, Michigan / Cambridge, U.K (2008).

Wink, Walter, *Engaging the Powers, 25th Anniversary Edition*, Fortress Press Minneapolis (2017).

Wagner, C. Peter, *How to have a healing ministry without making your church sick!*, Regal Books, A division of GL Publications Ventura, California (1988).

누가 죄인인가?

영성적 및 악마적 빙의에 대한 정신의학적·심층심리학적 접근

Copyright ⓒ 장덕환 2024

1쇄 발행 2024년 6월 27일

지은이   장덕환
펴낸이   김요한
펴낸곳   새물결플러스

편 집   왕희광 정인철 노재현 이형일 나유영 노동래
디자인   황진주 김은경
마케팅   박성민
총 무   김명화 이성순
영 상   최정호
아카데미 차상희

홈페이지 www.holywaveplus.com
이메일   hwpbooks@hwpbooks.com
출판등록 2008년 8월 21일 제2008-24호
주 소   (우) 04114 서울시 마포구 신촌로28가길 29
전 화   02) 2652-3161
팩 스   02) 2652-3191

ISBN 979-11-6129-281-6 93230

책값은 뒤표지에 있습니다.